田东江 著

悠悠心會

报人读史札记三集

中山大学出版社
广州

版权所有　翻印必究

图书在版编目（CIP）数据

悠然心会：报人读史札记三集／田东江著. —广州：中山大学出版社，2019.11

ISBN 978-7-306-06761-6

Ⅰ. ①悠…　Ⅱ. ①田…　Ⅲ. ①史评—中国—文集　Ⅳ. ①K207-53

中国版本图书馆CIP数据核字（2019）第248601号

出 版 人：王天琪
责任编辑：裴大泉
封面设计：林绵华
责任校对：佟　新　赵　婷
责任技编：黄少伟
出版发行：中山大学出版社
电　　话：编辑部 020-84111996，84113349，84111997，84110779
　　　　　发行部 020-84111998，84111981，84111160
地　　址：广州市新港西路135号
邮　　编：510275　　　　传　真：020-84036565
网　　址：http://www.zsup.com.cn　E-mail:zdcbs@mail.sysu.edu.cn
印 刷 者：佛山市浩文彩色印刷有限公司
规　　格：880mm×1240mm　1/32　11.125印张　291千字
版次印次：2019年11月第1版　2019年11月第1次印刷
定　　价：48.00元

如发现本书因印装质量影响阅读，请与出版社发行部联系调换

序

范以锦

有位读者曾拿《南方日报》指着一篇文章问我："这篇评论是谁写的？"我回答："应该是田东江！"尽管是笔名，但从文章的风格来看可以断定是他的文字无疑。

我与田东江没有私交，但"公"交却很多。1997年2月田东江从广东省政协机关调进南方日报社，安排在理论部（即现在的理论评论部前身）从事新闻评论，我时任南方日报总编辑，分管理论部，看过田东江写过的社论、评论、杂文等。即便我从南方日报领导岗位退下来之后，依然关注他写的文章。因此，面对他的新著，我一点都不觉得陌生。

我至今印象依然很深，田东江来报社还不到一年，在完成日常工作的同时，就在理论版上开始发表读史文字，那是他在通读了大量历史典籍之后的自然喷发。从他的文字中不难发现，基本上没有那些众所周知的历史故事，而尽是"新鲜"的钩沉。并且，文章所展现的，是多视角、多维度的社会画面。比如，《大树进城》《诗好官高能几人》《蝇》《应声虫》《天真丧尽得浮名》《喷嚏》《厕所》《日全食》等等，既触碰尖锐的社会病症，也有看起来登不上大雅之堂的"游戏"题目。但他的谈人物、讲典故，并非是为了追求休闲消遣，无论严肃的话题还是"风花雪月"，其锋芒所向都非常明显，让人在阅读中能"自觉地"联系现实，只是出于某种社会政治生态环境，却又引而不发，因之令人回味无穷。文章的总体特点，就是透过今之社会百态,在古代典籍中寻找类同之处,探求相似之所,见出现实生成土壤的厚重,并在神游一番之后简洁地升华出文章的真实意旨。古人云:"学苟知本,六经皆我注脚。"说的就是这个道理。文章中所征引的大抵都是第一手史料,每于关键之处,更直接采用原文,让读者真真切切的今古齐"观"。一篇千把字的文章征引书目往往达到十几种,使各篇章的内涵丰富而深刻,佐以严谨的文字文风,呈现出文化底蕴的厚重。而在貌似信手拈来之中,隐藏着智慧的光芒,也显示了他的阅读功力。

田东江任职的《南方日报》是党委机关报,不仅是天天要与读者见面的大报,而且其评论也要讲时效性、针对性和权威性。除了写历史类的杂文,田东江的"常态"工作是新闻评论。一篇高质量的新闻评论很考人的功夫,表面上考验的是"援笔立就",实际上考验的是作者长期的知识积累如何,底蕴如何。这既要有对现实的认识,也要有对历史的反思。历史与新闻看似不相涉,实际上在于怎样认识二者之间的辩证关系。人民日报前总编辑范敬宜说过:"不了解历史,就不善于发现新闻;不了解新闻,就难以理解历史。"前辈报人徐铸成先生说得更直截了当:"历史是昨天、前天的'新闻',史论则是对昨天、前天'新闻'的评议,和新闻工作更有密切的关系,并可以从中借鉴,吸取他们推理、论断的方法,学习他们精练的笔法。"田东江正是这样认识并践行的。他的文章所以题材庞杂,在于"跟着"新闻走,由新闻切入话题,由今及古,溯及既往。但其文章鲜明的主题意识,使作者不是"看三国落泪,为古人担忧",也不是"发思古之幽情",所体现的是满腔热血的当代知识分子所理应体现的对历史的深刻思考和对现实的深切关注。

滚滚长流源自涓涓细流。我们从他引经据典的文章中可以看出,田东江一直坚持读书,储备知识。我曾听他讲过自己的经历,从中可以感受到"书山有路勤为径"的道理。1978年他初中毕业考进了技工学校,学习两年铸造,然后进了工厂。在1985年考入中山大学之前,他一直就是个一线工人。他对迄今为止自己所做的两件事比较满意,第一件是自学全部高中课程、历经两次高考挫折之后终于跨进大学的校门,再一件就是在刻苦通读大量历史典籍基础上撰写读史系列文字。他的阅读之广,以至于不了解的人都以为他是历史系出身,实际上他是学人类学的,人类学里的民族学专业。通过竞争上岗当了部门主任之后,行政事务和业务都令他忙得不可开交,但他依然能挤出大量时间读书。新媒体时代他与大家一样爱上网,却依然不忘记读经典著作。勤于读书勤于思考,造就了他笔锋流畅,反应快速,收获甚丰。去年,他摘取了广东新闻金枪奖,这是广东新闻界的个人最高奖。

这是田东江"报人读史"系列的第三集。他说,这类文字他每周都至少写上一篇。照这个"速度"下去,第四、第五集乃至更多,就只是时间问题。我想,只要是好的作品,多多益善。

2011年10月

目 录

序（范以锦）　　I

馒头　　1
假象　　4
读书（续）　　7
改名（之四）　　10
贱日，贵日　　13
选官　　17
大树进城　　20
厕所　　23
文章却似呼延赞　　26
偶像　　29
粗口教授　　32
《诗经》　　35
"三不足"　　38
万事不如杯在手？　　41
私塾　　44
清明节　　47
PS 照片　　50
小人物　　53
应声虫　　56
笑岂必由喜发？　　59
苍蝇　　62

下围棋（之三）　　65
"世袭"　　68
蜀道难　　71
露八分·缩脚　　74
雅贪　　77
防作弊　　80
冗文　　83
豆腐　　86
倘做鬼，不幸福　　89
凡人贱近而贵远　　92
公款　　95
物价　　98
贪内助　　101
字义　　104
七夕　　107
盛装舞步·舞马　　110
"卖哭"不输"卖笑"　　113
解说　　116
大耳朵　　119
诗好官高能几人　　122
美女指数　　125
焚书　　128
鹦鹉（续）　　131
鬼　　134
藏书　　137
双重标准　　140
风水　　143
百家讲坛·柳敬亭　　146
鸡蛋　　149
衍圣公　　152
醉后　　155
盛世平庸　　158
大锅饭　　161

万民伞　164
卖肉　167
和谐·合鞋　170
猫　173
诗病多于马病　176
假币　179
排行榜　182
喷嚏　185
今平没·《金瓶梅》?　188
祈雨　191
治水　194
迟到　197
悍妻　200
放狗屁，狗放屁，放屁狗　203
医患矛盾　206
弹发御史　209
黑狱　212
乞灵　215
卖友　218
傀儡　221
若比人心是安流　224
虱子　227
读书（之三）　231
狗　234
禁令　237
仍要如此，何苦如此　240
长得丑　243
官场争斗　246
口吃　249
豆芽菜　252
官宜久任　255
影子　258
风　261

厕所（续） 264
天真丧尽得浮名 267
人苦不自知 270
日全食 273
唾 276
署名 279
人名用字 282
书香 285
鸡 288
宅男 291
廉易，耻难 294
无厘头 297
宅第 300
轻议古人 303
本草 306
"钓鱼式"执法 309
冤而怨 312
拉屎 315
自评 318
酒后 321
泰山 324
曲阜孔庙 327
大蒜 330
×圣 333
城隍 336
衬字 339
圣诞节 342

后记 345

馒头

新年伊始,馒头一下子成了人们关注的焦点,乃至引起国人大哗。按媒体挖掘出的"新闻点",有关方面规定:今后馒头形状必须是圆的,方的不算。虽然未几规定出台者即出来辟谣说那纯属媒体对信息的重大误读,但馒头有了"国家标准"还是确凿无疑吧。比如在"感官要求"上,要求馒头要"外观形态完整,色泽正常,表面无皱缩、塌陷,无黄斑、灰斑、黑斑、白毛和粘斑等缺陷,无异物。内部质构特征均一,有弹性,呈海绵状,无粗糙的孔洞、局部硬块、干面粉痕迹及黄色碱斑等明显缺陷……"文绉绉的一堆字眼,令熟悉馒头的人着实觉得可笑。

国人吃了几千年的馒头,突然之间有了"国标",的确让人感到新鲜。我国有多少人吃馒头?恐怕是个没法统计的庞大数字。吃米的广东人,在餐馆点主食的时候往往也要点馒头,不过他们把"馒"字一律发音成去声,听着相当别扭。虽然还没有人脱口来个"馒头文化",但馒头确实可以与文化为伍。而且,前两年馒头还果真在文化圈里风光了一回。陈凯歌导演投资3亿元人民币拍摄的电影《无极》,被一个叫胡戈的电脑爱好者"恶搞"成《一个馒头引发的血案》,其所引发的反响较前者更甚,甚至人们因为先看了"恶搞"才转而去看看电影。

馒头甚至可以跟死关联在一起。古语有云:"纵有千金铁门槛,终需一个土馒头。"土馒头指代的是坟头。所以还有人借此调侃道:"城外多少土馒头,城中尽是馒头馅。"这同时也说明,以前的馒头的确是圆的,而且未必像今天这样实心儿。实心儿的和有馅儿的什么时候分道扬镳,一个仍然叫馒头,一个改叫了包子,不在本文讨论之列,但馒头里有馅儿的描写,最让人惊心动魄的莫过于《水浒传》"母夜叉孟州道卖人肉"那一回。犯人武松与押解他的公差走到十字坡,遇到了孙二娘的酒店,"那妇人倚门迎接",说道:"客官,歇了脚去。本家有好酒好肉。要点心时,好大馒头。"在江湖上游荡已久的武松,早就听说过一首歌谣:"大树十字坡,客人谁敢那里过?肥的切做馒头馅,瘦的却把去填河。"饶是有了戒心,还是吃了孙二娘果真用人肉做成的馒头。"端的有些肚饥",还是抱着侥幸心理?不过,江湖传言也难免有夸大的一面,张青、孙二娘夫妇不是只放过不肥不瘦的人,至少人家的原则是"有三等人不可坏他",一种是云游僧道,一种是妓女,再一种就是武松这样的流配犯人。为什么对这三种人网开一面?书中开列的理由详尽,看官可自去浏览。

　　从馒头的"起源"看,它也应该有馅儿。宋朝高承《事物纪原》所听"稗官小说云",馒头是诸葛亮的发明。他征孟获的时候,"人曰蛮地多邪术,须祷于神,假阴兵以助之。然蛮俗必杀人,以其首祭之,神则向之,为出兵也"。诸葛亮没有真的杀人祈神,而是"杂用羊豕之肉,而包之以面,象人头,以祠"。弄了个假东西,结果神也上当了,"亦向焉,而为出兵"。馒头,蛮头也。剔除出兵之类的传说,馒头出自"蛮"地,倒不排除可能。馒头从前也叫馒首,清朝闽浙总督孙尔准特别能吃,每餐别的不算,"馒首可逾一百"。馒首,实际上也是"蛮头"。

《清稗类钞》云,清朝有一种假杏酪,"不用杏仁露,以化学中一种药品,曰苦扁桃油者制成,香味与杏仁无别,功用亦同"。对于什么是苦扁桃油,文中加了个注,说它"有大毒,苟如法实验,不增加分量,亦不过度服用,则性能止咳,并无危险"。这一段记载,道出了国人食品造假的由来已久。不过,从前那种算是还有良心,毕竟"并无危险",如今只要造得光鲜,手段无所不用其极。完整地看过央视《每周质量报告》的人,如果神经脆弱一点儿,可能会效法伯夷叔齐,终于饿死,区别在于不是"耻食周粟",骨气方面的原因,而是不敢吃,实在害怕。因此,有朝一日,中国肯定需要一个馒头"国标",但在当下,包括馒头在内,人们关注的基本上还是食品卫生安全问题,先吃得放心,把这个最关键的前提问题解决了,才谈得上完善其他。馒头问题在不少地方都是大问题,前几年,郑州还发生了"馒头办"风波。市政府为了实施"馒头工程",成立了市、区两级"馒头办",不料两级"馒头办"为了争夺馒头的管辖权打得不可开交,争的目的早就清楚了,盯着的都是馒头中产出的利益,跟关心百姓健康了无干系。

《古今笑》里面有个善谐谑的陆宅之,他常跟人说:"吾甚爱东坡。"有人问,东坡精通那么多东西,文章、辞赋、诗词、书法,甚至还有引领时尚的东坡巾,你爱哪一样呢?宅之说:"吾甚爱一味东坡肉。"闻者大笑。人们当然不是笑陆宅之,而是笑那些舍本逐末的人和事。移之于当下的馒头事件,有关方面也可以这样说:"吾甚爱馒头。"爱什么呢?"馒头标准"。当然,这样一来,不光做馒头的,就是我们这些吃馒头的,也闻之大笑不已了。

2008年1月4日

假象

关心中国现实的人们不难发现一个非常矛盾的现象：没有一个领导干部口里不提倡欢迎监督的，而几乎每一个官场上典型案件的发生，总结起来却又都是缺乏监督。这就难免使人产生一种感觉，监督在我们这里仅仅是一种表面热闹的假象。贪官胡长清断头之前感叹，如果江西的媒体能像美国记者曝光克林顿绯闻那样，敢于曝光他，他就不会沦落到这个地步。这纯粹是一副流氓无赖的嘴脸。在他风光的时候，报纸上把他公务活动的消息排得靠后一点儿，他可能都会跳起来！

生活中很有一些骗人的假象。或者，因为伪装得巧妙使人不知；或者此一部分人知而彼一部分人不知；又或者，人明知其假，而习以为常或不能正视。刘声木《苌楚斋续笔》云，后来当过江苏省长的陈陶遗，在1914年有篇演说，被刘氏认为讲得"可谓透辟之至"。陈陶遗说他有一个最要好的朋友，"素来主张劳工神圣"，但是他却见过朋友"以皮鞭鞭车夫"；还有人"极道模特儿之曲线美，而不肯以妻女供人绘画"。陈陶遗就此得出结论："如人无诚信做事，于社会上，难得于人信仰。"话说得不错，尽管后面的例子显得牵强。说一套、做一套的实例很多很多，在官场上就不胜枚举。

唐玄宗天宝元年(742),安禄山上奏"去年七月,部内生紫方虫食禾苗"。而他呢?非常着急,"焚香告天"并检讨自己,还发了毒誓:"臣若不行正道,事主不忠,食臣心。"他此前说过,他那个异乎常人的大肚子里装的都是"赤心"。这一番表白,更取得了玄宗的信任,从此,"或言禄山反者,玄宗缚送禄山"。把举报人交给被举报人进行处置,后果如何,今人如举报河北原省委书记程维高的郭光允、举报国家药监局原局长郑筱萸的高纯等的遭遇,可为旁证。果然,"以是道路以目,无敢言者",声音被压下去了,大唐由盛及衰的日子却也不远了。但正如郭光允、高纯坚持到最后终于云开雾散一样,当时也有人正要被送走,"遇禄山起兵,乃放之",成了幸运儿。

明朝有一个都御史李纲,《典故纪闻》说他"居官廉介"。其为太仆少卿时,"曾于冀州遇盗,夺其箧,将启之,问其隶",知道是李纲后,强盗们表示佩服:"乃李少卿耶!是无钱。"说罢"不启箧而去",箱子都不检查了。李纲的声名传到了绿林,可能他是真的,但声名有时却并不等于实际。前几年,陕西有个"挎包局长"范太民、江苏有个"布鞋书记"邢党婴,平日里朴素得一塌糊涂,但被小偷偷上门了才证明原来是大蛀虫!众所周知,宋朝也有一个李纲,抗金名臣,打赢了开封保卫战。"纵使岁寒途远,此志应难夺",令人肃然起敬。不过,这也只是他的一面。与他同代的史学家李心传则讲了他的另一面。"私藏过于国帑,厚自奉养",属于违法乱纪吧?"侍妾、歌僮、衣服、饮食,极于美丽。每飨客,肴馔必至百品",属于生活奢侈糜烂吧?李心传对此感到"殊不可解",甚至怀疑是不是有人诬蔑他。放在今天,这却是再容易理解不过的了。

明朝还有个戏曲家徐霖,也是画家、书法家,正德皇帝南巡,他"每进见,必衣破袍"。正德问起来,他说家里穷,只有这种衣服;皇帝感动之余,"以斗牛袭衣赐之"。有一天,徐霖正值班呢,内线告诉他皇帝晚上要到他家。他不知该怎么接待,大家就给他出主意,说准备酒席会露馅儿,"汝书生,献茶可矣"。于是徐霖"潜遣人报其家,而以身待",自己假装什么也不知道。果然,正德"将二鼓驾出,乃召霖,令引至其家"。进了门,皇帝说你就用清茶一杯来招待我吗?徐霖叩头谢罪,说不知道陛下俯临。正德很高兴,还戏剪其长须以作拂尘,徐霖也从此自号髯翁。看,文人为了得宠,也能也会扮演出种种假象。

相比之下,倒是粗暴的张作霖张大帅来得比较率真。上海《申报》登过一篇张作霖关于"平等自由"的演讲,说得非常直白:"我平日对于家庭,纯是专制,惟我独尊。若家庭不能统一,还能治一省么?我的儿子,现在已当了旅长,见了我,气都不敢出。他对我说话,要先看我的颜色,若我颜色不对,他就不敢开口。什么平等自由,还早着咧。"心里想的与嘴上说的,完全一致,没什么两面性可言,不管说的是否中听,都有些难能可贵,尤其在"既要当婊子、又要立牌坊"有成为主流趋势的时代!

回到说监督,尽管不断有高官强调监督的必要,但改变不了举步维艰的现状。有一段日子,媒体发明了异地监督法,看不见自己放火,只瞧见别人点灯,也能起点儿成效。不过,最近有个老是被监督——当然也老是发生恶性事件的地方不干了,直接向上告状。本地的不敢监督,异地的不能监督,因而现在的监督除了踹两脚"死老虎"之外,不可能有别的出息。而加强监督尽管一再高调,也就仍然不免沦为一种假象。

2008 年 1 月 11 日

读书(续)

上海市出台《市级机关创建学习型机关评价指标体系》之后,质疑之声便不绝于耳。他们要求机关公务员每年完成6至12本书的阅读,"有关部门需安排必要的经费用于学习型机关创建工作,每人每年用于学习性的支出不少于300元"。要求公务员读书肯定是件好事,但人们质疑的是煞有介事的"评价指标体系"以及动用公款的方式。

清朝的陈京卿说:"有目而不观览与无目同,有手而不披寻与无手同,有口而不吟讽与无口同,有心而不思绎与无心同。"第一句说的就是读书,在他看来,眼睛就是用来读书的,有眼睛而不读书,跟没有一样。不过,读书终究是要靠自觉的事情,强按牛头喝水,也未必能达到预期的效果。隋末瓦岗军首领李密小时候很喜欢读书,有一天他去找包恺,"乘一黄牛,被以蒲鞯,仍将《汉书》一帙挂于角上,一手捉牛靷,一手翻卷书读之"。这样一幅图景,连过路的尚书令杨素都被他吸引住了,在后面悄悄地跟着他。看,李密读书自觉到了什么程度?

汤显祖的《牡丹亭》里,杜丽娘的丫鬟春香是个很顽皮的角色。她的关于读书的一些"高论"令人忍俊不禁。丽娘的爸爸就有逼迫女儿读书的意味:"你白日睡眠,是何道理?假如刺绣余闲,有架上图书,可以寓目。"后来干脆给她请了个教书先生,"将耳顺,望古稀,儒冠误人双鬓丝"的老廪生陈最良。但春香老是从中捣蛋,陈最良让她取文房四宝,她拿来的是画眉的墨和笔,害得陈最良说"俺从不曾见"。人家正上课呢,她出去撒尿,回来还诱惑小姐,看见了一大花园,"花明柳绿,好耍子哩"。陈最良给她讲道理:"古人读书,有囊萤的,趁月亮的。"她说什么?"待映月,耀蟾蜍眼花;待囊萤,把虫蚁儿活支煞。"陈最良可能也觉得有趣,再问:"悬梁、刺股呢?"她答,好像你,"悬了梁,损头发;刺了股,添疤疪(疮痕)。有甚光华!"气得老塾师无话可说,只想到用荆条打人。不过,对杜丽娘来说,到底花园比读书更具诱惑,因此成就了今日仍然在演绎的"游园惊梦"。

《清稗类钞》说,慈禧太后很喜欢读书,《封神传》,四大名著《水浒传》《西游记》《三国演义》《红楼梦》等,"时时披阅"。不仅读,还"节取其事,编入旧剧,加以点缀,亲授内监,教之扮演",搬到舞台上。有一天她感叹说:"我国若得若辈,与以兵权,岂畏外国人之枪炮乎?"慈禧所说的"若辈",是书里的那些英雄豪杰。所以有人分析,义和团之兴可能就是慈禧陷在书本描写的情境中不能自拔,以为现实中的确有刀枪不入之人。其实,慈禧多读一点儿书就会知道,两汉之际的王莽已经这么干过,正是她这个思路。《汉书·王莽传》载,"匈奴寇边甚"的时候,王莽"博募有奇技可以攻匈奴者,将待以不次之位"。这一下热闹了,"言便宜者以万数",纷纷毛遂自荐。有的说自己"能度水不用舟楫,连马接骑,济百万师";有的说自己能"不持斗粮,服食药物,(令)三军不饥";还有的说自己"能飞,一日千里,可窥匈奴"⋯⋯辛丑之后,慈禧也试图改变一下阅读方向,对《海国图志》《瀛寰志略》"展诵不辍",但终究提不起兴趣。所以她对大学士徐郙说,咱们翻译的

"东西洋书籍之最佳者为何种?"徐一概否定,说没一本好的,为什么?主要是洋人的枪炮"固足制胜,若政教风俗,则远不及我国"。慈禧说:"吾亦云然。"

宋人罗大经《鹤林玉露》里将读书划分为上中下三等:"上则取之以抚世酬物,又次则取之以博识多闻,下至苏秦之刺股读书。"罗大经未必是要否认苏秦用功,而是说他"专为揣摩游说之计,固已陋矣"。慈禧的行为,一定程度上颠覆了他的划分。她难道不是要"抚世"吗?但她的这种读书,还是应该属于"下下"之列吧。同样是读《汉书》,李密趴在牛背上读的是《项羽传》,宋朝苏子美则留下了一段读《张良传》的美谈。《古今笑》说,苏子美属于豪饮的一类,边读书边喝酒,"一斗为率"。读到张良行刺秦始皇,"抚掌曰:'惜乎击之不中!'"满满地喝了一大杯。读到"良曰:'始臣起自下邳,与上会于留,此天以授陛下'"时,又"抚案曰:'君臣相遇,其难如此!'"再满满地喝了一大杯。这两种读书,倒算是应了罗大经的"上"。

上海市对公务员读书的评价指标体系是从去年10月7日起试行的,半年过去了,不知道效果怎么样。罗大经还说,他那个时候,"士非尧、舜、文王、周、孔不谈,非《语》《孟》《中庸》《大学》不观,言必称周、程、张、朱,学必曰'致知格物',此自三代而后所未有也,可谓盛矣!"但是,"豪杰之士不出,礼仪之俗不成,士风日陋于一日,人才岁衰于一岁,而学校之所讲,逢掖之所谈,几有若屠儿之礼佛,娼家之读礼者,是可叹也"。要求公务员乃至国民读书也是这样,如果规定的指标完成了,人还是那个素质的人,那就不知该可叹些什么了。

2008年1月18日

改名(之四)

改名的文字已经做了三篇,仍然有话可说。

中国乒乓球前国手唐娜最近向韩国仁川地方法院递交了改名申请,改名唐沏序,伴随着真假难辨的言论,引发了一场不小的风波。改名其实是一种常见的文化现象,凡改者,肯定是有缘由的。云南的思茅市已经改成了普洱市,河北的石家庄市有政协委员提案说应当改成西柏坡市,还有冀都市、北宁市作为候选,不论荒诞与否,总之都有他们的理由。人名要改也是一样。

《南部新书》云,唐朝的柳浑原名柳载,之所以改了,有两点理由:一个是"为朱泚所逼",朱泚作乱平定了,因为"顷为狂贼点秽,臣实耻称旧名"。再一个理由是,原来的名字里有"戈",而眼下"时当偃武"。唐德宗时朱泚作乱是一件很大的事情,令德宗仓惶出逃。当时,朱泚"籍其(浑)名甚,愿以致之,犹疑匿在闾里,乃加宰相",所以柳浑说原来那个名字"秽"了。朱泚是称了帝的,叫大秦,改元应天,后来又改国号为汉,设置宰相顺理成章。不过,他这种称帝就像南越国赵佗说的"妄窃尊号,聊以自娱",历史上并没当回事。《南部新书》认为朱泚封柳载为宰相是在"行反间",挑拨关系;不过,也说不定朱泚真看得上他。柳浑的所谓耻称旧名,有急于划清界限的意味。如今的唐娜虽然入了人家的国籍,改名肯定不是因为耻称旧名,而是为了代表韩国出征今年4月份在广州举办的世界乒乓球锦标赛,必须要改,人家有人家的规矩吧。在乒乓界,何智丽成小山智丽、韦晴光成伟关晴光,也是这个道理。据一位在日本留学多年的朋友说,中国人入日本籍,如果日本的姓里没有你那个,你就得改,改成他们的姓。在这一点上日本很决绝,没有半点儿文化融合可言。当然,何智丽改名还有嫁人的因素。

人的名字虽然是一个符号,但有时却能产生意想不到的作用。比如胡长龄就绝对想不到,他的名字为老年乾隆所欣赏:"胡人乃长龄耶?"于是把他从殿试卷子中"拔置第一",大魁天下。再比如,光绪年间某科云贵试差,李哲明、刘彭年、张星吉、于齐庆也怎么都不会想到,录取四人而前五名谁都没进的他们,因为名字里的字能够合成"明年吉庆"而捡了便宜。与之相反,不吉利的名字是另一番后果,同治年间科举,前十名殿试,因为王国钧的名字听起来像"亡国君",慈禧就把他"抑置三甲"。于是,有人试图通过改名取巧,比如咸丰时的孙山麓。乡试老是不中,适值"咸丰纪元,举行恩科",他就给自己"易名庆咸,以应其瑞"。但这只是他的考试用名,"当闱前访友,犹用旧刺",名片上没改,结果连他的仆人都不知道。开榜那天,派仆人去看,自己"秉烛以待之"。他觉得自己考得不错,应该没问题,但还是心有惴惴焉。过一会儿,仆人回来了,"默无一语",孙山麓想这下可能又砸了,但还是忍不住问,怎么样啊?"仆仍默无一语"。他又问,谁第一呀?仆人这时说话了,也姓孙,但叫孙庆咸。孙山麓一听,跳起来骂道:"王八蛋,即我也。"这种语式等于在骂自己是王八蛋,但孙山麓高兴得已经浑然不觉。《清稗类钞》说,曾国藩原名曾子城,李鸿章原名李章铜。至于二人为什么改,则没有下文,须待人们考证了。

当然，更多的改名并非见风使舵，而是追求意味深长。唐朝有个员半千，原名叫员余庆，老师夸他："五百年一贤，足下当之矣。"结果他当真了，因此改名半千。《旧唐书》里有他短短的传记，看不出"贤"在哪里，只是武则天感叹了一下："久闻卿名，谓是古人，不意乃在朝列。"明清之际的金圣叹原名金采，字若采，进入清朝后，改名金人瑞，字圣叹。"人瑞"好理解，老寿星，德高望重；"圣叹"怎么解？他说，《论语》里有两个喟然叹曰，颜渊叹夫子"仰之弥高，钻之弥坚，瞻之在前，忽焉在后"，伟大而育人有方，不可逾越，是"叹圣"；而夫子叹"吾与点也"，是感叹诸弟子中独曾点的志向与自己一致，是"圣叹"。那么，取"圣叹"为字，应该说寄托了"变天"之后金若采的精神追求。

按照传统观点，唐娜改成的是韩国名，音译才是唐讷序，属于"夏变于夷"。孔子说："吾闻夏变夷者，未闻夏变于夷者。"这是我们津津乐道的一个文化资本。我们骄傲那些入主中原的少数民族，最终都要为中原文明所同化，而颠倒过来，国人的情感就不大接受。其实，"夏变于夷"从前也是有过的，战国时的赵武灵王"胡服骑射"不就很典型？当然，更多的还是"夏变夷"。像北魏时的孝文帝改革，禁着胡服，禁讲胡话，改鲜卑姓为汉姓，"拓跋"姓了"元"，"步六孤"姓了"陆"，名字听起来就顺耳多了。不过，唐娜改名所以引起风波，主要应该是源于其"现在韩国是我的祖国，我将通过实力竞争来战胜一切"的言论，其丈夫则认为她"绝对没有说过"。风波的焦点就应该在这里。单纯的改名，无论"夏变夷"还是"夏变于夷"，都不会引起什么。

2008 年 1 月 25 日

贱日,贵日

刘体智《异辞录》云,李鸿章刚投奔到曾国藩麾下的时候,"观文正手书《日记》",没觉得曾国藩有什么了不起,"视如李次青方伯之流"。刘体智没有指责李鸿章什么,只是说:"英雄贱日无殊乎众,固不足异。"当然,李元度(字次青)也是个非常具有传奇色彩的人物,读书一目十行,且能过目不忘。

贱日,没有发迹的时候。李隆基当年出席一个豪门子弟的集会,人家不认识他,要大家自报"门族官品",目的是想让他自己走人。结果李隆基大声宣布:"曾祖天子,祖天子,父相王,临淄王李某。"话音刚落,倒令"诸少年惊走,不敢复视"。李隆基因为出身显贵,豪气得很,但他的祖宗——唐朝开国皇帝李渊就有"贱日"。他因为脸上皱纹比较多,隋炀帝曾当面叫他"阿婆",虽然是开玩笑,但是时为大臣的李渊很不爱听,却也只有忍着。

开国皇帝们大抵都有"贱日"。《史记》载,亭长刘邦曾经到沛令的宴会上骗吃骗喝。人家规定"进不满千钱,坐之堂下",但他一个子儿也没拿,却谎称"贺钱万",大咧咧地坐在堂上,惹得主吏萧何嘟嘟囔囔。《晋书》载,十六国时的后赵皇帝石勒"贱日"时,曾与邻居李阳"岁常争麻池,迭相殴击"。《北梦琐言》云,前蜀"王先主(建)微时,偷驴遭刑"。《杨文公谈苑》云,宋太祖赵匡胤曾经在董宗本的手下干过,工作就是每天陪他儿子董遵诲玩儿。两人有一次"共臂鹰逐兔",发生了一点儿小事情,匡胤"为遵诲所辱"。正因为后来的英雄们彼时"无殊乎众",跟寻常人等没什么两样,别人才敢挖苦他们、奚落他们,甚至动手打架吧。

与"贱日"相对应的自然是"贵日",这个时候,往往就是另外一番图景了。赵匡胤当了皇帝以后,"访求遵诲",把老董吓坏了,以为他要报复,"每欲自杀"。老婆力劝,即便同样是死,先去见见,说不定"因祸致福"呢,董遵诲才"幅巾见于便殿,叩头请死"。岂料赵匡胤笑着说:"汝昔日豪荡太过,我方将任汝事。"然后让左右"掖起"他,吓得已经站不起来了。在这里,赵匡胤表现出来的是雍容大度。在陈胜那里,情况则正相反。封王之后,陈胜那些"贱时"的朋友——"尝与佣耕者",把"苟富贵,无相忘"当真了,跑来看他;看看就罢了,还要对陈王奢侈的"殿屋帷帐"大呼小叫,还要"愈益发舒,言陈王故情"。这是什么时候啊,扯这一套?结果陈王怒了,以"专妄言、轻威"的罪名斩了一个,吓得其他"故人皆自引去"。

在"贱日"与"贵日"之间,还存在一个过渡阶段。发生在王建身上的事情,或可以说明这一点。他没登基,尚在东征西讨的时候,有一次东川守城将士采取骂战,日夜喊他"偷驴贼",他不是"偷驴遭刑"过吗?王建不甘示弱,让他的俳优——滑稽艺人王舍城跟着对骂。王舍城"戟手指城上人,且令静听",然后骂道:"我偷你屋里驴耶!"屋里驴,未必是你家的驴,很可能是当时骂人用语的约定俗成。有一天,王建更把上衣脱了,让舍城看根本"无疮痕"。那是为了向王舍城证实没那回事,谁知舍城会错了意,连声说:"大好大好,何处得此膏药!"潜意识里认同守城一方的攻击了。不过,话说回来,在敌对的一方,即使"贵日"到来也会照骂不误。

同样,在"贵日"的大度问题上,也存在一个"度"的界限。《古今笑》云,南北朝时的梁武帝萧衍与从前的好朋友萧琛一次喝酒,"武帝以枣投琛,琛便取栗掷帝",互相扔东西打人玩儿。但是因为萧琛扔的栗子"正中(帝)面",令武帝"动色",很不高兴,好在萧琛反应快:"陛下投臣以赤心,臣敢不报以战栗?"耍个嘴皮子,才算化解了危机。再说石勒,他也是大度的一个。"贵日"到来后曾把家乡耆旧都招来,"齿坐欢饮",讲些当年的往事,忽然想到跟他打过架的李阳,称他为壮士,叫人把他召来,毫不计较"沤麻是布衣之恨"。李阳来了,石勒与之酣谑,还拉着他的胳膊笑着说:"孤往日厌卿老拳,卿亦饱孤毒手。"这里的"老拳"二字,后来引起了唐朝大诗人刘禹锡的注意。刘禹锡有个观点:"为诗用僻字,须有来处。"用这个观点去读书,使他"尝讶杜员外'巨颡拆老拳'无据",后来读到《晋书·石勒传》里的这一句,方才恍然大悟"老拳"的出处。

杜甫的这句诗,出自他的《义鹘》,《全唐诗》有载,类似寓言故事,比较易读。"阴崖有苍鹰,养子黑柏颠。白蛇登其巢,吞噬恣朝餐。雄飞远求食,雌者鸣辛酸。力强不可制,黄口无半存。其父从西归,翻身入长烟。斯须领健鹘,痛愤寄所宣。斗上捩孤影,嗷哮来九天。修鳞脱远枝,巨颡拆老拳。高空得蹭蹬,短草辞蜿蜒。折尾能一掉,饱肠皆已穿。生虽灭众雏,死亦垂千年。物情有报复,快意贵目前。兹实鸷鸟最,急难心炯然。功成失所往,用舍何其贤!近经滍水湄,此事樵夫传。飘萧觉素发,凛欲冲儒冠。人生许与分,只在顾盼间。聊为《义鹘行》,用激壮士肝!"白蛇的贪毒、雌鹰的辛酸、雄鹰的冤愤、义鹘的仗义,一一跃然纸上。吴山民认为:"子美平生,要借奇事以警世,故每每说得精透如此。

诗说老鹘仁慈义勇,所以感动人情;而其慷慨激昂,正欲使毒心人敛威夺魄。"按这个观点,则杜诗的主旨主要是对作恶者造成威慑。也是一个视角吧。

然而,"英雄贱日无殊乎众",如同钱锺书先生笔下的鲍小姐,只属于"局部真理",多数英雄毕竟还是"殊乎众"的,不是先天预兆什么,而是其才智往往确有拔群超凡的一面。可惜,不少大英雄在他们的"贵日",不仅人为地更加"殊乎众",还要成为神,让人顶礼膜拜。不知道这究竟是英雄本人的悲剧,还是咱们传统文化的悲剧。

2008 年 2 月 1 日

选官

当下南方遭到了 N 年一遇——所见有 30 年、50 年、80 年、百年一遇说,度之,大抵越说得严重,越可归咎纯属天灾——的冰雪灾害。就广东而言,大量旅客已经长达数天之久滞留于广州火车站、受阻于京珠北高速公路,凄风苦雨之中,令人揪心。网友热议,这场大雪让群众看清了庸官与好官,组织部门何不来个"雪中选官"呢?雪中选官,该是对公开选官的一种呼吁。现在的官,当上了就不能下来,除非作奸犯科,甚至作奸犯科也未必能触动,就更需要把好入口关了,至少要让大家知道,凭什么他可以当官。

"好官昏夜考,美缺袖中商",这种状况历来都算不上稀见。今天倒了台的一方"霸主",大抵都负有买官卖官的罪名,谁当什么官,全凭下属孝敬的"进项",古人当然也好不到哪里去。所以,顾炎武的侄子即使"延之夜饮",他也很生气:"世间惟淫奔、纳贿二者夜行,岂有君子而夜行者乎!"乾隆时的刘统勋也是这样。"尝有世家子任楚抚者,岁暮馈以千金",刘统勋把送钱的人叫进来,正色告曰:"汝主以世谊通问候,其名甚正。然余承乏政府,尚不需此,汝可归告汝主,赠诸故旧之贫窭者可也。"有个想花钱买官的人,"昏夜扣门,公拒不见"。第二天早上在衙门,刘统勋把那个人叫过来说:"昏夜扣门,贤者不为。汝有何禀告,可众前言之,虽老夫过失,亦可箴规也。"结果把那个人吓得"啜嚅而退"。有清一代一共才谥了八个"文正",刘统勋是为其一,可见他的行为并不是要作秀给大家看看。

问题是这样的楷模太少,多数人、多数情况往往并不是这样。《啸亭杂录》里有康熙时的包衣人张凤阳,很像早几年浙江瑞安那个轰动一时的"地下组织部长"陈时松。陈时松不过是个村党支部书记,但却是瑞安社会的"头面人物",人事安排可以左右市委书记,以至于人称"老太"(太上皇之意)。张凤阳正是这么个人。包衣,乃满语"包衣阿哈"的简称,翻译过来是"家的奴隶",理论上处于社会最底层。清朝定鼎之后,包衣也仍然保持着奴才的身份。但张凤阳这个包衣可不得了,他"交结戚里言路,专擅六部权势",时谚竟曰:"要做官,问索三。要讲情,问老明。其任之暂与长,问张凤阳。"索三是谁?索额图;老明呢?明珠。这两人是康熙帝的左膀右臂,张凤阳居然可以和他们相提并论!书中举了一例:张凤阳"尝憩于郊,有某中丞驺卒至,呵张起立",张凤阳斜着眼睛看了看,轻蔑地说:"是何龌龊官,乃敢威焰若是?"果然没到一个月,"中丞即遭白简",弹劾的奏章到了。以张凤阳的这种能量,再好的选官标准都会形同虚设。

所以,古人眼里的"夜"未必一定要单纯理解为实指暮夜,也可以解成见不得人的时候吧。《泊宅编》说,以前对"尚书令史防禁甚密",就是怕他们泄漏消息或者相互间有什么勾结。令史,汉代居郎之下,掌文书事务。南朝规定"令史白事不得宿外,虽八座(顶头上司)命,亦不许",必须留宿机关。唐朝也是"令史不得出入,夜则锁之",不准随意进出。《南部新书》云,唐代"户部与吏部邻司。吏部移牒户部,令墙宇悉竖棘,以防令史交通"。到了韩愈为吏部侍郎,才打破这个惯例。他说:"人所以畏鬼,以其不见;

鬼如可见,则人不畏矣。选人不得见令史,故令史势重;任其出入,则势轻。"韩愈认为,人没见过鬼,所以才怕鬼;同样,那些等候吏部铨选任官的人,因为没机会见识吏部令史,觉得他们很神秘,如果像普通官吏一样,他们就无威势可挟了。

《封氏闻见记》里也有楷模式的人物。武则天时期的天官侍郎顾琮,"性公直,时多权悖,公行嘱托",令其"不堪其弊"。有一天,他在官舍——一说寺院——看到"人间地狱"的壁画,对着自己的位子大发感慨:"此亦至苦,何不画天官掌选乎?"天官就是吏部,名称是武则天上台时改的。顾琮觉得,自己干的活儿跟在地狱里受煎熬差不多。另一位天官侍郎陆元方临终前感叹:"吾年当寿,但以领选之日伤苦心神。"可以想见,这两位一定是非常正直的人。正直的人才不会动辄徇私枉法,才会对不正常的官场丑恶现象感到痛心疾首。

明朝的丁宾去句容上任,临行前他爸爸告诫他说:"汝此行,纱帽人说好,我不信。吏巾说好,我益不信。即青矜说好,亦不信。惟瓜皮帽人说好,我乃信耳。"纱帽人,当大官的;吏巾人,普通官吏;青矜人,秀才;瓜皮帽人,百姓。在丁宾的父亲看来,只有百姓说好的官,才算得上真正的好官。虽然"雪中选官"从本质上也不能证明什么,但"瓜皮帽子"在这个时候至少对一个干部如何有了个粗浅的认识。这仅仅局限于一时的良好表现,较之莫名其妙地当上官来,终究还是有一点儿参照吧。

2008 年 2 月 5 日

大树进城

这几天断断续续看了下电视剧《闯关东》,关于传武和患病的鲜儿在木排上的那一段,不知怎的想到了各地流行已久的"大树进城"。可能放木排这一种是"死进"——砍倒了运进城,而各地急功近利搞绿化的那种是"活进"——囫囵移进城,关联就在于此吧。

古代也有大树进城,也是这两种进法,"活进"跟今天差不多,"死进"则大抵是营建宫室的需要。王士性《广志绎》羡慕"长安宫殿惟秦、汉最盛",其中一个原因就是当时"秦、陇大木多取用不尽",大树有的是。然而到他所处的明朝就不同了,嘉靖时午门、三殿,万历时慈宁、乾清两宫火灾之后重修,"动费四五百万金,府库不足,取之事例(按成例的付给),不足,又取之捐俸,不足,又取之开矿"。而这些钱,主要都花在大树(木)进城上了,不仅"一木之费辄至千金",而且"川、贵山中存者亦罕",都给前人砍得差不多了;加上"千溪万壑,出水为难",即使宫殿"欲效秦、汉,百一未能也"。

该书卷四"江南诸省"中的另一处记载,让我们看到了大树(木)进城的艰辛。王士性说,比较起来,"木非难而采难,伐非难而出难,木值百金,采之亦费百金,值千金,采之亦费千金"。他接着所说的"上下山阪,大涧深坑,根株既长,转动不易,遇坑坎处,必假他木抓搭鹰架(施工时用以撑托的临时支架),使与山平,然后可出",就可窥见了这种运输法不仅运木头,还可能就是运大树,活的树才会"根株既长"。无论是运木头,还是运大树,都实在劳民伤财,"一木下山,常损数命,直至水滨,方了山中之事"。承办的官员也辛苦异常,"风餐露宿,日夕山中,或至一岁半年"。当然,有的也可以从中找到巴结的门道。和珅当国时,"福建布政某承办木材,得一香樟,大十余围,高矗霄汉,乃伐而献于珅",自福建运到北京,光运费就"至银三千余两"。这么大的树被和珅雕成了一只独木舟,"舟成,长四丈余,广一丈六尺,不加髹漆,香气馥郁"。这可不是印第安人划的那种原始货色,而是讲究得很,"舱舷宽敞,可容百人,中有镜台、书室,红轩碧厨,上筑台榭,后植花木"。不过,和珅还没来得及享受就出事了,乾隆对这个独木舟感慨万千:"是奴所享受,朕亦不得望其项背也。国之精华,尽于是矣。"吩咐把它放在后海,自己也不坐,"目为妖物"。

宋代陈师道《后山谈丛》明确记载了"晁无咎移树法",虽然非常简略,但不知后世移大树者如果祭祀,是否要将晁无咎视为鼻祖,当作行业神来崇拜。其法曰:"其大根不可断,虽旁出远引,亦当尽取,如其横出,远近掘地而埋之,切须带土,虽大木亦可活也,大木仍去其枝。"今天的做法,与之如出一辙。晁无咎就是晁补之,北宋著名的文学家,无咎是他的字。《宋史·晁补之传》载,他"十七岁从父官杭州,稡(汇集)钱塘山川风物之丽,著《七述》以谒州通判苏轼",本来东坡也想写这么一篇,看了晁无咎的文章后感叹地说:"吾可以搁笔矣!"还赞赏他文章"博辩俊伟,绝人远甚",评价非常之高。不过,《宋史》里并没有提及他的"移树法",可能在他而言纯粹属于小儿科吧。

"大树进城"的历史有多悠久？要待学者们去考证了。就笔者的浏览，至少三国时候就已经开始，依据是曹冏曹元首的名篇《六代论》。《文选》李善注"六代"，即夏、殷、周、秦、汉、魏。李善又转引《魏氏春秋》的话说："是时天子幼稚，冏冀以此论感悟曹爽，爽不能纳。"就是这么一篇政论文字，结尾打比方时谈到了"大树进城"，这么说的："譬之种树，久则深固其根本，茂盛其枝叶。若造次徙于山林之中，植于宫阙之下，虽壅之以黑坟（营养充分意），暖之以春日，犹不救于枯槁，何暇繁育哉。"接下来是他的引申："夫树犹亲戚，土犹士民，建置不久，则轻下慢上，平居犹惧其离叛，危急将如之何？"从逻辑上推断，倘若当时没有"大树进城"之举，曹元首当不会产生这一联想；再从不能造次移植来推断，那时可能已经积累了一定的移树技术。

《清稗类钞》里有一则"京城多古树"，说京城"每一坊巷，必有古而且大之树，约每距离不十丈，必有一株，外人常赞赏之，以其适合都市卫生之法也。且观其种植痕迹，似经古人有心为之者"，因为不同的地方栽种了不同的树种，"皆极参差蜿蜒之致"。现在的人没有"栽"的这种耐心了，他们要急于"见绿"而不想"建绿"，哪里需要干脆就往哪里"移"，金钱开道，移来人家的生态。不仅不"建绿"，而且城市要拓宽道路，还对已经长成了的大树毫不留情，如当年打进南京的"曾剃头"一样，伐个精光……但晁补之所说的"虽大木亦可活"，恐怕只是理论上的结论。2006年，仅仅经过一个冬天，南京市绿博园内移植进来的1000多棵大树就因"水土不服"纷纷死亡，死亡率高达50%以上。在有些地方，这个数字更高达70%！那么对许多大树来说，"进城"基本上意味着灾难。

2008年2月12日

厕所

春节前夕,重庆洋人街"最牛的厕所"完工亮相。据介绍,该厕所有200多便槽与蹲位,可满足近千人——一说2000人同时"方便",还准备申报吉尼斯纪录:规模最大。这是关于厕所的一个新的奇观了。早几年,广州有过"星级公厕",深圳决定过修建20座单价300万元的"天价公厕",不知修成了没有。国人对厕所"发力",要溯源于改革开放之初,我们的厕所因为"脏、乱、差、少",传说吓跑了不少外国友人,因之失去了不少商务谈判的机会。现在手里有了两个钱,决策人物也就发了狠,虽然解决公厕问题的当务之急是满足"数量"而非提高"质量",但他们着重的是后者。

历史上最大的厕所有多大不知道,但知道有过相当豪华的厕所。《世说新语·汰侈》记载的石崇家的厕所,是为其一。石崇家的厕所豪华到什么程度呢?"常有十余婢侍列,皆丽服藻饰。置甲煎粉、沉香汁之属,无不必备"。这还不算,"又与新衣著令出",可能是婢侍们贴身服务太过了吧,搞得"客多羞不能如厕"。刘孝标引东晋裴启的佚书《语林》,来了个进一步说明。说刘寔上石崇家的厕所,一进门,"见有绛纱帐大床,茵蓐甚丽,两婢持锦香囊",赶紧往回走,还不好意思地跟石崇说:"向误入卿室内。"石崇告诉他，那就是厕所。20世纪后半叶的中国厕所尚能吓跑海外人士，那个时候的厕所在刘寔眼里，更应该是不忍卒睹、不忍卒闻才叫厕所吧。战国时的魏人范雎能言善辩，他出使齐国，深得齐王敬重，却被人诬陷通齐卖魏，回国后被魏相魏齐治罪，"笞击范雎，折胁，摺齿"，再把他卷上席子，"置厕中，使客醉者更溺之"；西汉吕后把戚夫人制成"人彘"之后，也是丢进厕所里。可见从前的厕所，是个肮脏得足以辱人的地方。

《世说新语·纰漏》还讲到了另一个豪华厕所。那是大将军王敦刚娶了舞阳公主，"如厕，见漆箱盛干枣"，那些枣本是用来塞鼻子的，王敦却"食之至尽"。如厕回来后，"婢擎金澡盘盛水，瑠璃碗盛澡豆"，王敦"因倒箸水中而饮之，谓是干饭（《齐东野语》作'干饮'）。群婢莫不掩口而笑之"。婢女们笑什么呢？按余嘉锡先生的笺疏，澡豆是洗手时用的，"每日常用，以浆水洗手面甚良"，居然可以"十日色白如雪，三十日如凝脂"，类似于今天的高级护肤品。同样是王敦，在石崇家上厕所则是另外一副神态。别人不是因为更衣而"多羞不能如厕"吗？他则不然，"脱故衣，著新衣，神色傲然"，乃至丫头们纷纷议论："此客必能做贼。"几百年后，苏东坡谈到这件事时说："此婢能知人，而崇乃令执事厕中，殆是无所知也。"这是说石崇有眼无珠、大材小用了。

其实，吃塞鼻之枣与喝洗手水，未必是刘义庆所说的王敦的"纰漏"，可能他是刻意为之。周密《齐东野语》对此进行了一番分析。他说同一个王敦，"何前蠢而后倨邪？干枣、澡豆，亦何至误食而不悟。至季伦（崇字）之厕，则倨傲狠愎之状殆不可得而掩矣"。没别的，你看他看起来啥也不懂似的，"直诈耳"，全是装出来的。周密就此下了结论："人之不近人情者，鲜不为大奸大慝，吾于敦，重有感焉。"

关于澡豆，《墨客挥犀》还有一则趣事。王安石有一段时间因为"面黧黑"——又黑又黄，手下人挺担心的，问医生怎么回事。医生说，这是邋遢，不是有病。手下人于是"进澡豆，令公洗面"。安石说："天生黑于予，澡豆其如予何。"保持自己率性的本色。不过在周密眼里，安石的问题与王敦"近似之"。别说这不是病了，就算真的是，安石也会是一副随其自然的态度。他"患喘"的时候，"药用紫团山人参不可得"，正好薛师正家里有，"赠公数两"，安石不要。人家劝他："公之疾，非此药不可治，疾可忧，药不足辞。"安石说："平生无紫团身，亦活到今日。"到底没有接受。

《清稗类钞》里有一个屡试不第的举子，考不上，家又穷，就在路旁盖了个厕所，"借收粪以售资"。到底是读过书的，厕所的装点上也体现了"文化"味道。上悬一匾，曰："尽其所有"；左右联曰："但愿你来我往，最恨屎少屁多。"从中不难感觉到他的愤懑之气，不过这也道出了厕所的实际功用。在"星级公厕""天价公厕"之外，北京去年还推出了价值80万元的"防弹公厕"，说普通的TNT炸药即使在内部引爆，也威胁不到外部物体安全。可是，想放炸弹搞破坏的人，会往厕所里放吗？普遍观点认为，从一个国家公厕的情况，可以看出这个国家公众的文明、卫生习惯以及社会公德等等。但我们现在的公共场所如厕难，上面说了，是数量不足，不过行动起来，各地追求的往往都离不开"最"字。这里反映出来的，该是政治文明的一个侧面吧。

2008年2月15日

文章却似呼延赞

《人民日报》不久前有一篇《如何看待"官员作家"》的报道,说的是近年来陕西省大批公务员尤其是许多担任了较高职务的领导干部,在繁忙的公务之余,纷纷拿起手中纸笔进行文学创作。报道提出了一个问题:如何看待官员写作现象。这个问题提得好。如何看待?众所周知,跨领域的通才肯定是有的,汉代张衡既可以发明地动仪,也可以拟班固《两都赋》作《二京赋》;明朝王守仁既是一代名臣统帅,也是一代学术大师,赢得"文武两圣人"的美誉。而同样众所周知,这样的通才人物在不同的时代、不同的领域诚然都会出现,但肯定不能"蔚然成风"。

如果回望古代,就会发现"官员作家"基本上不算一个问题,科举出身的官员,大抵可归属此列。在正常情况下,文章写得好是他们晋身的前提。而且很多人之所以青史留名,不是因为如何当官,恰恰是因为传世的作品;甚至因为他们的传世之作脍炙人口,使我们每每浑然忘却他们还是官员。苏东坡说过:"某平生无快意事,惟作文章,意之所到,则笔力曲折,无不尽意。自谓世间乐事无逾此者。"宋太宗刚继位时提拔的郭贽,也是"以其乐在词笔,遂命掌诰"。不过,郭贽实在水平有限,"制书一出,人或哂之",完全"不堪厥任",连太宗也为之羞愧。《池北偶谈》还谈到宋太宗的另外一件事。有一天他在宴会上令群臣赋诗，本来武人可以不写，但平定南唐的功臣曹翰"亦乞应诏"，太宗于是限他用刀字韵，谁知曹翰援笔立成："三十年前学六韬，英名常得预时髦。曾因国难披金甲，不为家贫卖宝刀。臂健尚嫌弓力软，眼明犹识阵云高。庭前昨夜秋风起，羞看盘花旧战袍。"太宗大为欣赏，立即给他"骤迁数级"。这就可见，同样是舞文弄墨，官员之间的水平差别也是很大的。北宋编纂了"四大部书"，其中有三部出自太宗在位的时候：百科全书性质的类书《太平御览》、文学类书《文苑英华》和小说类书《太平广记》。由此来推断，类似"官员作家"的人，在宋太宗那个时候一定很吃香，当然，不能是郭贽那种南郭先生。

《人民日报》既然要大家议论，那在下也就凑凑热闹说一句："官员作家"还是不要"蔚然成风"的好，大家全都拿起笔来写小说散文，整天对着山川花草抒情，把政事——也是正事——摆在什么位置呢？清朝的蒋励堂任川督时，发现有几位候补官员特别喜欢赌博，"需次无事，辄聚为叶子戏，客过访之，恒拒不见"。有一天蒋励堂说话了："诸君无案牍劳，以叶子戏偶尔坐遣，未尝不可。然频频为之，则伤财失业，作无益害有益，且因此疏慢朋友，来辄拒之，似更不可。"你们很快就要上任了，"与其为无益损有益之事，曷不先将律例留心观览乎？"写作较之赌博，当然是高雅得多的事情，但真正的文学创作，与官员真正地做好本职工作一样，应该也要殚精竭虑，不会那么轻而易举。有些官员觉得轻而易举，一些不堪一提的货色不是还能获得中国最高级别的"××文学奖"吗？但他们自己也清楚，那些乐于奉上宝贵出版资源的出版社一定要在众多的垃圾图书中再添上若干种，那些貌似权威的评奖机构一定要奉上炫目的"桂冠"，那些吹喇叭抬轿子的帮闲文人一定要送上赞美,追根问底,还是权力和孔方兄的因素在作祟;在这两个因素的共同作用下,没有什么肮脏的交易不可以完成。因此,担心"官员作家"蔚然成风,实际上是担心腐败更换了一种儒雅的表示形式。

宋朝有个叫吴善长的官员,非常喜欢写诗,应该有当面不断听到赞誉的前提吧,不过人们背后说他"文章却似呼延赞",因为当时的武臣呼延赞以好吟恶诗而闻名。《枣林杂俎》另云,明末大将刘泽清曾叔事刘鸿训相国,相国去世后,其子孔中、孔和又叔事刘泽清。泽清自矜文武全才,曾跟孔和说,你服不服我呢?孔和说:"服甚。第吾叔不作诗尤善。"《明史》说刘泽清"颇涉文艺,好吟咏",那么在刘孔和看来,刘泽清吟出来的,大抵正是呼延赞一类的文字。对"官员作家"而言,正如蒋励堂说的,如果没有案牍的劳繁,偶尔写东西消遣一样,未尝不可,问题是我们这个处于转型期的社会,那么多的社会矛盾此起彼伏,有的还非常尖锐,哪里就到了"官员作家"可以从容"蔚然成风"的时候?即便局部地方形成了这种风气,不仅不值得提倡,还应该坚决地扭转过来!

《清稗类钞》有一则云:"世间最易传染之病曰鼠疫,曰黑死病,然未有如官病之甚者也。其病状为热中,若癫若狂,如痴如醉,旁观者危之,而身受者反以为乐。"一语戳中了"官员作家"的要害。有些摸着笔墨的官员,未必是对写作有多么热爱,而是斯地的官场风气如此。

2008 年 2 月 22 日

偶像

第七季《美国偶像》(American Idol)从1月15日开播,到4月9日已经揭晓七强。这是美国收视率最高的真人秀演唱节目,目的是为那些想成为明星的人搭建一个向全国观众展示自己的舞台。见惯了这两年国内形形色色的"海选",诸如红极一时的"超女",也就大抵知道了他们的规则。或者,国内的这一套正是从他们那儿学来的。通过16进12、12进10之类,逐周淘汰选手,最后的胜出者就是美国偶像。

无论哪里的偶像,一旦受到热烈追捧,"玉米""凉粉"们为之如醉如痴,就属于偶像崇拜。当然,这是在今天的意义上来说的,按照人类学家林惠祥先生的定义,偶像崇拜则是原始宗教的一种。原始宗教包含许多崇拜,自然崇拜、动植物崇拜、图腾崇拜、鬼魂及祖先崇拜、偶像崇拜等等。而彼时崇拜的偶像,却是以土木或金石所制的人像。古代用俑殉葬,俑,也属偶像。气势恢宏的秦始皇陵兵马俑,就是原始意义上的偶像。彼时的偶像崇拜是把偶像本身当作神灵或神灵寄托之物,跟今天的主要是针对活人尤其是演艺圈人士的偶像崇拜,具有本质上的不同。偶像的概念什么时候悄悄完成了由"死"向"活"这一转换,可能会是个有趣的研究课题。

邵博《邵氏闻见后录》云："赵肯堂亲见鲁直晚年悬东坡像于室中，每早作，衣冠荐香，肃揖甚敬。"这里，黄庭坚就有把苏东坡当作偶像的意味。有人对黄庭坚说你们俩其实差不多，不用那么恭敬，黄庭坚则离席惊避曰："庭坚望东坡，门弟子耳，安敢失其序哉？"所以邵博认为，人们以"苏黄"并称，"非鲁直本意"。宋朝还有一位徐霖，"于所居画诸葛武侯像，终日与之对坐，论天下事"。这是把诸葛亮当作了偶像。不过"举止颠怪，妄自尊大"的徐霖，有一点儿装腔作势。"凡士子来受教，皆拜庭下，霖危坐受之，不发一语，瞑目坐移时，豁然而起。"有人模仿他，他闭眼时跟着闭眼，他猛地坐起来时跟着猛地坐起来，本来是觉得好玩，可他一本正经地说："汝已得道矣。"

原本的偶像是泥塑的、木头刻的，但苏辙在《龙川略志》中说，有一次他梦到了偶像说话。苏辙小的时候，在四川老家一直跟哥哥东坡在天庆观读书，后来到京师"梦入三清殿，殿上老子像高三二尺，状甚异，能与人言"。老子讲了些什么呢？因人而异，跟苏辙讲的是唐人杨绾、高郢、严震"孰贤"的问题，以及为什么杨绾"不至上寿，而郢、震皆耆艾乃死"。苏辙说他在梦中"固不详三人之然否"，起来翻开《唐书》，发现老子说的"三人官秩、寿考皆信"，但没见老子所说的杨绾"好杀生"。苏辙这个梦不知道想要表达什么，或者，纯粹只是记叙一个梦而已。

《浪迹续闻》云，明朝嘉靖时张孚敬建言"凡直省各学圣贤像，皆改用木主，朝议从之"。改用木主，也就是把泥塑的圣贤像改成木头的。先前泥土做的怎么处理呢？"温州绅民不忍毁弃，俱归之海中"，让大海把它们化解。不过，当船队就要出发的时候，"民间私夺回二像"，一个是端木赐（子贡），另一个是澹台灭明（子羽）。这是因为端木有货殖之声，要把他奉成土地神，保佑大家发财;而澹台长得丑,"改妆青脸",要把他奉为东岳之神,主治死生,成百鬼之主帅。其实,在嘉靖之前,文庙塑像也曾易木主,比如天顺时的苏州。知府林鹗说,洪武时太学就有过易以木主,那还是塑像没坏的前提下;现在塑像坏了,换成木头的理所当然。饶是有这样的前提,林鹗还是将更换之事"未敢闻之朝也"。对换下来的塑像,有人说是圣贤,毁不得。林鹗则不大客气:"此土泥耳,岂圣贤耶?"

偶像,无论是泥塑的还是木头的,倘若谁要存心对它不敬,总有自己的办法。吴三桂王滇时建了座功德庙,以泥塑四大金刚为题征诗,有位官员就写道:"金刚本是一团泥,张牙舞爪把人欺。人说你是硬汉子,你敢同我洗澡去!"结果吴三桂认为这是在讽刺他,竟要了那人的性命。泥塑更换木主之后,洗澡无疑是敢了,但新的问题又来了。元朝大画家王冕家的房子挨着一座神庙,这老兄近水楼台,"爨下缺薪,则斧神像爨之",拿庙里的木头神像当柴烧。明朝的陆起龙借读僧舍时也干过这种事,也许庙里的伙食太差,他乃"偷狗作馔",这已经大不敬了,还要"辍伽蓝代爨"。他自己的诗句交代得最清楚:"夜半犬羹犹未熟,伽蓝再取一尊来。"

关于王冕,还有后话。他的邻居"事神惟谨",王冕烧一个,他家就再立一个,"刻木补之,如是者三四"。有意思的是,对神像大不敬的王冕一家"岁无恙",倒是崇拜有加的一方"妻孥沾患,时时有之"。他们家很生气,有一天召巫降神,责曰:"冕屡毁神,神不之咎;吾辈为新之,神何不祐耶?"没想到,巫者代神怒曰:"汝不置像,彼何从而爨耶?"但从此之后,只有烧的没有补的,"而庙遂废"。烧像补像,也成了人们的笑谈。这该是对偶像崇拜者的最大打击了。

2008 年 2 月 28 日

粗口教授

因为自认为遭到了某位教授的恶意批评,被批评的教授就在自己的博客上作出了强烈反应,声称自己"这回有当一当畜生的必要"。在这个原则支配下,他不仅称批评者为"屁眼教授",而且几乎所有回击文章甚至标题都加上了辱骂的内容:《昏话连篇·臭气熏天》《患上脑便秘,难免满纸都是屁》……就我的有限视野,这该是继"打虎派"首领——中国科学院某位首席研究员之后,由学者嘴里吐出来的最肆无忌惮的语言了。其"直率"程度,倘若不明就里,会以为出自街头寻衅滋事的瘪三烂仔。

学者或文人自己要当畜生,南宋进士赵从善有过一回,那是他为了取悦权臣韩侂胄,躲在篱笆下学狗叫,旋为当时及后世所讥讽、鄙夷。这件事,我在《也曾学犬吠村庄》里说得很详细。另外,清朝学者王士禛说过:"唐中宗时,群臣多应制赋诗,如崔湜、郑愔、宋之问辈,皆人头畜鸣。"就是说,崔湜等以为自己是人,但因行为龌龊,旁观者都把他们当畜生看。这就可见,人,即使是发怒时分,当不当畜生也还是要慎重。虽然今天我们对动物的看法已有了截然的转变,但人和畜生之间,还是有着本质分野。

清人叶梦珠说:"今人见前二十年文,往往指其疵处,以为笑语。夫二十年前文,不过字句陈腐耳,其笑有限,如今所称绝妙好文,留俟二十年后,吾不知人又更当如何笑也。"从前当然也有文学或学术批评,谁都不是绝对正确的。张继的名篇《枫桥夜泊》,欧阳修就认为诗写得虽好,可惜"夜半不是敲钟时",事实都弄错了。当然,后来也有人说寒山寺的确夜半敲钟,且"惟姑苏有之,诗人信不谬也"。杜牧的《阿房宫赋》、白居易的《长恨歌》,都被指出不少地方违背史实。后者在陈寅恪先生的《元白诗笺证稿》中考订得最为详尽。寅恪先生说,古人洗温泉,"其旨在治疗疾病,除寒祛风。非若今世习俗,以为消夏逭暑"。因此,玄宗临幸华清池,"必在冬季或春初寒冷时节",不可能是在盛夏时节的七夕;而且"详检两唐书玄宗记,无一次于夏日炎热时幸骊山",按照"君举必书"的记载传统,"若玄宗果有夏季临幸骊山之事,断不致而不书"。还有,"唐代宫中长生殿虽为寝殿,独华清宫之长生殿为祀神之斋宫。神道清严,不可阑入儿女猥琐",那么两人的"私誓"就是空穴来风。寅恪先生认为:"乐天未入翰林,犹不谙国家典故,习于世俗,未及详察,遂致失言。"

凡批评,大抵都面临相应的风险,所以陈鹄在《西塘集耆旧续闻》里告诫:"观人文字不可轻诋。"他举例说,欧阳修与王安石诗云:"翰林风月三千首,吏部文章二百年。"安石答:"他日若能窥孟子,终身安敢望韩公。"欧阳修笑了,说:"介甫错认某意,所用事乃谢朓为吏部尚书,沈约与之书,云二百年来无此作也,若韩文公迨今何止二百年耶!"于是乎,"至今博洽之士莫不以欧公之言为信,而荆公之诗为误"。陈鹄认为,安石的句子其实出自孙樵《上韩退之吏部书》之"二百年来无此文也",欧阳修"知其一而不知其二"。不过王安石当时并没有像今天那教授一样跳起来大骂,一句"欧公坐读书未博耳"也就过去了。前文《互嘲》曾道及,黄庭坚和苏东坡相互挖苦书法,一个说你的字像石头压着的蛤蟆,另一个说你的字像树梢上挂着的蛇,但我们知道那只是开玩笑。《侯鲭录》云,黄庭坚对东坡书法的真正评价是:"学问文章之气,郁郁葱葱,散于笔墨之间,此所以他人终莫能及。"

《在园杂志》谈道:"近日后生小子,专以指摘前辈为能,细扣其学问见识,全然指摘不著,真是蚍蜉撼树。此辈不独可笑,实可哀已。"恶意批评肯定什么时候都有,关键是被批评的人以怎样的气度去面对。明朝的张瀚说:"古人为学,使心正身修,俯仰无愧而已。"这也正是检验的最好时刻。《玉光剑气集》说:"学者读书穷理,须实见得,然后验于身心,体而行之。不然无异买椟还珠也。"又说:"道在五伦,学在治心,功在慎独。日诵《六经》而不力行,徒得其字画耳。"还说:"为学如治病,有病须服药,徒讲药方何益?学而不身体力行,是徒讲药方之类也。"在自己的博客上粗口谩骂了80余天后,骂人者现在已将部分言辞激烈的博文删除,且称"本人如此失言、失态、失礼、失德、失身份,何尝不知不合体统,甚至令人深恶痛绝"。明知如此却还要一切尽"失",这位教授真的是买椟还珠、徒得字画、徒讲药方了!

近人刘声木认为:"'尿'、'粪'等字,用之诗文者,甚为罕见。"元好问的"情知春草池塘句,不到柴烟粪土边",因此被他称为"用字甚奇"。但他还是说:"此等字,总以不用为愈。"为什么?粗俗吧。而把类似字眼大量掷之于批评者,颇有点儿把流氓习气当作率真的意味。这样的学者即使学问再大,终究也只是个"两脚书橱"而已,身在以"行为人师,学为师范"为宗旨的师范院校,真是有些讽刺。

2008年3月7日

《诗经》

正在召开的全国"两会"上,全国政协委员、文化部副部长周和平谈到了非物质文化遗产保护问题。他认为非物质文化遗产名录非常重要,通过它能够引起人们的关心和重视。但他同时认为,非物质文化遗产生于民间、死于庙堂,完全进入庙堂的东西,生命力不旺盛。他举了《诗经》的例子,说它得益于深厚的民间基础。在我看来,除此之外,还在于它从来没有淡出被"使用"。

《世说新语》有这么一段记载:郑玄使唤一个丫鬟不合意,"将挞之";丫鬟辩解,他更生气,"使人曳著泥中"。过一会儿,另一个丫鬟看见了,问她:"胡为乎泥中?"这一个答:"薄言往愬,逢彼之怒。"一问一答,引用的都是《诗经》里的句子,而且相当贴切,可见《诗经》在丫鬟圈里的稔熟程度。不过,清人连鹤寿认为这件事是别人胡说的,"郑公厚德,安有曳婢泥中之事?小说家欲以矜郑,适以诬郑耳"。当代卢嘉锡先生也认为此事别无证据,"连氏之言,意有可取"。

与康成诗婢的"正用"相较,《牡丹亭》里的丫鬟春香纯粹是"歪解"。"关关雎鸠,在河之洲,窈窕淑女,君子好逑",在她那里意思是:"俺衙内关着个斑鸠儿,被小姐放去,一去去在何知州家。"杜丽娘游园惊梦,害了相思,塾师陈最良探问病症,春香说:

"只因你讲《毛诗》,这病便是'君子好逑'上来的。"腐儒陈最良则一本正经地说:"《毛诗》病用《毛诗》去医。"既然小姐害了"君子"的病,根据"既见君子,云胡不瘳",他下流地说:"这病有了君子抽一抽,就抽好了。"至于药呢?他说"酸梅十个",因为"《诗》云'摽有梅,其实七分',又说'其实三分',三个打七个,是十个。此方单医男女过时思酸之病"。一部《诗经》,就这样被两人恶搞一气。不过,丫鬟歪解成趣,陈最良歪解就显示了冬烘先生的一面,他自己没有意识到罢了。

　　罗大经《鹤林玉露》云,他有个朋友李进之"于书无所不读,不幸年逾二十而死",令他痛惜不已。他觉得李进之用《诗经》篇名所作的《陈子衿传》,很了不起:"陈《子衿》,《宛丘》《北门》人也。其先居《甫田》,世有《清人》,当汉时,《缁衣》为县令者甚众……"把三百零五个篇名来了个"大串连",显示了高超的构思和文字技巧。如果问《诗经》里最精彩的句子是什么?那是见仁见智的。西晋的谢玄欣赏《小雅·采薇》中的"昔我往矣,杨柳依依;今我来思,雨雪霏霏",谢安则欣赏《大雅·抑》中的"訏谟定命,远猷辰告",认为这句"偏有雅人深致"。后人认为,谢玄是将军,所以赞赏征戍的描写;谢安是丞相,所以赞赏为政的描写。但清朝学者王士禛认为,谢安所说的,"终不能喻其指"。从当代琼瑶的小说看,她应该欣赏《国风·秦风》中的"蒹葭苍苍,白露为霜;所谓伊人,在水一方"。

　　众所周知,科举时代八股文的命题范围主要取自四书五经,所论内容也主要依据朱熹的各种集注,不得自由发挥。而朱熹注《诗》,走的其实是一种极端路线。比如他对《国风》中的《郑风》,"一切翻倒,尽以淫奔目之,而蔽之以'放郑声'一语"。郑声,即郑国之音。子曰:"放郑声,远佞人。郑声淫,佞人殆。"放郑声,按朱熹的说法,就是把郑国之音禁绝之。但清人刘宝楠《论语正义》驳斥道:"郑国之俗有溱洧之水,男女聚会,举歌相感,故云'郑声淫'。非谓郑诗皆是如此。"王士禛非常推崇他的同乡——明朝嘉靖时的学者王道,说他留下的《文录》才"议论纯正":"《郑风》二十一篇,其的为淫溢之词者,《野有蔓草》《溱洧》二篇,可疑而难决者,《丰》一篇而已。其他《缁衣》、二《叔于田》《清人》《羔裘》《女曰鸡鸣》《出其东门》七篇,语意明白,难以诬说",至于《将仲子》等另外十一篇,"序说古注,皆有事证可据"。因此,王道说朱熹根本不明白孔子"放郑声"的确切含义,"若曰放其声于乐,而存其词于诗,则诗、乐为两事矣。且使诸篇果如朱子所说,乃淫溢狎荡之尤者,圣人欲垂训万世,何取于此而乃录之以为经也邪?"嘉靖时的另一位学者唐荆川索性对朱熹的注来了个一切翻倒:"吾觉朱子所解书,无一句是者。"

不仅是民间、学界,一些皇帝也非常喜欢《诗经》。比如乾隆,他曾经"御笔《诗经》全图,书画合璧,三十册"。除了原有的,再加上"圣制《补笙诗》六篇,凡三百一十一篇。篇为一幅,对幅各体书本诗",下了很大功夫。另外,乾隆还"圣制《豳风图》并书一册",不知道为何格外垂青《七月》《鸱鸮》之类。总之,正是《诗经》的不断被"使用",显示出她是一种活的文物,惟其如此,生命力也就强大得多。现在,国家以及各地都设立了相应级别的非物质文化遗产名录,然而,设置本身不应该成为目的,重要的是如何通过相应的扶持,让那些濒危的文化项目重新焕发青春。

2008年3月14日

"三不足"

3月18日上午,国务院总理温家宝与采访十一届全国人大一次会议的中外记者见面并回答问题时,提到了"中国十一世纪的改革家"王安石的名言——"天变不足畏,祖宗不足法,人言不足恤",借以强化经济体制改革和政治体制改革要有新的突破,必须解放思想,必须有勇气、决心和献身精神。

"三不足",来历有点儿复杂。《宋史·王安石传》载:"安石性强忮,遇事无可否,自信所见,执意不回。至议变法,而在廷交执不可,安石傅经义,出己意,辩论辄数百言,众不能诎。甚者谓'天变不足畏,祖宗不足法,人言不足恤'。"这样来看,"三不足"就是他自己说出来的。不过,宋史专家邓广铭先生考证,当年,翰林学士院要对谋求"馆职"的李清臣等人进行考试,司马光曾拟了道"策问",准备把"三不足"当作奇谈怪论向与试者质询,只是在送审时,宋神宗这关没过,要他们"别出策目,试清臣等"。第二天,安石来见神宗,神宗还这样问他:"闻有'三不足'之说否?"安石答:"不闻。"因而邓先生认为,在此之前,安石"决不曾在神宗面前提到过'三不足'";但他同时又认为,王安石自己倘若不曾亲口说过,司马光也不会撰造出如此富有开创和革新意义的话语。

不论出处如何,"三不足"不仅简明扼要地道出了王安石变法的决心,而且也表明了他必欲变法的巨大勇气。王安石熙宁变法,虽然出发点是富民、富国和强兵,但是因为触动了特权阶层的既得利益,遭遇了极大阻力,重臣韩琦、富弼、司马光等莫不表示强烈反对。苏轼曾借七十岁老农的口说:"宰相何苦以青苗钱困我?于官有益乎?"在这种情况下推行变法,没有"三不足"作为精神支柱肯定是进行不下去的。

先看"天变不足畏"。在古人的世界观中,自然界的灾害与人类社会的政治具有必然的联系。比如,"日无光,臣有阴谋",解释的就是日食现象预示的人间状况。反对势力抓住这一点,一直用"天变"来恐吓宋神宗。范镇说:"乃者天雨土,地生毛,天鸣,地震,皆民劳之象也。惟陛下观天地之变,罢青苗之举,归农田水利于州县,追还使者,以安民心而解中外之疑。"程颢说:"天时未顺,地震连年,四方人心,日益摇动,此皆陛下所当仰测天意、俯察人事者也。"吕诲更下了个结论:"如安石久居庙堂,(大自然)必无安静之理。"对政敌们的言论,王安石回答得很干脆,"水旱常数,尧、汤所不免""天文之变无穷,人事之变无已,上下傅会,或远或近,岂无偶合?此其所以不足信也!"不足信,也就不足畏。

再看"祖宗不足法"。从真宗开始,把太祖太宗时所施行的法度及其精神进行了总结概括,称为"祖宗之法",并且奉为治国理事之圭臬。王安石变法,被反对派认为违反了"祖宗成宪",司马光明确说道:"夫继体之君,谨守祖宗之成法,苟不毁之以逸遇,败之以谗谄,则世世相承,无有穷期。"他还直截了当地说过"祖宗之法,不可变也"。这是北宋的"两个凡是"派。王安石当然不这么看,他认为"因循苟且,逸豫而无为,可以侥幸一时,而不可以旷日持久";如果"事事因循弊法,不敢一有所改",这样就叫"谨奉成宪"的话,"恐非之"。就是说,王安石并非刻意站在祖宗法度的对立面，实际上，他也提出过"法先王之政"，但是他认为"当法其意"，不是死抠教条，一切照搬照套，要"视时势之可否，因人情之患苦，变更天下弊法"，使之适应当时的"所遭之变"和"所遇之势"。

再看"人言不足恤"。在安石政敌司马光文集的记载中，这句话写作"流俗之言不足恤"。由此可见，王安石不是听不进人们的意见，他的那些"不足恤"的"人言"，专指流俗之见、流俗之人的言论。在他看来，凡是反对变法的人，就是流俗之人；凡是反对变法的意见，就是流俗之见。而流俗的宗主就是司马光。他之所以"不足恤"，是要从战略上予以藐视。这也表明，他对自己所主持的这次变法充满了信心，不论怨谤如何之多，决"不为怨者故"而有丝毫的改变。正是因为王安石的个性太强吧，当宋神宗问曾巩"安石何如人"的时候，这个安石未达时的好朋友——"及安石得志，遂与之异"，说安石的文学成就堪追西汉的扬雄，但是因为太吝啬，所以还是比不上。神宗当时觉得奇怪："安石轻富贵，何吝也？"曾巩说，安石"吝于改过"，听不进别人的意见，把任何不同意见都当成"邪说营营"。

安石已矣，然"三不足"留给了后人极大的评说空间。今年是改革开放30周年，改革的成就无须赘言，然而以今天中国的现实来看，改革还远远没有走到尽头。而且，改革越是深入，阻力势必越大。现在，从温总理的口中道出"三不足"，品味之下，以为别有新意。

2008年3月19日

万事不如杯在手？

去年年初,河南省信阳市宣布五条禁令,其中明确禁止公务人员工作日中午饮酒。今年2月27日,其新县计生委主任虽然不是中午但在晚上饮酒过度且猝死于娱乐场所,还是给他们添了回堵。本来,这种算不上光彩的事情悄悄过去也就罢了,偏偏他们给他追记了个三等功,引来舆论一边倒的质疑。现在,信阳方面一面不得不收回记功,一面又修补了禁酒令:党员干部和公务人员任何时候饮酒都不准过量,更不许酗酒。但人们又生出了新的疑虑:喝多少才是"过量"?

"当垆少妇唤沽酒,笑客能倾几百杯。"(清张鸿烈句)从前的人是很能喝酒的,苏东坡把不能喝酒看成自己的一个短处。他自称平生有三件不如人的事情,除了喝酒,还有下棋和唱曲子。他说自己如果酒后乘兴写字,"觉酒气拂拂,从十指出也"。纪晓岚也不能喝酒,人家就拿他跟东坡开玩笑:"东坡长处,学之可也,何并其短处亦刻画求似?"对这一点,纪晓岚表示承认,自家有诗曰:"平生不饮如东坡,衔杯已觉朱颜酡。今日从君论酒味,何殊文士谈兵戈。"

《淡墨录》云,康熙皇帝"平生不好酒",但他对喝酒的人并没有表现出什么,对抽烟的则不能容忍(那个时候的烟还不是鸦片)。他南巡驻跸山东德州,命侍卫传旨:"诸臣在围场中看我竟日曾用烟否?每见诸臣私行在巡抚帐房偷吃,真可厌恶!且是耗气的东西,不但我不吃烟,太祖、太宗、世祖以来都不吃烟,所以我最恶吃烟的人。"《清稗类钞》的记载可以与此相互补充。说康熙是因为重臣史贻直、陈元龙"酷嗜淡巴菰,不能释手",乃有此感慨,并特赐二人"水晶烟管以讽之"。因为用这种烟管抽烟,"偶呼吸,火焰上升,爆及唇际,乃惧而不敢用"。康熙捉弄了两人之后,"传旨禁天下吸烟"。《阅世编》云:"福建有烟,吸之可以醉人,号曰干酒。"烟酒在这里不仅不分家,几乎等同了。

官场上因为"工作需要"往往必须喝酒,这是颇有传统的,宋人《清波杂志》就说了:"今祭祀、宴飨、馈遗,非酒不行。"喝酒易于营造其乐融融的氛围,虽然有时只是一种假象。《清稗类钞》有一则"毕竟官场都是戏",说浙江候补道蒋某与候补知府杨某同充某局差,蒋为总办,杨为会办,上下级关系。有件事,两人意见相左,"蒋执不可,杨衔之"。终于在蒋办生日宴会的时候,因为喝酒,杨找到了发泄的机会。那是因为"杨故善饮,蒋则杯酒不能入口",但杨不管那么多,"故酹酒为蒋寿"。一个说我实在不能喝,一个说你非喝不可,一来二去,杨怒曰:"在官厅,乃分上司属员,此非官厅也。"说罢上前"扭蒋胸衣",动起手来。"蒋亦怒,起与殴,致几上红烛铿然堕地"。时人为此撰联嘲之,其中上联曰:"进宫献策,渡江偷书,演来一部梨园,毕竟官场都是戏。"其中不仅隐喻了两人的姓氏,而且一针见血地道出,官场上的觥筹交错实际上等同舞台表演。

喝酒很能误事,这一点古人早就认识到了,虽然自汉武帝时起就实行"榷酤",但历代政府仅仅限于从酒的专卖或征税中增加财政收入,才不管其他。《清波杂志》另云,其时"田亩种秫,三之一供酿财曲糵,犹不充用。州县刑狱,与夫淫乱杀伤,皆因酒而致。甚至设法集妓女以诱其来,尤为害教"。这里的"设法",不是一个普通的词汇,而是一个专有名词,指一整套有计划的行动。《野客丛书》云:"今用女倡买酒,名曰'设法'。"《燕翼诒谋录》说得更详细:"新法既行,(酒酤)悉归于公,上散青苗钱于设厅,而置酒肆于谯门,民持钱而出者,诱之使饮。"也就是说,百姓前脚刚拿到钱,后脚就因为买酒喝而被"收回"去不少,"十费其二三矣"。而且,"又恐其不顾也,则命娼女作肆作乐以蛊惑之",这就是"设法"。用娼女作招牌,比"当垆少妇"的吸引力当然更要大得多。

清人张集馨很看不惯官场的喝酒,他在自叙年谱《道咸宦海见闻录》中说:"宴会原不能免,然至酒酣耳热,脱略形骸,歌唱欢呼,村言俚语,在醉者性迷狂乐,发于不知,而侍者醒眼旁观,未免亵玩。自为疆吏,何可不自检束?"他在福建的时候为了公关,曾经"三宴督署,两扰中丞",前一个还好,"性情拘谨,尚不至破藩抉篱,然堂属猜拳,司道竞唱,主人足点手拍,已不雅观";后一个就不得了了,"一经入席,惟恐人之不醉,又惟恐己之不醉,不能观人之大醉也"。在他眼里,真是一片乌烟瘴气。

明朝朱野航诗曰:"万事不如杯在手,一年几见月当头?"我宁愿把它理解成诸多官场油子们的活写真。那么,喝酒的危害岂止是张集馨所说的很不雅观?报道说,信阳仅仅中午禁酒,去年上半年他们就节省了4300万的酒钱,想来他们晚上的不过量,"节约"的效益也将非常可观。以此推之,当下国人以公务名义喝酒的耗费该是怎样的天文数字?

2008年3月21日

私塾

广州"孟母堂"日前接到了增城市托幼工作领导小组开具的一纸"违规办学告知书",要求其在4月30日之前停止一切教学活动。2007年1月,"孟母堂"选址增城(广州市辖)一座别墅,开展家塾读经教育。最近几年媒体不断报道,全国某处有人在办私塾。这个早已消失了的品种,俨然有复兴的意味。

私塾是旧时家庭、宗族或教师自己设立的教学处所。有人考证,私塾自唐宋时兴起,明清时达到鼎盛,随着科举制度的废除而基本上终结了使命。今天的人们很看重私塾这种载体,以为传承传统文化非此莫属,古人则未必。蒋纯焦先生有一部《晚清以降塾师研究》,认为私塾当年之所以大行其道,乃是因为官方办学止步于政府行政组织的底层。从前私塾遍布城乡,塾师表面上属于一种自由职业,实则"底层读书人未入仕之前,职业选择空间相当有限,做塾师往往是不得已而为之"。他们处于古代教育职业的下层,所谓"半饥半饱轻闲客,无锁无枷自在囚"。也许正是因此,私塾的塾师每每成为嘲讽的对象。

《清稗类钞》载有上虞陈燧的《村塾赋》,被认为"穷形尽相,非深于世故者不能言",这应该是陈燧的切身感悟了。里面的句子就不乏自嘲,如讲到自己的地位,"三尺五尺之童,一楹两楹之屋。到小人国中,自侬居长;在蜜蜂窝里,由我称王";讲到工作的辛劳,"如持脱锥而凿顽石,如策跛驴而涉高岗";讲到内心的苦闷,"如蚊蚋之并集于座,如婴孩之群号于床"。

在文学作品里,具体而形象的嘲讽就更常见了。比如汤显祖《牡丹亭》中塾师陈最良的形象。在第四出《腐叹》中,陈最良登场,他已经"观场十五次"——考了45年都没有考上,穷困潦倒,正准备改行行医,逢杜太守家招塾师,便去应招。他总结了塾师的七大好处,认为因此才有那么多人"没了头(拼命)也要去"。但当人家因为要个老成的而选中他的时候,刚刚还叨咕"儒变医,菜变齑"的他,还扭扭捏捏地说什么"人之患在好为人师"。人家说:"人之饭,有得你吃哩",他赶快就跑去了。在第七出《闺塾》里,汤显祖更借丫鬟春香之口直接骂他:"村老牛,痴老狗,一些趣也不知。"

蒋纯焦书中收录的蒲松龄作品三种,以及湖南花鼓戏《张先生讨学钱》中的塾师形象,读来更令人忍俊不禁。《张》戏中,塾师张九如去陈大嫂家讨取学俸,因她屋里"毛伢子在我学堂读书,学俸年年不清"。开始时闲谈还算投机,陈大嫂甚至要"转到厨房泡茶喝";待张九如道明来意,陈大嫂不客气了,她唱道:"不提学钱犹小可,提起学钱伤我的心。我毛伢子,在你的学堂中,读书有三春,一个'一'字都不认得,那'上'字、'下'字都分不清。'朝于斯,夕于斯。'教你的混帐教摆子。老娘把你推出门。"其实,张九如的水平在他登场时就表白了:小时候学识字,了解了"一字一横,二字二横,三字三横"之后,以为就这么横下去就行了,所以老师叫他写"万",他"就跑到师娘房里,偷了把梳子,往墨水里一醮,往那纸上几划几划几划,几下子就划起一万来"。长大了赶考,试官出对曰"高山滚石,乒咚乒咚向下",他来了个"澡盆打屁,咕咙咕咙朝上",气得试官送他两个字:滚蛋。

私塾上课的情形,清朝有人作的这首七律最形象:"一阵乌鸦噪晚风,诸生齐放好喉咙。赵钱孙李周吴郑,天地玄黄宇宙洪。《三字经》完翻《鉴略》,《千家诗》毕念《神童》。其中有个聪明者,一日三行读《大》《中》。"今之办私塾者,对读经顶礼膜拜,然其功用不可一概而论。比如唐朝的韩简,没什么文化,"每对文士,不晓其说,心常耻之"。于是让人给他讲《论语》,听完《为政》,就去跟人家吹牛:"仆近知古人淳朴,年至三十,方能行立。"听到的人,"无不绝倒"。显然,这是对子曰"吾十有五而志于学,三十而立"的歪解。不可否认,作为传统文化的组成部分,四书五经有其精华的成分,因此明朝的张吉说"学者不读《五经》,遇事便觉窒碍",但也不能片面夸大它们的功效。宋人魏鹤山云:"须从诸经字字看过,思所以自得,不可只从前贤言语上作工夫。"罗大经补充道:学者"不求之六经固不可,徒求之六经,而不反之吾心,是买椟而弃珠也。"一味地诵读,别说对孩子,就是对成人又能寄望什么呢?

今天的各级教育模式都存在一定问题,需要改进甚至革命,但却不等于可以用私塾来削足适履。广州"孟母堂"目前有14个孩子,年纪最大的8岁,最小的刚刚2个月。"孟母堂"负责人表示,他们是把志同道合的家长组织起来,请老师在家教孩子;惟不知孩子本身的意愿如何。鲁迅先生当年去"三味书屋",就很不高兴。在他看来,家里把他送进私塾是一种惩罚,全不如在百草园中乐趣多多。当然,也有一些文化老人津津乐道于私塾的神奇功效,这大约与知青里面的成功人士对蹉跎岁月无怨无悔殊途同归吧。

2008 年 3 月 28 日

清明节

今天是戊子年清明节,也是第一个有了法定公众假期的清明节。在农历二十四个节气中,既是节气又是节日的只有清明。在节前,关于清明节应该怎么弘扬的话题一直不断。民俗学者纷纷引经据典,描述古代清明节如何如何。的确,清明节在当代变得"单一"了,给人的感觉好像只有"祭奠"这一个主题内容,悲悲戚戚的。如果就这样下去的话,虽然清明节有了假期,其前途也将注定是灰暗的。

古代清明节的内涵丰富多彩,杜牧那句脍炙人口的"清明时节雨纷纷,路上行人欲断魂",仅仅是一个侧面;清明节还有程颢所说的另外一面:"况是清明好天气,不妨游衍莫忘归。"也就是说,那时社会生活中的清明节,人们不仅祭扫亡灵,而且借此机会踏青赏春,搞一些比较盛大的郊游活动。宋人张择端流传至今的巨制《清明上河图》,虽然对画题中的"清明"所指、对所描绘的季节历来存在争议,但普遍观点还是认为其所表现的时令为清明节,尤其是城外的一队人马,正为扫墓归来的情景。而整个画面也让我们看到,里面的各种人物非但不见丝毫哀伤之情,反倒洋溢着欢乐祥和的气氛。

据专业人士考证,本来意义上的清明节仅仅是一个物候节气的标志,"清明忙种麦,谷雨下大田",劳动人民据此来安排庄稼活计。祭扫先人坟墓,民间虽然自古就有,但并无统一时间规定,也没有编入国家正式礼典,称为"野祀"。然而,人们还是渐渐形成了在清明前三天的寒食节进行扫墓的习俗。众所周知,寒食节来自介子推"守志焚身"的故事。春秋时期,晋国在介子推生日到来的时候,要全国禁火,冷食一个月;到三国时的曹操颁布《禁绝火令》,才把期限缩短为3天。《旧唐书·玄宗本纪》载,开元二十年(732)诏令:"寒食上墓,宜编入五礼,永为恒式。"王溥《唐会要》亦载:"寒食上墓,礼经无文,近世相传,浸以成俗。士庶有不合庙享,何以用展孝思?宜许上墓,用拜埽礼。"而清明节获得扫墓、踏青这些实际内容,则始于北宋。《梦粱录》说,当时官方规定,自寒食至清明三日,"官员士庶,俱出郭省坟,以尽思时之敬"。这一规定,不仅把寒食节和清明节合二为一,而且把原本出自个人意愿的行为上升为需要履行的义务。

宋人孟元老《东京梦华录》记载了那时清明节的盛况,从皇家到百姓,倾巢出动,因为"都城人出郊",致城内几空而"四野如市"。在官方,"禁中前半月,发宫人、车马朝陵,宗室、南班、近亲,亦分遣诣诸陵坟享祀,从人皆紫衫,白绢三角子、青行缠,皆系官给",而且,"亦禁中出车马,诣奉先寺、道者院、祀诸宫人坟"。普通百姓在扫墓之后,"往往就芳树之下,或园囿之间,罗列杯盘,互相劝酬。都城之歌儿舞女,遍满园亭,抵暮而归"。来之时,"各携枣锢、炊饼、黄胖、掉刀、名花、异果、山亭、戏具、鸭卵、鸡雏,谓之'门外土仪'"。有轿子的,"即以杨柳、杂花装簇顶上,四垂遮映"。在这三天之中,"但一百五日最盛",所谓达到高潮。这里的"一百五日"是从上年冬至开始数起的,即冬至后的第一百零五天,正是清明那一日。整个节日期间,小贩们如影随形,"卖稠饧

（糖）、麦糕、乳酪、乳饼之类"。斯时"缓入都门，斜阳御柳，醉归院落，明月梨花"，而"诸军禁卫，各成队伍，跨马作乐四出，……其旗旄鲜明，军容雄壮，人马精锐，又别为一景也"。

在这段记载中，有几个名词需要解释一下。比如黄胖、掉刀、山亭、土仪等等。黄胖，就是土偶，一种儿童玩具。《四朝闻见录》有"黄胖诗"条，说韩侂胄"以春日宴族人于西湖，用土为偶，名曰'黄胖'"，这种土偶，"以线系其首，累至数十人"。韩侂胄"售之以悦诸婢"，高兴之余还令"族党仙胄赋之"，结果却因为仙胄句子中的"一朝线断他人手，骨肉皆为陌上尘"，令韩侂胄很扫兴。言者无心，听者有意吧。掉刀，是古代战刀的一种，伊永文先生笺注《东京梦华录》引《三才图会》说："掉刀，刃首上阔，长柄施镈。"类似关云长的那种"青龙偃月"吧，在这里则指玩具刀。山亭，也是玩具，是泥制风景建筑人物等小玩具的总称。浏览宋话本等，出现"山亭"字样时后面往往缀以"儿"，如《万秀娘仇报山亭儿》，未解因何如此。土仪，即土产，又特指专作礼品的土产。明白了这些概念的含义，就能很清晰地想象宋代清明节是怎样的欢乐景象了。

清明、端午、中秋等重要传统节日在今天有了法定假期，这是恢复节日传统的必要条件，但还不等于远去的节日立即就会重新回到我们的身边，还需要下大力气打捞其中蕴含的文化碎片。在使它们回归传统、具有实质性内容的同时，还应当赋予相应的时代内涵。也许这样，传统节日才不会渐行渐远。

2008年4月4日

PS 照片

伴随着摄影界掀起的"打假风暴",4月6日,首届华赛金奖作品《广场鸽接种禽流感疫苗》的作者终于承认自己造假:"照片确实经过 PS 而成。"而在此前,他通过华赛组委会的官方网站公布《我的郑重声明》,尚声称"以共产党员的名义和新闻工作者的良心"保证,照片是真实的。现在他说,当时看到"画面左侧天空比较空,为了让照片看上去更完美,就用 photoshop 软件把右侧那只鸽子复制到左边来了"。

PS,即 photoshop 的简称。PS 照片,就是修改过的照片,修改,意谓删繁就简或者移花接木。研究者说,摄影术于 1839 年 8 月 19 日由法国科学院公布于世,旋即以其"写真纪实"的功能而被称为一大奇迹。当然,后来发生的事情告诉我们,这个写真纪实仅仅就摄影术的"原始"层面而言。摄影术是什么时候传到中国来的,要由专业人士说话,但众所周知西太后慈禧很喜欢照相。《清稗类钞》说,一次有个日本人在颐和园给她"照一簪花小像",事前"已许以千金之赏矣",可能是"精摄影"的他,拍出来的效果令慈禧非常满意,事后"内廷传谕又支二万余金"。今天我们能看到那么多的慈禧照片存世,则不知道当时得挥霍多少民脂民膏了。

同样,通过合成等手段"制作照片"什么时候出现的,也需要由专业人士指点。以笔者所见,《异辞录》里已有一则"伪造合影",用的就是PS一类的手段。说光绪十年(1884),"招商局得旗昌洋行业产,浸以盛大",李鸿章乃以马建忠总办局务,沈能虎当他的副手。但马建忠很不喜欢沈能虎,到了憎恨的地步,为了搞走他,就"密以能虎与妓女合影",制作了一张假照片拿给李鸿章看。李鸿章不虞有诈,很不高兴,但觉得这件事也没什么大不了,"嗣见能虎,仅加斥责而已"。沈能虎当然知道为什么挨训,但一来他是"末秩微员",不敢吭声;二来"文忠既未明言,尤难申诉",他并没有斥责你干嘛非要去嫖妓,还给人留下把柄,沈能虎就只好"哑巴吃黄连"。所以他在私底下发牢骚说:"苟以傅相影加于其上,无不合也。"傅相,就是李鸿章。沈能虎的意思是说,别说弄个我和妓女的合影了,弄个李鸿章的也是一样。沈能虎的话一时间传为笑谈。从时人认为"摄影之法极其浅近,两片相合尤轻而易举"来看,手工PS在那时已不是什么难事。

《异辞录》在这则记载的末尾有一句"后二十年而有岑西林之事",指的是另一桩PS照片事件,事见《世载堂杂忆》,我在前文《下跪》中曾经涉及。说岑春煊(西林)督两粤,仗着慈禧太后作后台,"暴戾横肆,任意妄为"。刚一上任,"即奏参籍没官吏如裴景福者数十人,又押禁查抄粤中巨绅黎季裴、杨西岩等",粤人大哗,然而"那拉氏信岑甚笃",奈何他不得。于是,巨绅们"乃悬赏港币百万,有人能出奇策赶走岑春煊者,以此为标"。结果被清政府称为"四大寇"之一的陈少白接了标,他提出"先交三十万,布置一切,事成,补交七十万可也"。陈少白所自负的"奇计",正是合成照片。西太后不是最恨康有为、梁启超吗?他就把岑春煊、梁启超、麦梦华(康有为学生)的三张单人照片,"制成一联座合照之相片,岑中坐,梁居左,麦居右",显示三人亲密无间。做好之后,到处去售卖,与此同时,"并赂津、京、沪大小各报新闻访员,登载其事",且"由香港分售相片于南洋、美洲"。这还不算,陈少白他们还"重贿内监,暗输(照片于)宫中"。西太后看到了,果然大怒。

慈禧的贴身红人李莲英是岑春煊的莫逆之交,看到这张照片后,刚开始李莲英"亦不敢缓颊",就是不敢代为说情,因为他也分不清真假。待岑春煊把事情讲清楚之后,李莲英心生一计,他也PS了一张照片,"将西太后相片,作观音装,中座;李自作韦陀装,立太后左"。然后拿给慈禧,问她:奴才何曾侍老佛爷同照此相?李莲英接着说:"民间随意伪造,此风不可长,亦犹岑春煊与梁启超、麦梦华合照一相,不过奸人借以售钱尔,淆乱是非,宜颁禁令也。"这一番以毒攻毒非常奏效,"太后意解,视岑如初"。这段史料也给我们提供了一个信息,慈禧扮观音莲英扮韦陀的照片不少,今天我们也常见,往往作为慈禧喜欢"化装摄影"的佐证;而慈禧于光绪二十九年(1903)七月对准备如何拍照有个口谕:"海里照相,乘平船,不要篷,四格格扮善财,穿莲花衣,着下屋绷,莲英扮韦陀,想着带韦陀盔、行头……"说明"奴才侍老佛爷同照此相"后来也确实存在,受了李莲英PS照片的启发也说不定。真假并存,分得清清楚楚的话,对当时手工PS照片的水平势必能有一个了解。

古往今来,对属于客观记录的照片进行主观的PS,显然都有一定的目的,就如我们所看到的一样,或作为政治手段的一种,或为了图名获利。今天的PS用上了高科技,伪造呈现天衣无缝的一面。但假的就是假的,一旦露出马脚,则势必如"刘羚羊""广场鸽"一样身败名裂。后来者不可不深戒之。

2008年4月8日

小人物

4月10日,一张广西师大6名校领导恭立两侧迎接教育部教学评估专家组女秘书的照片一经在网上出现,旋即引起了全国范围内的强烈反响。这个年轻漂亮的秘书的身份也引起了网友的好奇。接着他们搜索出,原来她只是湖南师大教务处的一个普通科员。于是,人们大抵从中国照相排位的"潜规则"出发来解读这张照片,对高校教学评估呈现了一边倒的批评态势。

职微权重,在中国历来习以为常,实际上根本不足为怪。不要说大小是个秘书了,有些没有任何职位的小人物也有超乎想象的能量。乾隆时的李梦登除孝丰知县,"不携家室,与同志三数人,惘惘到县",准备大干一场。不料在拜谒巡抚时先在看门的那里碰了一鼻子灰,"门者索金不应,因持刺不许入"。宣统时的定海总兵吴吉人也是一样。贝勒载洵到浙江勘察军港,吴吉人"属幕宾草海军十二策,绘图贴诧,周密明了",满心欢喜地准备送上去,谁知却是"三往而三拒",门口就把他打发回去了。吴吉人不解,说我又不是来走后门,完全是干公事,为什么你不肯传达一声呢?看门人笑了,说你也一把年纪了,"何尚不知门包例耶?速以二百金来,当俾若望见颜色也"。一个看门的,你不打点好他,他就可以坏了你的事,哪怕是李梦登说的"非有私谒"。结果吴吉人吩咐左右立马回头走人,李梦登干脆"绳床坐军门,竟日不去",打算"俟公他出,即舆前白事",争这口气。

《清稗类钞》里面汇集了不少事例,足以说明不满足"小人物"的要求,会有什么后果,以及严重到什么程度。其一,见于"碰头殿砖"条。从前面见皇帝不都要磕头嘛,"大臣被召见,恩命尤笃",这个时候,"须碰响头,须声彻御前,乃为至敬"。当然,大殿的地并不是实心儿的,否则碰得头破血流也未必响,"殿砖下行行覆瓴,履其上,有空谷足音之概"。但响的程度仍然是有区别的,就好像天坛里的圜丘,只有站在最上层中央的圆石上面,小声说话才十分洪亮。因此,了解奥秘的人比如内监,知道哪里可以事半功倍,如果重赂之,"指示向来碰头之处,则声蓬蓬然若击鼓矣,且不至大痛";如果不肯花钱呢?则碰得"头肿亦不响矣"。

其二,见于"广橘贡费十数万"条。说有个王姓海军将领,"率兵舰自粤至北洋",顺便带了几筐广橘"馈某权要"。那个时候海道初通,京城里没这东西,很新鲜,那位权要就"以其一筐转赠恭王(奕䜣)"。奕䜣的儿子"袖数枚入宫",碰巧给同治皇帝吃给了,觉得好吃,还想吃,就叫人到恭王府去要,谁知那边连吃带分,已经没了。恭王府去找那权要,偏偏那里"亦投赠尽矣"。怎么办?皇帝要吃,没有了是交代不了的,没有别的办法,那权要急忙叫王将领"以兵舰至粤,尽购市上所有以来"。这一来,"费银数万"不说,往上进贡的时候,因为"内监索贿,权要不应",结果他们"剖其溃败者以进",专挑那些要烂了的往里送。同治吃了,"觉味逊于前",问权要是怎么回事,这时权要"侦知其故",才明白事情的严重性,只有"亟贿内监",他们才"以良者进"。这还没完,有一天同治召见那权要,又提到了这件不愉快的事,权要叩头谢罪,不料"冠索忽绝,触阶而坠",内监给他接住了,借机"将纠其失仪",没得说,权要赶快"又贿数万金,始免"。就几个橘子而已,权要付出了十几万金的代价。

其三,见于"孙诏成杖宫监"条。说雍正皇帝"有事先陵",路过直隶,正好赶上下大雪,雪"积行宫门外数寸"。按道理,"宫门内外粪除之役,宫监司之",但是人马刚到的时候,宫监对知县孙诏成曾"有所索",而孙"未之允也"。彼时没有满足要求,此时找茬报复了,宫监"辄呼县官来扫雪"。哪知孙诏成不以为意,拿把扫帚就来了,还对宫监说:"县官为天子扫雪,岂辱事耶!"遂"伛偻扫雪不已"。这一举,倒把宫监气得够呛,"将群集而殴之"。而孙诏成在看清是谁挑头之后,也下手了,"饬皂隶缚而加杖",着实给揍了一顿,结果"时上官皆候宫门外,闻之震栗,遂以其实上陈,且请罪"。但对孙诏成的举动,雍正表示赞赏:"此知县好大胆。太监滋事不可赦,著交所司治罪。"孙诏成还因此得到了提拔。

在这三件事中,别看孙诏成的做法最值得称道,但最不可复制的也是他。明知道他做得对,大臣们也还要为之请罪呢。那个狐假虎威的宫监如果是雍正的心腹之类,结果很可能会完全两样。"历史的经验值得注意",今天的行业部门也早就学会了未雨绸缪。所以隆重接待这件事,当真怪不得广西师大,这种取悦心态哪里都不会例外,他们之蠢,只是在于把照片挂在了校园网上,从而有了传播的可能。而人们之所以对美女秘书的照片这么感兴趣,一是出于看客心态,再者应该是为抨击教学评估找到了一颗威力巨大的炮弹吧。

2008年4月18日

应声虫

《武林外传》是一部令人捧腹的电视剧,主要演员大抵是轰动一时的军旅喜剧《炊事班的故事》里的人马。能从当代军人摇身一变为不知哪个年代的黎民,依然十足的喜剧成分,可圈可点。周日中午看了央视二套重播的几集,其中一集有个情节:展堂的妈妈扮成了展堂——当然展堂不知,母子两人站在房顶上,展堂说一句话她就跟着学说一句话。"博采众长"是这部剧的一个突出特点,这里"借鉴"的该是《西游记》六耳猕猴假扮孙悟空那一回。大圣刚吩咐完沙僧,"那行者也如是说",弄得沙僧皂白莫辨,不知如何是好。

你说一句我学一句,对学的一方来说,就该算是应声虫了。有人考证,关于应声虫最早的记载唐代已经出现,只是还没有明确应声虫的概念。彼时,这种虫不是面对面地模仿说话,而是躲在人的肚子里学。唐人《朝野佥载》这么说的:"洛州有士人患应病,语即喉中应之。"士人找到当时的名医张文仲,文仲"经夜思之,乃得一法。即取《本草》令读之,皆应;至其所畏者,即不言"。于是,文仲"乃录取药,合和为丸,服之应时而愈"。《隋唐嘉话》里也有类似的记载,问的则是名医苏澄,对付的办法也是读《本草》,此前"其人每发一声,腹中辄应",但"唯至一药,再三无声。

过至他药,复应如初"。苏澄乃"以此药为主,其病自除"。这里所说的《本草》,指的是著名药书《神农本草经》,因所记各药以草类居多,故名《本草》。

至少在宋代彭□辑录的《续墨客挥犀》里,既明确了这种虫叫作应声虫,又明确了治应声虫的这种药叫作雷丸。那是刘伯时讲的关于淮西人士杨勔的故事,故事的大概跟前面两个差不多。说杨勔得过一种怪病,"每发言应答,腹中辄有小声效之",几年下来,"其声浸大"。一位道士告诉他,这是应声虫,"久不治,延及妻、子"。怎么治呢?道士说,它不是喜欢什么都学吗?就拿本《本草》来念,"遇虫所不应者,当取服之"。结果杨勔读到"雷丸"的时候,"虫忽无声",于是他就吃了几粒雷丸,应声虫果然从此消失了。检索资料,雷丸是寄生在竹子根部的一种真菌,形状像兔粪,干燥后质地坚硬,外皮黑褐色,内部白色,有苦味,是驱虫的特效药。《本草》卷三云:"雷丸,味苦寒。主杀三虫,逐毒气、胃中热。利丈夫,不利女子。作摩膏,除小儿百病。生山谷。"

有趣的是,治疗应声虫的"处方"如此清楚,后人还要另辟蹊径。比如《枣林杂俎》云,明朝弘治年间,"颇有文行"的裴师召得了"应声病",师召觉得很难堪,"数月不出"。还有一位冯益斋,"每发言,腹中辄有虫应之,遂告病,卜居南京"。他们未必不知道前人关于雷丸的告诫,但裴师召说自己"向病此求死",于是"道见异草即拾之。忽值一草,腹语之勿食,吾竟吞之,物即洞下而愈"。冯益斋的病,则是"杨守极用小蓝煎水饮之,即吐其虫"。这似可见,治疗生理上可能存在的应声虫,并没有一个定论,其实,诵读《本草》的治疗过程,本身也有谐谑的因素在内。应声虫与雷丸,二者只是在逻辑上发生关联罢了。

倒是生理之外的应声虫更值得引起注意,稍微留意一下历史或现实，都不难发现这种应声虫的存在。何良俊《四友斋丛说》云，有一新进欲学诗，别人这样跟他开玩笑："君欲学诗，必须先服巴豆、雷丸，下尽胸中程文策套，然后以《楚词》《文选》为冷粥补之，始可语诗也。"其中的服雷丸，显然是在跟他讲落笔不要人云亦云的道理，避免成为应声虫。很遗憾，官场上缺乏这种告诫，使之成为非常普遍的现象。在许多时候，人们甚至主动染上这种病，或者巴不得生出这种病。就像宋朝某个肚子里也有应声虫的乞丐一样，人家好心好意告诉他，吃点儿雷丸吧，他却说："某贫无他技，所以求衣食于人者，唯借此耳。"因为此病在乞丐而言，可以赢得"环而围观者甚众"；对官员而言，当然是可以作为向上爬的手段或者明哲保身的资本了。

清朝有一种票拟制度：内阁代皇帝批答臣僚章奏，先将拟定之辞书写于票签，附本进呈皇帝裁决。因为"即新进进士，亦可援例处分"，所以大家都诚惶诚恐，久而久之，人们摸索到了窍门。前面的人不是留下了许多票签的成例嘛，有四巨册之多，就按那个来模仿行事。于是，"票拟者不遑他务，而惟揣摹此样本为急"。还有人把它编成了歌诀："依样葫芦画不难，葫芦变化有千端。画成依旧葫芦样，要把葫芦仔细看。"这种对照先例亦步亦趋、惟恐"出事"的票签，显然更是典型的应声虫了。

《清稗类钞》里有一则"官有奴颜奴性"，对那些"胁肩谄笑而奴其颜，委屈将顿而奴其性"的官员的愤恨溢于言表。金奇中更感慨道："凡有官癖有官气者，即谓其有天生之奴颜奴性也，亦无不可。"然而，愤恨归愤恨，毕竟生理上的应声虫还有雷丸来治，官场上的呢？

2008 年 4 月 22 日

笑岂必由喜发？

《清稗类钞》云，纪大烟袋纪晓岚"有陆士龙癖，每笑，辄不能止"。陆士龙是西晋陆机的弟弟陆云，士龙是他的字，兄弟两人齐名"二陆"。陆机初见司空张华的时候，"华问云何在"，陆机说："云有笑疾，未敢自见。"后来陆云来了，见张华"帛绳缠须"，果然"笑疾"发了，不仅笑，而且笑得"不能自已"。陆云笑什么呢？冯梦龙《古今笑》说，张华"多须，以袋盛之"。这种情景当然是很搞笑的，就是我们看了，可能也免不了要笑。不过，有笑癖的陆士龙有一次穿着丧服上船，"于水中顾见其影"，也是忽地大笑起来，至于"落水，人救获免"。

癖者，嗜好也。唐代诗人杜牧嗜睡，因而自觉有睡癖。他在《上李中丞书》中说，自己"入仕十五年间，凡四年在京，其间卧疾乞假，复居其半。嗜酒好睡，其癖已痼，往往闭户便经旬日，吊庆参请，多亦废阙"，一般的人际交往都不参加，就是蒙头大睡。陆士龙癖，笑癖的代称，别人觉得没什么的事情，嗜笑的人可能也控制不住。比如说，《红楼梦》"史太君两宴大观园"里，刘姥姥的精彩表演令大观园里的笑声异乎寻常，"史湘云撑不住，一口饭都喷了出来；林黛玉笑岔了气，伏着桌子嗳哟；宝玉早滚到贾母怀里，贾母笑的搂着宝玉叫'心肝'，王夫人笑的用手指着凤姐儿，只说不出话来,薛姨妈也撑不住,口里茶喷了探春一裙子,探春手里的饭碗都合在迎春身上,惜春离了坐位,拉着他奶母叫揉一揉肠子",这种笑属于被逗笑,养尊处优的人为带有泥土气息的原生态幽默所打动;而《聊斋志异》里的婴宁,动辄即笑,就是个有笑癖的姑娘了。

纪晓岚正是这样一个有笑癖的人。但关于他的影视剧虽然不少,也风靡一时,却没有刻画出他的这一特性。《清稗类钞》说,他"尝典某科会试",考完了,新科状元刘玉树来拜见,纪晓岚问他住在哪里,刘说:"现住芙蓉庵。"就这么普普通通的一句话,纪晓岚"忽笑不可仰,旋退入内,久不能出"。过一会儿,他让刘玉树先回去,搞得刘状元惴惴焉,不知道自己说错了什么。过几天才明白,原来纪晓岚听到刘玉树的住处,脑袋里忽成一联:"刘玉树小住芙蓉庵,潘金莲大闹葡萄架。"借用小说回目,而属对绝工,他自己满意得不得了,所以笑不能止。还有一次,有个学生来看他,一见面"即跪地叩首",纪晓岚也是忽然大笑,笑的原因是又"得一佳对":今日门生头触地,昨宵师母脚朝天。

影视剧中动辄与纪晓岚斗嘴的和珅,虽然没有纪晓岚那么爱笑,但是喜欢讲笑话,逗别人笑。昭梿《啸亭杂录》云,和珅虽位极人臣,但"好言市井谑语,以为嬉笑"。因为宋朝的章惇也"好为市衢之谈,以取媚于神宗",昭梿就此得出"古今权奸如出一辙"的结论。因此,笑在有些时候可能成为罪状,因人废笑。和珅、章惇他们这是一种,还有另外一种。《萍洲可谈》云,宋朝的蔡确迁谪安州(今湖北安陆)时尝作《安陆十诗》,其中说道:"纸屏石枕竹方床,手倦抛书午梦长。睡起莞然成独笑,数声渔笛在沧浪。"传出去不久,即被他的政敌吴处厚"捃摭笺注",他在"睡起莞然成独笑"下注曰:"未知蔡确此时独笑何事。"不该"笑"的时候"笑"了,蔡确为此付出再贬新州（今广东新兴）的代价。

《菽园杂记》里有一段高宗选因为看戏而发出的感慨。他说，"今人于人物是非不公、臧否失当者"，就跟看戏一样，看戏看到重要情节的时候，"或点头，或按节，或感泣，此皆知音者"，而"彼庸夫孺子，环列左右，不解也"。这些人只有在"一遇优人插科打诨，作无耻状，君子方为之羞"的时候，才"莫不欢笑自得"。高宗选认为："盖此态固易动人，而彼所好者正在此耳。今人是非不公，臧否失当，何以异此？"这就不免使人想到今天的一些所谓学者，在公众论坛上放言大禹有婚外情、司马相如纯粹是流氓之类。他们虽然戴着顶学术的帽子，实质上无异于插科打诨，"作无耻状"，大家笑了，就是上了他们的当了。宋朝的翰林学士石中立好诙谐，及为参政知事，人家说他："公为两府，诙谐度可止矣。"不过，对今天那些一味就要哗众取宠的学者来说，这种劝诫已经没有丝毫意义。

清朝有个人跟人家说话必笑，人家说："笑由喜而发，子何于不能喜不必喜之际而亦笑耶？"那人说："笑岂必由喜而发？吾亦视为酬酢之具。"他所点出的，实际上是官场应对的那种酬笑或者媚笑。崔公度屁颠屁颠地老是谄媚王安石，"昼夜造请，虽踞厕见之"，仍然不在乎。有一次，他"从后执其带尾，安石反顾"，崔公度笑了："相公带上有垢，敬以袍拭去之尔。"听了这话，旁边的人们也笑了，那是笑崔公度的行为，然公度"恬不为耻"。官场上的酬笑就是这样，很多时候流露出的，是浓浓的奴性。

2008年4月25日

苍蝇

鲁迅先生有篇杂文叫作《夏三虫》,开篇就说:"夏天近了,将有三虫:蚤,蚊,蝇。"时令正是如此。不过在今天,讲一点儿卫生的地方,蚤已经不见了。鲁迅先生的三虫序列,是根据他自己"最爱"的程度排队的,因为"假如有谁"要其于三者之中"非爱一个不可",又不准交白卷,他选的就是跳蚤,原因在于这东西"虽然可恶,而一声不响地就是一口,何等直截爽快";那么,"嗡嗡嗡地闹了大半天,停下来也不过舐一点浊汗"的苍蝇,"无论怎么好的,美的,干净的东西,又总喜欢一律拉上一点蝇矢"的苍蝇,该是鲁迅心目中最可恶的东西了。

苍蝇,因携带多种病原微生物传播而危害人类。研究指出,霍乱、痢疾的流行和细菌性食物中毒,都与苍蝇传播直接相关。因此人们都特别厌恶苍蝇,避之、驱之惟恐不及。古人也不例外。《清稗类钞》里有一则"李铁君畏蝇",说李铁君对苍蝇到了"酷畏"的地步,苍蝇"触肤,辄挥之去,不令须臾留"。夏天来的时候,他往往要"洁治一室,常下帘坐"。坐着没事,"人无入者,乃惝焉悦焉",还有点儿失意,不高兴;这个时候,觉得没有缝隙而苍蝇却钻进来了,而"其来也,舐笔吮墨,乱书策,涴耳目",李铁君不仅有事干了,而且对苍蝇"如见恶人,亟起治之",直到"迹之无有,释之在右",末了感叹这东西真是"黠无偶也"。检索《李铁君文钞》,发现这则故事出自他自己所作的《蝇说》,而他写作此篇的目的,在于通过轰苍蝇而对人生"一旦幡然"。

《曲洧旧闻》云"东坡性不忍事",也就是不能以忍耐的态度对待各种事情。在东坡自己,则把这叫作"如食中有蝇,吐之乃已"。同年晁美叔每次见到他,他都"以此为言"。他说,在朝廷中"使某不言,谁当言者"。那么,他的"言"是直言无疑了。不过,东坡对苍蝇"吐之乃已",而吃掉的人也是有的,当然是在特定的情况下。《广阳杂记》云,武将王辅臣在马一棍(一棍,诨号也,因其常以小过将下人一棍打死)营作客,喝完酒,要吃饭了,座中王总兵发现辅臣的饭碗里有只死苍蝇,辅臣担心马一棍因此打杀了厨子,就轻描淡写地说没什么:"我等身亲矢石人也,得食足矣,安暇择哉。倥匆之际,死蝇我亦尝食之矣。"哪知王总兵愚蠢得很,没明白辅臣的好意,反而玩起激将法:"公能食此蝇,吾与公赌,输吾坐下马。"辅臣一言既出,"遂勉强吞之"。这时,吴三桂的侄子吴应期在旁边说话了:"奈何王兄马直如是好骑耶?人与兄赌食死蝇,兄便食之;若与兄赌食粪,兄亦将食粪耶?"一家伙,引出了王辅臣激怒吴三桂的一通大骂,这是另话。单就事件本身的因果而言,王辅臣确有其可贵的一面。据说他长得很像民间所画的吕布,他本人也的确勇冠三军,清兵围大同,他经常骑马出城转转,"来则擒人以去"。在饭蝇问题上,难得这样的勇武之士粗中有细。

刘廷玑《在园杂志》记载了文人们的一次雅集,"诵古诗为下酒物",而且专门吟诵历朝武将留下的诗,"或纪全篇,或采警句",以为"亦吟坛胜事也"。给他们这样一整理,倒也是洋洋大观。如唐雁门郡王王智兴的《徐州使院》——江南花柳从君咏,塞北烟尘独我知;宋岳飞的《题齐山翠微亭》——经年尘土满征衣,得得寻芳上翠微,好水好山观未足,马蹄催送月明归;等等。武将们驰骋沙场,尤其在战争年代,九死一生,见惯了腥风血雨,胸中流露出的英雄气概非他辈所能比拟,也使他们的诗句呈现出气韵不凡的一面。其中的高手,作品不仅豪气干云,而且也极有情趣和诗味。文人们也诵到了明代定襄伯郭登《蝇》中的句子——"苦不自量何种类,玉阶金殿也飞来",继而发现明代武将的诗"为最多",郭登之外,戚继光、俞大猷等,戚继光的"万壑千山到此宽,边城极目望长安。平生自许捐躯易,遥制从来报国难",让人读出了些许悲壮。

《明史》有郭登的传,说他有相当的军事智慧,在抗击也先的侵扰中每每能出奇制胜。比如,他"尝以意造'搅地龙''飞天网',凿深堑,覆以土木如平地。敌入围中,发其机,自相撞击,顷刻皆陷。又仿古制造偏箱车、四轮车,中藏火器,上建旗帜,钩环联络,布列成阵,战守皆可用"。《明史》也说到他"能诗,明世武臣无及者"。他的这首《蝇》,全诗为:"眇形才脱粪中胎,鼓翅摇头可恶哉。苦不自量何种类,玉阶金殿也飞来。"我们一看就明白,其用意远远超出了单讲苍蝇的范畴。就像鲁迅先生文章里说的,苍蝇"在好的,美的,干净的东西上拉了蝇矢之后,似乎还不至于欣欣然反过来嘲笑这东西的不洁:总要算还有一点道德的",肯定不是在说苍蝇本身一样。

2008年5月2日

下围棋(之三)

中国围棋的战绩总是伴随着一喜一悲。拣最近的事情说,2月首捧第九届"农心杯",3月又在第七届"春兰杯"8强中占据7席,接连创造了两个历史。论者于是无不乐观地以为中国围棋已经恢复了信心,2008年将是围棋的中国年。然而,5月2日,在第六届"应氏杯"第二轮,常昊、古力、周鹤洋、彭荃等众多高手全面溃败;5月4日,抱着哀兵心态出击的孔杰、朴文尧,再相继倒在4强的门槛外,只有刘星一个人杀出了重围,道出了竞技围棋的残酷一面。

在竞技之外,围棋还有多种表现形态。在唐朝,它肯定是非常风靡的,因为唐人目棋枰曰"木野狐",说围棋"媚惑人如狐也",导致"弈者多废事,不论贵贱,嗜之率皆失业"。《萍洲可谈》云宋朝的叶涛,可能也是被迷住的一位。他是王安石弟弟安国的女婿,才思过人,神宗的屏风也注明"文章叶涛"。但因为下围棋,安石曾"作诗切责之",而叶涛"终不肯已"。安石切责他什么?不得而知,但从他的《棋》诗中似能窥个大概:"莫将戏事扰真情,且可随缘道我赢。战罢两奁分白黑,一枰何处有亏成。"可能在他看来,下盘棋嘛,下完了收起来不就没事了,何必那么认真。

杨亿《谈苑》说宋太宗"棋品第一"——应该不是比赛比出来

的吧,身边不仅有棋待诏(专门等着跟皇帝下棋)贾玄,而且延揽了杨希紫、蒋元吉等一批国手。贾玄因嗜酒而早逝,令他痛惜不已。太宗曾作弈棋三势:独飞天鹅势、对面千里势、大海取明珠势。具体是些什么?这里借用近人刘声木的话说:"予不明弈法,究不知其何如也。"其实当时的馆阁学士们也是一样,"莫能晓者",太宗"亲指授"之后,大家"皆叹服神妙",搞不清发自内心,还是对皇帝的一种必要应酬。宋太宗下的也不是竞技围棋,棋"至三品"的朝臣潘慎修献诗曰:"如今乐得仙翁术,也怯君王四路饶。"其中的"仙翁术",值得咀嚼。潘慎修还作有《棋说》千余言,"皆涉治道",令太宗很高兴,这就更说明问题了。

陆游《渭南集》里提到北宋的郑侠,说他特别好"强客弈棋",如果人家说不会下,他就让人家在旁边观战,然后像金庸笔下左右手互搏的老顽童周伯通一样,"自以左右手对局,左白右黑,精思如真敌"。如果白棋赢了,他还"左手斟酒,右手引满";如果黑棋赢了,就反过来,"如是者几二十年如一日"。五代十国时的安重霸,则是另一种形式的"强客弈棋"。《新五代史》载,安重霸"为人狡谲多智,善事人。蜀王建以为亲将";后唐破蜀,他又"以秦、成、阶三州降唐"。传记里没有说的,是安重霸还"黩货无厌"。辖区有个靠卖油起家的百姓,姓邓,能下棋,但因为"其力粗赡",家里有几个钱,给安重霸惦记上了。"召与对敌",却又"只令立侍";这且不算,小邓"每落一子",安重霸就"俾其退立于西北牖下",让他那边呆着去,"俟我算路,然后进之",等他算清楚了再过来。这么一来,"终日不过十数子而已",弄得小邓"倦立且饥,殆不可堪"。谁知安重霸并未就此而止,第二天又召他去,这时有人点拨他了:"此侯好赂,本不为棋,何不献效而自求退?"他那是故意刁难你,目的根本不是要下棋,赶紧送钱吧。邓生恍然大悟,乃

"以中金十铤获免"。中金十铤,就是白银十锭。安重霸的敛财术,倒是"独辟蹊径"。

《苌楚斋续笔》云,曾国藩晚年每日午饭后,都喜欢下几盘棋,"平日自谓养心棋"。熟悉他的人议论说,老人家的棋力一定会大长吧。了解内情的则说:"棋则日退也。"为什么呢?因为"中堂年高望重,何人肯与之对手?中堂不自知,以致愈趣愈下"。这种下棋更无关竞技,哄老人家开心就是了。然而曾国藩也不是完全不懂棋,"偶有人走一好着,中堂见而大惊,亦必沉思冥想,凝神注意,逾数时刻,得一好着,与之足以对垒而后已也"。众所周知,东晋淝水之战捷报传来之时,谢安正和别人下围棋,"看书既竟,便摄放床上,了无喜色,棋如故"。人家问他,他才说:"小儿辈已破贼。"当然,他是难掩内心喜悦的,至于"还内,过户限"时,"不觉屐齿之折"。在他们刚出征的时候,作为统帅的谢安与在前线直接指挥作战的侄子谢玄也曾下过围棋。《晋书·谢安传》载,两个人还"赌别墅",赌谢安的乡间别墅。谢安本来下不过谢玄,然"是日玄惧,便为敌手而不胜",就杀了个难解难分。看起来,大敌当前,下围棋是谢安的良好镇静剂。

竞技围棋则不同了,尤其是对外,涉及民族尊严之类的问题。本届"应氏杯"让中国围棋界重新认识到,韩国精英棋手的威胁仍然非常巨大。用中国围棋协会主席王汝南的话说:"这些年来中国围棋势头不错,但徒有厚势而缺乏尖刀,缺乏李世石和曾经的李昌镐那样的人物。"这句话一针见血,只是不知道这种认识还要反复几回,以及什么时候克服小胜即喳喳呼呼的民族虚荣心理。

2008年5月9日

"世袭"

辽宁本溪市通过"双推双考"方式"公开选拔"产生了1名团市委书记和3名副书记。结果一出,由于其中3人为当地主要领导的子女,引发了极大争议。为此,市委常委会于4月25日讨论决定,这次选拔的结果无效。理由是,个别人不具备规定的任职资格,讨论决定环节也存在违反干部选拔任用回避制度的问题。

有论者将之与"世袭"挂上了钩,严格来说并不算。什么是世袭呢?皇帝那点儿事大家都知道,典型如"非刘氏而王,天下共击之",幻想把江山代代攥在自家手里,虽然他们最后都免不了被推翻的命运,但那种传位方式叫作世袭。曲阜知县原来也是世袭的,一概由孔子族人出任,人选则由衍圣公保举。乾隆丙子年也就是1756年,河东河道总督白钟山上疏反对这一惯例。他道出了其中的害处:"邑中非其尊长,即系姻娅,牵制狎玩,在所不免。"所以,宜"改为在外拣选,不必拘用孔氏一家"。结果,"下部议,如所请",被采纳了,"初拟现任曲阜县知县赴部,以外省知县另补"。

本溪的这一类事情,行"公开"之名而践踏之,跟世袭挂钩比较牵强,倒是跟腐败有染。明朝嘉靖时的羽林军指挥刘永昌说:"人臣之恶有六,曰贪赃,曰嘱托,曰私意,曰苟延,曰骄纵,曰淫烂。"其中的嘱托、私意,用在这里就完全合适。在人治的又是"官本位"的社会里，不要说官员潜意识里面总有私念，比如为子女开绿灯之类，就是国家政策往往也有倾斜。科举算是昔日公正选拔的典型标志吧？《郎潜纪闻三笔》里就有一则清朝的"科场定例"，说"现任文武一二品大员，及翰詹科道之子孙弟侄，出应乡试，别编官卷，号曰官生。凡二十人取中一名，较寻常觅举者，登进差易"。你看，官员子弟就排除了平等竞争的意味。该则还说："道光以前，凡礼部会试及顺天乡试之主考、房考，其家人族党有应试回避者，每别派试官阅卷，或封卷进呈，择尤录取，获售者遂益多。"又说雍正六年（1728），"直省乡试后，上谕大学士、尚书、侍郎、都御史、副都御史各大员，有子弟在京闱及本省乡试，未经中式，年二十以上者，著各举文理通顺可以取中者一人，开送内阁请旨"；于是，"大学士蒋廷锡子溥，吏部尚书嵇曾筠子璜，都御史唐执玉子少游"等一批官员子弟，通过捷径"俱赐举人"，甚至户部侍郎刘声芳的儿子刘俊邦，因病未应乡试，比划都没比划一下，"亦赐举人"。国家要网开一面，所以这种行为连那六种"人臣之恶"也归不进去。

刘声木《苌楚斋随笔》里有"誉儿癖""誉女癖"之说，耐人寻味。说隋朝王福畤"好誉其子"，明朝大学士李东阳也是一样，在其《怀麓堂诗话》中"亦好誉其子兆先"。不过，王福畤"子之佳恶，文字之浅深，后世无阅焉"；李东阳则不同，兆先虽然仅仅27岁就去世了，但有《李徵伯存稿》等留世，白纸黑字摆在那儿了，"以大学士之子，夙慧能文章，自足倾动一时"。所以刘声木认为："李东阳之誉儿癖，较王福畤之誉儿癖，实为胜之。"也就是说，李东阳赞赏自己的儿子，有充足的理由作依据，王福畤又凭什么呢？本溪这几位领导干部，显然也患有这样的誉儿癖，但显然患的又是王福畤那种，帮儿女把官位霸上了，却没有给出所以霸的资本，人们看到的只是明里暗里运用着的权力。

"誉女癖"说的是清朝许宗彦和黄任,二人先后嫁女,分别留下了诗句,曰"便同远别悲欢有,如此新人德貌兼",以及"汝更生成贤且慧,争教别泪不涟涟"。刘声木说:"果属佳儿贤女,自己何必誉,亦何能誉,况未必然乎。"袁枚在《随园诗话》中提到,有人好自誉其诗,"令人厌闻",旁人一语道破:他的诗"自己不誉,何人来誉?"刘声木说誉女者"可以移赠"。顺便提一句的是,黄任曾任广东四会县令兼署高要县事,因高要系古端州地,盛产名砚,所以黄任还顺带染上了集砚癖。《清史稿》说他"罢官归,惟砚石压装",选择质地最好者交付良工精制,再选取十方最佳者,视为至宝,分别取了"美无度、十二星、风月、写裙"等动听的名字,自己也干脆号曰"十砚老人"。

钱穆《国史大纲》云:"贵族世袭的封建制度,早已在战国、秦、汉被彻底打破。然而东汉以来的士族门第,他们在魏晋南北朝时期的地位,几乎是变相的封建了。"今天在我们的国土上,种种"变相的封建"早就重新露出了端倪,相当多的公共人物、商界巨子,背后都有令人艳羡的家世背景。如本溪这一类"公开选拔",如果硬要与世袭挂钩,只是一个小小的侧影罢了。当下所能触动的,顶多也就是这个级别的层面,不过对百姓来说,触动到这个层面似乎也已经满足了。

2008年5月11日

蜀道难

5月12日14时28分,四川汶川发生了7.8级大地震(旋修正为8.0级),给人民生命财产造成了重大损失。但是由于地震所导致的山体滑坡等种种因素使得交通通讯不畅,一些重灾区沦为"孤岛",令救援队伍倍感"蜀道难",地震数天过去了,还不能到达救灾现场,至于有一天,亲临灾区的温家宝总理罕有地发怒,把电话都摔了。

蜀道难,难到什么程度?大诗人李白的那首《蜀道难》,形容得前无古人后无来者:"蜀道之难难于上青天。"这还是没有地震破坏的正常情况下。四川盆地的地形地貌,决定了入川的道路以险峻、崎岖著称。由李白所处的唐朝前溯,三国时邓艾与钟会率领魏军伐蜀,已然上演了惊心动魄的一幕。二人一路攻城略地,但姜维退守剑阁,他们就没办法了。《蜀道难》所说的"剑阁峥嵘而崔嵬,一夫当关,万夫莫开",既陈史事,又陈事实。《三国志·邓艾传》载,"钟会攻(姜)维未能克",没办法,只好绕道。于是,邓艾"自阴平道行无人之地七百余里,凿山通道,造作桥阁";一"路"上,"山高谷深,至为艰险,又粮运将匮,频于危殆",邓艾身先士卒,"以毡自裹,推转而下。将士皆攀木缘崖,鱼贯而进",终于先下江油,再取绵竹,攻进成都生擒刘禅。事毕,魏廷诏曰:"虽白起破强楚,韩信克劲赵,吴汉擒子阳,亚夫灭七国,记功论美,不足比勋也。"夸饰之词,在所难免,然蜀道之难,也为是役平添了几分惨烈。

王士性《广志绎》引用了杨慎的一个归纳:"自古蜀之士大夫多卜居别乡。"并开了一串名单:"李太白寓江陵、山东、池州、庐山,而终于采石(今安徽马鞍山)。老苏欲卜居嵩山,东坡欲买田阳羡(今江苏宜兴)。魏野之居陕州(今河南陕县),苏易简之居吴门(今江苏苏州),陈尧佐之居嵩县(今属河南洛阳),陈去非之居叶县(今属河南平顶山),母廷瑞之居大冶(今湖北大冶),虞允文之居临川(今江西抚州),牟子才之居雪川(今属浙江湖州),杨孟载之居姑苏(今江苏苏州),袁可潜之居笠泽(今属苏州)。"杨慎的这个归纳很有意思,因为中国人有着浓厚的乡土观念,不论当了多大的官,告老之后都要还乡,而这么多蜀籍人士不还,就说明了一定的问题。王士性猜测,大家"岂以其险远厌跋涉耶"?在他看来,这里面正有蜀道难的因素。杨慎是明朝正德六年(1511)的状元,新都人(今属成都),也就是蜀人,《三国演义》开篇的"滚滚长江东逝水,浪花淘尽英雄",即出自他的手笔,因为小说并没有交代出处,人们往往误以为是罗贯中的原创。杨慎因为"佐父(杨廷和)同争大礼",被谪戍云南,"及七十,还蜀",他是要还乡的,可惜"巡抚遣四指挥逮之还",不得不"卜居别乡"。

蜀道难,从前还尤其表现为入蜀之难,黄庭坚谪涪诗云:"命轻人鲊瓮头船,行近鬼门关外天。"人鲊瓮,腌人的坛子,说的是水路,"在秭归城外,盘涡转毂,十船九溺";鬼门关,说的则是陆路,"正在蜀道,今人恶其名,以其地近瞿塘,改瞿门关,亦美"。水路之险,拙文《过三峡》已有道及。近又见郭沫若先生《少年时代》中回忆自己1913年初出夔门,"一浮到了金沙江合流后的流域,船便和怕上阵的驽马一样,在水面上罗唣起来",乃至"全船的水手都惊惶失色,掌舵的艄公连一动也不敢动"。而陆路之难,则有点儿人为的意味。按王士性的说法,"此地名为楚辖也,蜀不修,蜀请楚修,楚谓虽楚地,楚人不行,蜀行之,楚亦不修"。这种干了对我没啥好处我凭啥要干的情形,今天也极其常见,就不必苛责古人了。到了明朝万历戊子年(1588),徐元泰抚蜀、邵陛抚楚,事情才终于得到解决。"徐饷工费八百金于楚以请,邵修之而还其金",不管是出于什么动机,双方总之算是做了一件好事,使"道路宽夷,不病倾跌"。不过,"惟是归、巴郡邑僻小残瘃,不足供过客之屦履,携家行者,苦于日不完一站则露宿,少停车之所,又荒寂无人烟聚落,故行者仍难之",蜀道难的状况并不能从根本上改变。

《在园杂志》云,四川一参戎升任广东协将,最晚抵达驻防地段。郡守郊迎,客套了几句:"望公已非一日,何迟迟至今,想因蜀道难行耶。"不知是郡守的发音引起歧义,还是协将文盲听走了耳,他怎么回答?令人喷饭:"家口众多就难行了,倒也论不得熟道儿、生道儿。"在本次大地震之前,汶川公路早已被列入中国公路十大"死亡谷"之一,只要稍有降雨,沿线的山脉经常会出现塌方。蜀道难,在突发的严重自然灾害面前难上加难,这在今天也并没有实质性的改变。

2008 年 5 月 18 日

露八分・缩脚

5月18日《新京报》报道说,北京密云古北口河西村是个千年古镇,那里有一种全国独一无二的语言叫作"露八分"。就是说,人们说话时,只说一句成语的前三个字,把最后一个字藏起来,而藏起来的这个字才是真正想要表达的意思。比如,一名姓尚的村民去医院看牙,一问一答是这样的:"'高高在'呀,你这一大早的干啥去呢?""我去医院看'锯齿獠'。"这种"露八分"的说话法,据该村最年长的张玉春老人推测,大约出现在明清时期,当时商贩在做买卖时流行一种只有买卖双方才能听得懂的暗语,逐渐演变成现在人们茶余饭后的闲谈。

这种"露八分"的说话法,起码在唐朝就已经出现了,彼时叫作"缩脚",使用的人群也未必是商贾。唐人张鷟之《朝野佥载》谈到侯思止,说他"凡推勘,杀戮甚众,更无余语",只是说:"不用你书言笔语,但还我白司马。若不肯来俊,即与你孟青。"这里的白司马、来俊、孟青,就是缩脚。钱锺书先生《管锥编》对此有解,说这是"酷吏以歇后谐音为双关之廋词也"。廋词,即谜语的古称。来俊,乃武周时的酷吏来俊臣,这无疑义;白司马、孟青则解释不一。按《旧唐书·侯思止传》载:"洛阳有坂号白司马坂。孟青者,将军姓孟名青棒。"如此,则侯思止的话分别缩脚"坂""臣"

和"棒"字,钱先生认为"臣"通"承",那么,侯思止上面那句话是在说:不用多啰嗦,就按我的意思都认下来,如果不,我就揍你。

《管锥编》还提到宋朝曾慥《类说》引《决水灌田伏罪状》,也是这样的用法:"只因天亢'律吕调',切虑田苗'宇宙洪'。"这是用《千字文》来缩脚。《千字文》有"闰馀成岁,律吕调阳";"天地玄黄,宇宙洪荒",因而缩的是"阳"和"荒"。那么,这两句又等于是说:天气太旱,担心收成。

也许是八股兴盛的缘故吧,清朝人喜欢利用《四书》来缩脚。刘廷玑《在园杂志》云,"有督学江南者,待幕友甚薄",幕友们就你一言我一语地凑了几个句子:"抛却刑于寡,来看未丧斯。只因三日不,博得七年之。半折援之以,全昏请问其。"因为大家对《四书》都娴熟得很,所以对这些看似莫名其妙的句子全都心领神会,尽管"结句未就",也是"群哄而笑"。正玩儿到这儿,东家来了,"讯知其由",续了最后两句:"且过子游子,弃甲曳兵而。"刘氏认为:"一章皆用四支韵,通押虚字,亦奇构也。结句更出意表。"读懂这首诗的真正意思,当然也要看看究竟"截去"也就是缩脚的最后一字是什么了。

刑于寡,出《孟子·梁惠王上》:"《诗》云:'刑于寡妻,至于兄弟,以御于家邦。'"缩的是"妻"。未丧斯,出《论语·子罕》:"天之未丧斯文,匡人其如予何?"缩的是"文"。三日不,出《论语·乡党》:"祭肉不出三日,出三日,不食之矣。"缩的是"食"。七年之,出《孟子·离娄上》:"今之欲王者,犹七年之病求三年之艾也。"缩的是"病"。援之以,同出此处:"嫂溺,则援之以手乎?"缩的是"手"。请问其,出《论语·颜渊》:"颜渊曰:'请问其目。'"缩的是"目"。子游子,出《论语·先进》:"文学:子游、子夏。"缩的是"夏"。弃甲曳兵而,亦出《孟子·梁惠王上》:"填然鼓之,兵刃既接,弃甲曳兵而走,或百步而后止,或五十步而后止。"缩的是"走"。这样一来,那首古里古怪的诗就有"夫子"自道的意味:抛却妻、来看文,只因食,博得病,半折手,全昏目;东家续的则是:且过夏、走。刘廷玑说"结句更出意表",在于东家在玩笑的同时借机下了逐客令。

钱泳《履园丛话》也提到了这首诗,但作者成了"吴门某秀才",其"曾在某督学幕中阅文,忽折其臂,痛苦万状",乃有此诗。钱泳对此的态度却没有那么轻松,定性为"侮圣人之言",说秀才"狂放不羁,每以经文断章取义,或涉秽亵语",因此"是人竟偃蹇终身,未及中年丧身绝嗣",有鼻子有眼,更得出"大凡喜于侮圣人之言者,其人必遭大劫"的结论,把游戏文字说得后果可怕得很。刘廷玑是康熙时人,《在园杂志》是他任官职时的笔记,"悉皆耳所亲闻,目所亲见,身所经历者,绝非铺张假设之辞"。钱泳生于乾隆二十四年(1759),比刘廷玑要晚得多。那么,钱泳的记载就可能从前则中化来。其实,作者是什么人并不重要,重要的是这种诙谐的表达方式,增添了汉语的无穷魅力。

有趣的是,"露八分"的使用还分褒义、贬义和中性。如王姓,褒义是"占山为",贬义是"家破人";何姓,中性是"无可奈",褒义是"气壮山"。所以,同一个东西可有好几种"露八分"的说法。礼失求诸野,古音求诸方言,传统文化则要求诸民间。密云那里保留了"缩脚"这样一种文化习俗,是件令人高兴的事,值得开掘,传统的振兴正可以从这些细节处入手。

2008 年 5 月 23 日

雅贪

"雅贪"一词,可能是今人的发明。贪分雅俗,针对贪的对象而言,俗贪盯着的是赤裸裸的金钱,雅贪瞄准的是文化。"远华"案中,厦门海关副关长接培勇原本对赖昌星不屑一顾,但赖弄来了绝版的《毛泽东评点二十四史》、由9位当今知名画家合作的牡丹图和一些当今名家的书法作品,一并奉上,接培勇就栽倒了。接培勇收受了这些价值不菲的东西,就属于雅贪。就文化型官员来说,雅的杀伤力有时甚于俗的。

行雅贪之实者,古已有之。《永宪录》云,年羹尧出事之后,走过他门路的鸿胪寺少卿葛继孔有个交代,其中提到年羹尧"去冬拉臣手索古董",他就"将青绿花瓢一、寿窑瓶一、图书一匣、宋人尺牍册页一、宋本书二、宋元画六,共十二件",一并奉上。后来年羹尧又说:"久知你才情好,自然照看,还要给我几件古董。"于是,葛"又将玉杯一、元人尺牍一、明画三,共五件,送与羹尧"。按雍正皇帝的说法,"年羹尧始初参劾葛继孔为匪人,继又与之殷勤亲密,着一一明白回奏"。属实的话,显见是这些古董在年羹尧身上发生了作用。

梁章钜《归田琐记》里谈到清代官场上流行的"首县十字令",其中第四项就是"认识古董",为雅贪或者雅索创造前提条件,免得像"好金石"的端方一样,人家"纵谈碑板",他刚想插嘴,就被王懿荣不客气地噎了回去:"汝但知挟优饮酒耳,何足语此!"时有人曰:"端之好金石亦与其他满人之好鼻烟壶好搬指者无殊,以此示豪华耳,非有学问于此也",正是如此。《水东日记》提到明朝的石彪也是这样。石彪充游击将军,巡边,将至宁夏,有个叫赵缙的本地人告诉他,张泰都督家里有个古瓶,是件宝贝。石彪马上写去一纸索要,托名石亨。石亨是石彪的叔叔,英宗复辟,"以亨首功",不得了的人物。但张泰没有理他,"既而彪至,以不得瓶故,百方窘辱之,张殊不为意,最后使人要迫之"。张泰的儿子夜半劝爸爸:"彼时人,何可拒!瓶所值仅百金耳。"给他算了。但张泰仍认为不可"为权贵失之"。《明史》上说,石彪"骁勇敢战,善用斧",且"每战必捷",还说他"恃亨势,多纵家人占民产"。他索要张泰家古董这件事,足可作为旁证了。

沈德符《万历野获编》云,严嵩父子、朱希忠兄弟"并以将相当途,富贵盈溢",他们都"旁及雅道",但满足的方式方法不同,"严以势劫,朱以货取"。以货取,是自己掏腰包;而以势劫,就是发挥权力的淫威了,至于"鄢懋卿以总鹾使江淮,胡宗宪、赵文华以督兵使吴越,各承奉意旨,搜取古玩不遗余力"。万历年间的张居正"亦有此嗜",虽"所入之途稍狭,而所收精好"。为什么呢?"盖人畏其焰,无敢欺之。"不过,同样势焰熏天的严氏父子却被欺了一回。那是传闻张择端的《清明上河图》收藏在故相王鏊的后人那里,因为"其家钜万,难以阿堵动",严嵩"乃托苏人汤臣者往图之"。汤臣以善装潢知名,"客严门下",他跟时镇蓟门的王思质关系不错,"乃说王购之"。王"即命汤善价求市",然而没到手,就想到弄个假的,"遂属苏人黄彪摹真本应命,黄亦画家高手也"。严氏既得此卷,"珍为异宝,用以为诸画压卷,置酒会诸贵人赏玩之"。但因为有人嫉妒王忬因此提拔,"知其事直发为赝本,严世蕃大惭怒"。后来,终于以其他理由,严嵩父子构陷王忬至死,所谓"以文房清玩致起大狱"是也。

顾起元《客座赘语》也谈到了这件事,但没有说送画的人是王忬,只说"一贵人",而且作伪的是"王彪"而非"黄彪"。王、黄发音不分,今天在一些操方言的人中也是常见现象,以至于报姓时要附上"三横王"还是"大肚黄"。但顾起元在这里提供了一个重要信息,那就是告发的人实为汤臣,因为他"索赂不得,指言其伪"。《客座赘语》成于"万历丁巳",即1617年,而沈德符万历四十六年(1618)40岁时中举,从时间逻辑关系上推断,顾起元的说法要更准确一些。也许,后来沈德符觉得谁举报的并不重要,重要的是严氏父子雅贪带来的危害。

明人于慎行在《谷山笔麈》中分析道:"人主之好文章书画,虽于政理无裨,然较之声色狗马,雅俗不同,且从事文墨,亦可陶冶性灵,简省嗜欲,未必非养身进德之助。"把这里的人主置换成官员,道理也说得通。于慎行又说:"自古兴王之主有好文者,多是表章经训,劝学崇儒,如汉武、唐宗是也。败王之主有好文者,多是耽精技艺,善画工书,如陈叔宝、李煜是也。然使陈、唐二主留心国政,忧勤万几,即耽精文艺,政自何妨?惟其庶政怠荒,万事不理,而一于流连光景,弄笔染翰,与雕虫之士争长短于尺寸,斯其所以败耳。"但于慎行显然没有虑及因为雅好可能带来的雅贿、雅贪的一面,这种危害丝毫不亚于俗贿、俗贪。赖昌星说:"不怕领导讲原则,就怕领导没爱好。"颇能破的。

2008年6月2日

防作弊

明天就是年度全国高考了。这几天媒体循例在谈论对付考试作弊的问题。本月初,教育部、公安部、工业和信息化部还联合下发文件,要求对信息化作弊进行联合整治。不少地方都已明确表示,考试期间,无线电管理部门将派出无线电波信号监测车到考场周围巡逻,侦查利用无线电技术作弊的各种违法行为。盖因为随着科技水平的提高,各种利用手机、耳麦等信息化手段作弊的态势也"魔高一丈"。

从前的科举考场也是作弊蜂起,是否可以认为,作弊与防作弊同样滥觞于考试之兴?但因为彼时还谈不上科技,防作弊的办法也相对简单、原始:进入考场时,搜身就是。吴宗国先生在论及唐代科举制度时,认为安史之乱前进入试场而搜举子的身,是一个制度,到肃宗叹曰"门地、人物、文学皆当世第一"的李揆时,情况才有所改变。《旧唐书·李揆传》载,李揆鉴于以往"主司取士多不考实,徒峻其堤防,索其书策,殊未知艺不至者,文史之囿亦不能摛词,深昧求贤之意也",乃做了调整:"其试进士文章,请于庭中设《五经》、诸史及《切韵》本于床",就像今天考职称外语可以带词典一样。李揆对考生们说:"大国选士,但务得才,经籍在此,请恣寻检。"李揆在考场内陈放经史和韵书,允许举子使用,不仅使他"数月之间,美声上闻",而且也构成了唐代考试制度上的一次重大突破。白居易后来说"伏准礼部试进士例,许用书策,兼得通宵",表明这个制度得到了承继。因为许用的这一前提,搜身制度在唐代后期也就取消了。

明朝的情形与之相类,初,搜身"仅行之乡试耳,会试则不然"。盖因为朱元璋说:"此已歌《鹿鸣》而来者,奈何以盗贼待之?"但沈德符《万历野获编》云,嘉靖末年还是设搜检官了,至于沈氏发出感慨:"四十年来,会试虽有严有宽,而解衣脱帽,且一搜再搜,无复国初待士体矣。"而所以要恢复搜身,在于"时文冗滥,千篇一律,记诵稍多,即掇第如寄,而无赖孝廉,久弃贴括者,尽抄录小本,挟以入试"。再加上嘉靖皇帝"忌讳既繁,主司出题,多所瞻顾。士子易以揣摩,其射覆未有不合者,至壬戌而澜倒极矣"。也就是说,搜身到了如今日所说问题严重得"非整治不可"的地步了,于是"添设御史二员,专司搜检其犯者,先荷校于礼部前一月,仍送法司定罪"。

宽而严、严而宽,在清朝也出现了多次反复。《清稗类钞》云:"道、咸前,大小科场搜检至严,有至解衣脱履者。同治以后,禁网渐宽,搜检者不甚深究。"但是这样一松,"诈伪百出"。瞧瞧那些可能成为国家栋梁的举子,登时丑态百出,或"以石印小本书济之,或写蝇头书,私藏于果饼及衣带中,并以所携考篮酒鳖与研之属,皆为夹底而藏之,甚至有帽顶两层靴底双屉者";能耐一点儿的,"贿嘱皂隶,冀免搜检"。问题饶是严重如此,在光绪壬午(1882)科,"应京兆者至万六千人,士子咸熙攘而来",还是"但闻番役高唱搜过而已",动动嘴皮子而不动手了。及壬辰(1892)会试后,"搜检之例虽未废,乃并此声而无之矣"。

搜身防作弊也留下了若干趣事。康熙庚子(1720)顺天乡试,

"特命十二贝子监外场,露索綦严"。朱竹垞的孙子稻孙"披襟而前",大咧咧地把肚子一鼓,告诉人家:"此中大有夹带,盍搜诸?"朱稻孙这副派头,不仅在于他"体貌瑰伟,意气磊落,众皆目属,贝子亦为之粲然",最主要的还是他底气十足。而同样底气十足的张石州,却演绎得过了头。《郎潜纪闻二笔》云,张石州"道光己亥,应顺天乡试,携瓶酒入",监搜者呵曰:"去酒!"张石州则一饮而尽,"而挥弃其余沥",其傲慢的神态不像是来考试,更像是来挑衅。于是"监者怒,命悉索之,破笔砚、毁衣被,无所得",张石州更得意了,扪腹曰:"是中便便经笥,若辈岂能搜耶?"这一下更激怒了搜查的人,终于"摭笔囊中片纸,有字一行",甭管写的是什么,就当成了张石州的夹带,将之"送刑部",尽管冤枉,还是"竟坐摈斥"。张石州学问渊博,时人"以东京崔、蔡目之"——应该指的是东汉文学家崔骃崔亭伯和蔡邕蔡伯喈吧——说他以"微眚见黜,固由赋命之奇,然亦太使气已"。子曰过犹不及,张石州正应了这个"过"字。

然朱元璋所疑问的"奈何以盗贼待之",后世却被其言中。《浪迹丛谈》里有一则"诸葛砖",说士子出场时也要搜检。因为四川成都贡院相传是蜀汉宫基,"至公堂上屋瓦,尚多旧物,质坚而细,与铜雀瓦相似,可以为研",而且"每方纵横约皆尺余,旁有小字云:'臣诸葛亮造'。"因为怕被偷——一定也有人顺手牵羊,"故士子出场,亦必搜检"。可见,这里不是防作弊,而是果真防盗贼了。

2008 年 6 月 6 日

冗文

单位里要搞个小型座谈会,约请几位学者朋友来参加。问明日期,大抵都说眼下是论文答辩时节,或硕士,或博士,所以抽不出时间。忙碌得很的一个原因,在于不光答辩的人多,审读论文的工作量也太大。学者朋友说,现在的论文尽是三四十万字的,甚至连"序"都两三万字,却没有多少个人见解,看得头疼。

答辩的人多,该是高校大跃进招生带来的恶果之一了。论文越写越长,是个有意思的问题,该与当下的学术评价体制密切相关,在不知什么人眼里,"部头"的大小似乎与水平的高低存在正相关;而从技术层面上看,该"归咎"于用电脑检索、剪贴极其便利所导致的载体因素。钱锺书先生在《管锥编》中说到,"古人论《春秋》者,多美其辞约意隐",然而"春秋著作,其事烦剧,下较晋汉,殆力倍而功半矣",他们那是"文不得不省,辞不得不约,势使然尔"。什么"势"呢?钱著所引明朝学者孙鑛的《与李于田论文书》,说得明确不过:"古人无纸,汗青刻简,为力不易,非千锤百炼,度必不朽,岂轻以灾竹木?"春秋那个时候以刀为笔,以竹木为纸,写点儿东西实在太难了,哪敢写长?

清朝学者阮元也是这种观点:"古人无笔砚纸墨之便,……非如今人下笔千言,言事甚易也。"另一位学者章学诚说:"古人作书,漆文竹简,或著缣帛,或以刀削,繁重不胜。是以文词简严,取足达意而至,非第不屑为冗长,且亦无暇为冗长也。"也就是说,古人对冗文未必就是不屑一顾,而是耗不起那个功夫。后世就不同了,"纸笔作书,其便易十倍于竹帛刀漆,而文之繁冗芜蔓,又遂随其人之所欲为。作书繁衍,未必尽由纸笔之易,而纸笔之故,居其强半。"在章学诚看来,纸笔虽然不是导致冗文的绝对因素,但却是重要因素。

　　文冗自然有文冗的"好处",靠篇幅来虚张声势,能吓唬住一些不明就里的人。对唐朝的皇甫湜来说,还能多点儿财物的进项。《新唐书·韩愈传》附有《皇甫湜传》,《太平广记》有"皇甫湜"条,两相参照,能看出一点儿意思。皇甫湜进士出身,官至工部郎中。这个人"简率少礼",每每"乘酒使气忤同列者,及醒,不自适",大约撒了酒风之后觉得很无趣吧。洛阳留守裴度辟之为判官,算是收留了他,然裴度"修福先寺,将立碑,求文于白居易",他不高兴了,忽发怒曰:"近舍湜而远取居易,请从此辞。"他自视甚高,觉得如果把他的文字和白居易的来个类比,正"所谓宝琴瑶瑟而比之桑间濮上也"。他这个牛一吹开,"宾客无不惊栗",裴度也"婉词谢之"——不知道大家是不是在做戏。裴度且曰:"初不敢以仰烦长者,虑为大手笔见拒。今既尔,是所愿也。"皇甫湜这才"怒稍解",然后"请斗酒而归。至家,独饮其半,乘醉挥毫,其文立就。又明日,洁本以献"。写得怎么样呢?"文思古蹇,字复怪辟。(裴)度寻绎久之,不能分其句读",连标点都分不清楚却又得装着很懂,下结论说:"木玄虚、郭景纯《江》《海》之流!"西晋木华的《海赋》、东晋郭璞的《江赋》,都是传诵一时的佳作,昭明太子还收入了他编的《文选》中。既然看得这么高,裴度便"以宝车名马,缯采器玩,约千余缗,置书,遣小将就第酬之"。不料皇甫湜又发了脾气,"掷书于地",这回是嫌报酬给得低:"某之文,非常流之文也。曾与顾况为集序外,未尝造次许人。今者请为此碑,盖受恩深厚耳。其碑约三千字,一字三匹绢,更减五分钱不得。"送礼的人"既恐且怒",赶快跑回来告诉裴度,裴度虽不觉得什么,然"僚属列校,咸振腕愤悱,思裔其肉"。

《管锥编》引唐朝高彦休的话说,他小时候曾经数过福先寺那块碑上的字,"得三千二百五十有四,计送绢九千七百二;后逢寺之老僧曰师约者,细为愚说,其数亦同"。也就是说,裴度真的满足了皇甫湜的胃口。清朝学者萧穆不屑一顾:"碑文至三千二百余字,何烦冗无法!为韩公《神道碑》,亦只一千六百余字耳。"学者们怀疑的还只是皇甫湜的文字水准,钱锺书先生则一语道破天机:"殆贪润笔之丰,词不裁剪,多多益善,以便计字索酬,如后世之稿费欤。"钱先生认为,这篇文字虽《皇甫持正集》未收,也有不少学者怀疑这件事的真伪,然"碑文则彦休目验,必非虚构"。钱先生并调侃道:"不知碑头之题目、署名等亦与三匹绢润笔之数否?"

浏览今天一些名家在报刊上发表的东西,仍然在步皇甫氏的后尘;但硕士、博士论文的长篇大论,当了无此意。拿钱少了,你以为不错的所谓学术专著人家还未必给出版呢,何况要反其道而行之?从上到下,不分领域,不分人群,一概盛行又臭又长的文风,一个大人物做的报告,一个地方出台的决定、规划,需要专业人士解读乃知新意究竟在哪里。在这样的背景下,要求高校学子跳出窠臼,才正是咄咄怪事!

2008 年 6 月 13 日

豆腐

6月17日《宁夏日报》报道,在短短半年时间内,银川市食品安全委员会就豆腐"穿衣"问题先后发出三道禁令。对包装进行规范,目的是加强豆制品质量安全监管。然而,像当下咱们国度任何禁令一样,你说你的,我干我的。于是,在"穿衣"和"不穿衣"的无序竞争中,"穿衣"企业因为成本增加削弱了竞争力,而那些"不穿衣"和应付"穿衣"的经营者却从中得到了实惠。

这种中国才有的守法者吃亏的咄咄怪事不说也罢,可说的倒是豆腐。豆腐作为百姓日常生活中必需的传统食品,历史相当悠久。"种豆豆苗稀,力竭心已腐。早知淮王术,安坐获泉布。"这是南宋大儒朱熹留下的《豆腐诗》,他认为西汉时的淮南王刘安发明了豆腐,这也是得到后世很大认同的一种观点。但当代学者孙机先生有一篇《豆腐问题》,却认为没有可靠的证据(严格说全无根据)证明这一点,"只能称之为臆测",所谓河南密县打虎亭汉墓发现的石刻豆腐生产图,实际上是"酿酒和为饮宴备酒的情况"。

不管是什么时候发明的吧,吃豆腐到宋朝已经相当普遍是可以肯定的。陆游《老学庵笔记》云,他的族伯父陆彦远年轻时认识僧仲殊,这老僧特别爱吃蜂蜜。一天彦远与几个朋友去他那里,"所食皆蜜也"。皆到什么程度?"豆腐、面筋、牛乳之类,皆渍蜜食之"。但他老人家爱吃,"客者多不能下箸",惟有苏东坡"性亦酷嗜蜜,能与之共饱"。东坡还专门写了《安州老人食蜜歌》,"安州老人心似铁,老人心肝小儿舌。不食五谷惟食蜜,笑指蜜蜂作檀越"云云。朱熹虽然留下了《豆腐诗》,但相传他是不吃豆腐的,理由很有趣:"初造豆腐时,用豆若干,水若干,杂料若干,合秤之,共重若干;及造成,往往溢于原秤之数,格其里而不得,故不食。"在朱熹看来,那么少的原材料产出那么多东西,不合"原理"。

豆腐还有个文绉绉的名字,叫菽乳。李诩《戒庵老人漫笔》云:"余邑先达孙司业大雅先生嫌豆腐之名不雅,改名菽乳。"应该是从豆类总称为"菽"化来的吧。大雅先生还赋诗一首,什么"转身一旋磨,流膏入盆罍。大釜气浮浮,小眼汤迴迴。顷待晴浪翻,坐见雪华皑",描述了豆腐的制作过程。同朝的苏雪溪也有这么一首:"传得淮南术最佳,皮肤褪尽见精华。一轮磨上流琼液,百沸汤中滚雪花。瓦缶浸来蟾有影,金刀剖破玉无暇。个中滋味谁知得,多在僧家与道家。"末句的这个结论稍嫌武断,比方《解愠编》里有一则"豆腐先生",讲的就是个"儒家"。说有一东家极富却又极吝啬,一日三餐就给教书先生吃豆腐,"终年无兼味"。先生期满临去时,填词泄愤:"肥鸡无数,肥鹅无数,那更肥羊无数。几回眼饱肚中饥,这齑淡怎生熬过?早间豆腐,午间豆腐,晚来又还豆腐。明年若要请先生,除非是普庵来做。"当然,"儒家"在这里等于也认同了苏雪溪的"僧家"说。

豆腐在清朝还曾进入"皇家"。《清稗类钞》云,康熙南巡,曾把制作豆腐的方法传授给江苏巡抚宋荦,作为恩典,颇有赐的意味。那是康熙颁赐食品,先传旨曰:"宋荦是老臣,与众巡抚不同,著照将军、总督一样颁赐。"颁赐的东西共有:活羊四只,糟鸡八只,糟鹿尾八个,糟鹿舌六个,鹿肉干二十四束,鲟鳇鱼干四束,野鸡干一束。这里的"糟",当然不是说东西粗恶,而是"腌制"的意思。随后康熙又传旨曰:"朕有日用豆腐一品,与寻常不同,因巡抚是有年纪的人,可令御厨太监传授与巡抚厨子,为后半世受用。"那个时候的宋荦72岁,正是孙大雅所说"烹煎适吾口,不畏老齿摧"的年纪。对赐豆腐这件事,梁章钜颇有感慨。他说:"今人率以豆腐为家厨最寒俭之品,且或专属之广文食不足之家,以为笑柄。讵知一物之微,直上关万乘至尊之注意,且恐封疆元老不谙烹制之法,而郑重以将之如此"。

梁章钜还说,他在山东任上的时候吃过一次豆腐,当时吃的时候觉得味道就好极了,"众皆愕然,不辨为何物",过后也总是想起来,但却再没有吃过那种做法的豆腐,至于"如《广陵散》,杳不可追矣",成为憾事。豆腐好吃到这种程度?可能。不过,私下里嘀咕,康熙介绍的以及梁氏吃到的那种豆腐的做法,该相当于荣国府里刘姥姥吃到的那种茄子吧。刘姥姥先是说:"别哄我了,茄子跑出这个味儿来了,我们也不用种粮食,只种茄子了。"听完凤姐介绍做法,又"摇头吐舌"地说:"我的佛祖!倒得十来只鸡来配他,怪道这个味儿!"这一段,饶是小说家言,也可作为对豆腐何以那么美味的一种理解参照。

据说,分离和凝固植物蛋白,在西方是近代才有的事。那么我们至少在宋代,豆腐已成家庭普及之物,可见早就掌握了一项先进的技术。可惜,豆腐这几年却跟"豆腐渣工程"扯在了一起,因为官员和无良人等的混账作为而背负了恶名。豆腐何辜?

2008年6月19日

倘做鬼,不幸福

山东省作协副主席王兆山先生的词二首甫一问世,即掀起了轩然大波。其《江城子·废墟下的自述》中的那句"纵做鬼,也幸福",尤其千夫所指。看了一些评论文字,大抵都是咒骂,甚至要他自己去死一下,以体会如何幸福。大家真没必要这样,还是要"摆事实讲道理",大批判早已经被证明解决不了问题。在下这里要跟兆山先生摆的是:倘做鬼,不幸福。当然,谁也没真正做过鬼,惟有依照前人的识见,亦即传统文化折射出的世界观来论事。

翻来翻去,明朝谢肇淛《五杂组》中倒是真有一段貌似做鬼幸福论。说宋代的叶衡罢相,"日与布衣饮甚欢",有天身体不舒服,对大家说,我要死了,"但未知死佳否耳?"一位姓金的士人答曰,死了之后,好得很。叶衡惊讶地问,你怎么知道?老金一本正经地说:"使死而不佳,死者皆逃归耳。一去不返,是以知其佳也。"当时"满坐皆笑",后世的我们当然也知道,老金那是黑色幽默。兆山先生东施效颦,当作真有那么回事,就难免要伤害国人的感情了。

作为神仙,齐天大圣孙悟空差一点儿做鬼,就是因为觉得会不幸福,所以又打了回来。《西游记》第三回"四海千山皆拱伏 九幽十类尽除名"中,有一天孙悟空正"倚在铁板桥边松阴之下,霎时间睡着"的时候,被两个勾死人勾走,到了"幽冥界"才顿然醒悟这是"阎王所居"的地方,赶快从"耳朵中掣出宝贝,幌一幌,碗来粗细;略举手,把两个勾死人打为肉酱"。然后,"自解其索,丢开手,轮着棒,打入城中。唬得那牛头鬼东躲西藏,马面鬼南奔北跑"。这且不算,他还呵斥冥王把生死簿子拿来,"亲自检阅",看到自己"该寿三百四十二岁,善终",并不满足,干脆把名字消了,以期永远不来做鬼。可笑的是鬼判官不仅渎职,还"慌忙捧笔,饱揾浓墨",一副溜须拍马的嘴脸。

凡人也是这样。秦桧夫妇在十八层地狱中如何受煎熬,版本五花八门,人们因为对他二人恨之入骨,乃极尽想象之能事。民愤没那么大的,比如《癸辛杂识》谈到战国时的秦将白起,阴间的日子也很难过。那是王匙"曾病入冥",逮他的小鬼呼之曰"王陵",他说我不是,叫错了;小鬼告诉他,你的前身就是王陵,与白起曾经并肩作战的那个王陵。小鬼们把王匙带到一个大城,"城中有一囚,闭其中,身与城等",小鬼告诉他,这就是白起,"罪大身亦大",把你找来是要核实一下坑杀赵国40万降卒那件事。王匙说:"吾初建言分赵屯耳,坑出公意。"都是他干的。白起听罢,以头触城,哭曰:"此证又须千万年。"揣摩这段话的意思,好像古人认为阴间隔上若干年,要对罪恶进行重新甄别。

《吴下谚联》中则谈到了沈万三,就是今日周庄满街叫卖"万三蹄"的那个主人公。沈万三是个巨富,做鬼也不幸福,"死游十八狱,狱狱需索"。因为"毫无给发",众鬼还冲上来一起揍他:"尔巨富,谁不知之。吾等望子来久矣。"万三辩解说:"吾生时诚富,奈今死矣。一文不得带来,何以给付尔等?"这说的该是实话。元朝脱脱丞相贪婪无比,时人吊诗云:"百千万贯犹嫌少,堆积黄金北斗边。可惜太师无脚费,不能搬运到黄泉。"这是说连脱脱这样的位高权重者都没办法把钱财弄进来,也就不是万三不为而实属不能了。但众鬼对此丝毫不予理解,该是鬼之令人不可理喻之处,同时也愈发显见孙悟空动用武力的可爱。明朝沈德符还有种说法:"世之墨吏,其作鬼亦必通苞苴也。"则不知那些墨吏有什么招数,应该有吧,有钱不是能使鬼推磨吗?汤显祖《牡丹亭》之"冥判",也活灵活现地描述了鬼判官如何索要润笔,"十锭金,十贯钞",价码清楚。

看完了高官、巨富之类,不妨再看看寻常人物,就是《牡丹亭》中的杜丽娘,做鬼同样没有幸福可言。当年,《牡丹亭》既出,"家传户诵,几令《西厢》减价",就是因为杜丽娘惊天地泣鬼神的爱情故事。她因为要再见"惊梦"里的书生,抑郁寡欢而终于成了鬼,开始做鬼的那几年她是有幸福可言的,"和柳郎幽期,除是人不知,鬼都知道"。但是,必欲享受幸福,她还得"回生",由鬼还原为人。为此,柳梦梅要起之于地下,暂时背负盗墓贼的罪名。对比之下,20世纪末的美国电影《人鬼情未了》(Gohst,直译即《鬼》),虽然轰动一时,还得了他们的"小金人",想象力却未免相形见绌,同样是人鬼相会,但完成了心愿的男主人公却去了天堂,留下了孤零零的"黛米·摩尔"。看杜丽娘,挖她出来的时候,棺材已经"钉头锈断",里面的她却还"异香袭人,幽姿如故"。

"生前之福何短,死后之福何长。然短者却有实在,长者都是空虚。"这是清朝钱泳的一段论述。他说自己这是"臆论",但可为本文作结。王兆山先生倘若能够理解,就该知道大家为什么几乎众口一词地骂他。"纵做鬼,也幸福",属于他的"臆论",然而却武断得无以复加,没有实例佐证,那就近似于睁着眼睛说瞎话了。

2008年6月23日

凡人贱近而贵远

读黄山书社新出的《王映霞自传》,看到了一个与历史记载很是不大一样的郁达夫。谁要是有兴趣的话可以去翻一翻,这里只引用书中曹聚仁所说的一句话,足以说明问题。这句话是:一位诗人,他住在历史上是个仙人,若他住在你家楼上便是个疯子。如果借用东汉时桓谭的话来表达,这句话可以精练为"凡人贱近而贵远"。

桓谭的话是针对扬雄说的。今天我们知道扬雄,是因为他的名著《法言》。这部书虽然"用心于内,不求于外",但"于时人皆忽之",当时并不被看好,独桓谭"以为绝伦"。扬雄死后,有人问桓谭:"子常称扬雄书,岂能传于后世乎?"桓谭说:"必传,顾君与谭不及见也。"然后他就讲了"凡人贱近而贵远"这句名言,认为《法言》之所以如此受冷落,在于人们"亲见扬子云禄位容貌不能动人,故轻其书"。度桓谭上下文的语意,"凡人"不是对应神仙的普通人,而为"凡是人"的简称,意即大家都有这种心理。这里的贱近贵远,大抵是就空间而言的,人们总觉得眼前的事、身边的人没有什么,耳闻并非目睹的人才真正了不起。钱锺书先生说,若觉得鸡蛋好吃,没必要认识下蛋的鸡,可能就是出于这层担心。实际上,好多如雷贯耳的名人一旦被接触,往往能验证曹聚仁先生的概括。

《北梦琐言》中有一则后梁开国皇帝朱温的故事。当他尚未登基,还"领镇于汴"的时候,"盛饰舆马"去接自己的母亲。母亲吓坏了,"辞避深藏",对人家说:"朱三落拓无行,何处作贼送死,焉能自致富贵?汴帅非吾子也。"来人于是把他怎么离的家、这么多年都干了些什么,一一讲给老太太听,老太太才"泣而信"。在老太太眼里,儿子根本就不成器,怎么可能会发达呢?但是显然,由朱温到朱全忠再到梁太祖,就算是包括流氓手段在内的各种手段迭出吧,朱温的本领一定是有的,老太太"贱近"罢了。

汉高祖刘邦的经历与此相类。没发迹的时候,刘邦"尝避事,时时与宾客过其丘嫂食",把嫂子弄烦了。这当然怨不得她这个家庭妇女,连在本地还有一官半职的萧何,不是也因为"贱近"而对亭长刘邦看走了眼,下结论说"刘季固多大言,不足成事"吗?有一天刘邦又带着人来蹭饭,大嫂告诉他饭都吃完了,"羹尽辘釜",只能用勺子刮刮锅底。客人知趣地走掉,但刘邦赖着没走,他知道有诈,果然"视其釜中有羹,由是怨嫂"。发迹之后,虽刘家鸡犬升天,"而伯子独不侯"。老子出来讲情,刘邦说不是我忘了,而是他妈当年对我的态度实在太坏。后来勉强把侄子封了,却专门挑叫"羹颉"的地方,名之"羹颉侯",以示不忘旧怨。《东坡志林》里,苏轼拈出此事,旨在议论刘邦的所谓"大度不记人过者"其实不堪一击,他"不置辘釜之怨,独不畏太上皇缘此记分杯之语乎?"项羽当年要烹了他老子,他说好啊,分我一杯羹吧,老人家事后并未恨得咬牙切齿,说明刘邦的大度还不如他爹。

还有一种贱近贵远,属于时间上的,"过去的"就好。鲁迅先生笔下有个著名的九斤老太,她有句著名的口头禅:一代不如一代。九斤老太一天到晚只知道发牢骚,"常说伊年青的时候,天气没有现在这般热,豆子也没有现在这般硬;总之现在的时世是不对了"。而九斤老太的这种"贱近贵远",却并非她的发明,也是对古人思维模式的一种沿袭。"江郎才尽"的江淹留有一篇《铜剑赞》,其中说道,"今之作必不及古,犹今镜不及古镜,今钟不及古钟矣"。钱锺书先生说,这话酷似葛洪《抱朴子》所斥:"俗士多云:今山不及古山之高,今海不及古海之深,今日不及古日之热,今月不及古月之朗。"

《大唐西域记》里的一段就更有趣了,"一沙门庞眉皓发,杖锡而来","婆罗门"以淳乳煮粥进焉"。谁知沙门"才一哜齿,便即置钵,沉吟长息"。婆罗门问:这粥不好喝吗?"沙门愍然告曰:'吾悲众生福佑渐薄,……非薄汝粥;自数百年不尝此味。昔如来在世,我时predom,在王舍城竹林精舍,俯清流而涤器,或以澡漱,或以盥沐"。他的结论是:"嗟乎!今之淳乳不及古之淡水!"《韩非子·五蠹》谈到用兵打仗的动机:"上古竞于道德,中世逐于智谋,当今争于气力。"由比赛谁的道德高尚,到竞逐谁更野蛮,显见也是一代不如一代了。不过,钱先生认为,后来角智、斗力之用兵,也是借"仁义之师""吊民伐罪"之名,"如同今日西方之强每假'保卫人权'为攻心之机括"。就是说,道德作为一个制高点,明明缺德的也要打着这个旗号。

"文革"时余尚年少,犹记批判"厚古薄今",要颠倒过来,"厚今薄古"。厚古薄今,即有时间乃至空间"贱近贵远"的意味。到今天,似乎又颠倒回去了,"过去的"东西——几十年前的——一概津津乐道,旧时风物、旧时人物、旧时学校,都成了醇香美酒,全社会来了个集体怀旧。而诸如此类,却亦正见桓谭概括之妙。

2008年7月2日

公款

　　《官场现形记》第十二回说道,胡华若被派往浙东严州去平定土匪。他是"久在江头玩妥惯的",贪舒服,所以"特地叫县里替他封了一只'江山船'",随从们坐"茭白船"。两种船的区别是:前一种单装差使不装货,后一种舱深一些,装得了货;共同点则是"舱面上的规矩":都有搽脂抹粉、插花带朵的女人伺候。没有女人伺候的叫作"义乌船"。在胡华若看来,"横竖用的是皇上家的钱,乐得任意开销"。皇上家的钱,正是公款。

　　公款从来是一块唐僧肉。今天一个公开的秘密是,做同一件事情或买同一样东西,公款的花费要远远超过私人的。这在从前也是如此。《枣林杂俎》云,崇祯皇帝自缢之后,福王朱由崧带一伙人流窜到南京附近组成了南明弘光小朝廷,"以武英殿为正朝"。时殿有五楹,"卑狭",简陋得很,但"工部仅涂朱费(即)三千七百余金"。主事胡其枝指出:"若民间,不过三十金耳。"《清稗类钞》里有一则"德宗自奉俭约",说的是光绪皇帝如何注重节俭。"某年,谕内务府大臣增某制一书案,谆嘱勿尚华丽,但求适用",结果做好后还没来得及油漆,就叫呈进来。光绪问花了多少钱,增某"以七百金对"。光绪怒曰:"一书案而糜款若是,汝辈积习何时始能革除耶!"说着说着,还气愤得脚踩踏增某的背,呵斥道:"浑蛋!还不滚下去。"然而这件事传出去,却被外间认为光绪性情乖张。盖光绪1889年大婚,费银550万两,按当时的粮价折算,可购买近400万石粮食,足够190万人吃一年。而当时中国正处于内乱外患丛生、天灾人祸迭起的重重灾难之中,倘若讲"俭约"的话,彼时何不"自奉"?

《东轩笔录》有许元"焚舟得钉"的故事。说"许元初为发运判官,每患官舟多虚破钉鞠之数",也就是说明明只用了这么多,造船场上报时却说用了那么多,因为钉子"陷于木中,不可称盘,故得以为奸"。怎么办呢?许元有办法,有一天他到船场,"命拽新造之舟,纵火焚之,火过,取其钉鞠称之",看看钉子有多重;结果,用的钉子"比所破才十分之一,自是立为定额"。《宋史》说许元这个人"为吏强敏,尤能商财利",你会算,我比你还会算。宋仁宗庆历年间,"江、淮岁漕不给,京师乏军储",范仲淹"荐(许)元可独倚办",乃"擢江、淮制置发运判官"。大量建造漕船,显然是一项前提性工作。许元的这一招,被后来的明太祖朱元璋给学去了,为了防止造船作弊,他也是把刚造好的漕船烧掉一艘,"称得铁钉若干",作为材料定额的基本参考。如果付出一条船的代价真的能杜绝奸弊丛生,那么这条被焚的船也算是"死得其所"了。

沈德符《万历野获编》直截了当地说:"天家营建,比民间加数百倍。曾闻乾清宫窗槅一扇,稍损欲修,估价至五千金,而内珰犹未满志也。"所以如此,"盖内府之侵削,部吏之扣除,与夫匠头之冒破",层层都要雁过拔毛,"及至实充经费,所余亦无多矣"。冒破,即虚报、冒领。沈德符说他小时候"曾游城外一花园,壮丽轩敞,侔于勋戚。管园苍头及司洒扫者至数十人",那是"车头洪仁别业也"。车头,就是管理制造车辆工匠的头目,而洪仁本人,"本推挽长夫工头",也就是搬运工中的工头,"不十年即至此",可见对公款的贪占到了何种地步。《清稗类钞》"度支类"对各级官员如何侵夺工程款有更为详尽的描述。"凡京师大工程,必先派勘估大臣,勘估大臣必带随员,既勘估后,然后派承修大臣,承修大臣又派监督",这么多人,都是要从中渔利的,怎么个渔利法呢?"其木厂由承修大臣指派,领价时,承修大臣得三成,监督得一成,勘估大臣得一成,其随员得半成,两大臣衙门之书吏合得一成,经手又得一成,实到木厂者只两成半";因为款项"分多次交付,每领一次,则各人依成瓜分。每文书至户部,辄覆以无,再催,乃少给之,否则恐人疑其有弊也",至于"木厂因领款烦难之故,故工价愈大,盖领得二成半者,较寻常工作只二成而已"。这且不算,"内务府经手尤不可信,到工者仅十之一,而奉内监者几至十之六七"。举例来说,1898年,光绪皇帝"将至津阅操,南苑亦预备大阅,造营房若干,报销一百六十万,而李莲英得七十万焉"。很遗憾,从今天暴露的一些工程弊案上,从一些倒台的贪官身上,都不难窥见当年的影子,或者说如出一辙。

《官场现形记》后来说到,胡华若在根本没有土匪的严州纵兵劫掠,反而把当地百姓闹得鸡犬不宁。而在其"班师回朝"之际,"别的都不在意,只有开造报销是第一件大事"。因为此行花了多少钱,是一笔糊涂账,加上大家又都要从中再分一杯羹,经办的周师爷就"任意乱开,约摸总在六七十万之谱",连胡华若都觉得过火了,"怕上头要驳",最后是"共计浮开三十八万之谱"。公款,纳税人的血汗钱,就是这样葬送在嘴上道貌岸然、行为寡廉鲜耻的官员手中的。

2008年7月11日

物价

7月17日,国家统计局新闻发言人李晓超在上半年国民经济运行情况新闻发布会上说,上半年我国国内生产总值(GDP)增长10.4%,居民消费价格总水平(CPI)同比上涨7.9%。与此同时,广东省统计局公布的统计数据表明,今年上半年广东对应的数据是,GDP增长10.7%,CPI上涨7.5%,涨幅比去年同期扩大5.4个百分点。CPI虽然比全国平均水平低0.4个百分点,但创下了近11年来的新高,物价上涨压力依然很大。

物价关系民生。唐人张打油的《雪》诗:"江山一笼统,井上黑窟窿。黄狗身上白,白狗身上肿。"可谓尽人皆知,明朝的陆诗伯也有一首类似的作品,道是:"大雪洋洋下,柴米都涨价。板凳当柴烧,吓得床儿怕。"谐谑之中,道出了物价上涨给人们生活造成的压力,当然,那是对寻常百姓尤其是对低收入群体而言的。明朝的耿裕说过:"吾暮自部归,必经王三原之门,见其老苍头(即家仆)每持秤买油。吾自入仕,未尝买油。故每过辄面城而行,盖愧之也。"此一则,见于《玉光剑气集》之"清介"条下,清介指的自然是王三原即王恕。明朝没有宰相,但王恕相当于宰相,何良俊《四友斋丛说》云,自家花钱买油吃,实际上只是王恕的小节,"亦其最小者耳";然而,"观人正当于其小者"。他断言说,今天如果有像王恕这样的人,"宁不群诋而讪笑之耶?"笑什么,顺着何良俊的思路去想,对许多官员而言,不要说未尝买油了,凡生活所需都会有人送上门来,民间有"工资基本不动"之谚嘛。这样说,当然也难免有失偏颇。宋朝朱彧的《萍洲可谈》还告诉我们,他们那个时候流行"京师买妾",而且因为"近岁贵人,务以声色为得意",导致"妾价腾贵至五千缗",价格都给抬上去了。这种钱,不知道是不是由贵人们自己掏腰包呢?

古代的物价如何,今人可以根据史料爬梳出来。王仲荦先生的遗著《金泥玉屑丛考》,原名就叫《物价考》,考证的是从上古到宋代的各种物价。随机翻一页,《后汉纪》:"光武建武五年(29),自王莽末,天下旱蝗,稼谷不成。至建武之初,一石粟直黄金一斤。"这里说的就是东汉初年的粮价,而且是灾荒时的粮价。再随机翻一页,《太平御览》卷五九八引《石崇奴券》曰:"予元康(晋惠帝年号)之际,至在荥阳东往。闻公言声高大,须臾,出趣吾车曰:'公府当怪吾家哓哓耶?中买得一恶羝奴,名宜勤,欲使便病,日食三主人升米,不能奈何。'吾问:'公卖否?'公喜,便下绢百匹。"这是西晋时的奴婢价,这个"绢百匹"的价格自然又含有转手倒卖的加价。普遍认为,研究物价波动可以从一个侧面揭示经济运行的规律。那么,研究古代的物价,还可以揭示当时的社会百态。

《春渚纪闻》里有宗汝霖降物价的记载。宗汝霖,就是《说岳全传》里岳飞称为恩师的宗泽"宗爷",岳飞枪挑小梁王之后,"反武场放走岳鹏举"的那位。金兵退去,宗泽为开封府尹,"初至而物价腾贵,至有十倍于前者,郡人病之"。如此棘手的事情,宗泽却认为好办,"都人率以食饮为先,当治其所先,则所缓者不忧不平也"。他的做法是,亲自派人买面做馒头,买糯米酿酒,"各估其值",核算好成本。结果发现"笼饼枚六钱,酒每角七十足",而市场价呢?"则饼二十,酒二百也"。这一比,心里有底了,叫来一位作坊饼师,说:"自我为举子时来往京师,今三十年矣。笼饼枚七钱,而今二十,何也?岂麦价高倍乎?"饼师曰:"自都城离乱以来,米麦起落,初无定价,因袭至此。某不能违众独减,使贱市也。"宗泽就拿出自己所作的饼,说这个饼跟你卖的轻重一样,"而我以日下市直会计新面工直之费,枚止六钱。若市八钱,则已有两钱之息。今为将出令,止作八钱,敢擅增此价而市者,罪应处斩。且借汝头以行吾令也。"然后就把饼师杀了,这一来,"明日饼价仍旧,亦无敢闭肆者"。对酒价,宗泽也如法炮制,使"数日之间,酒与饼直既并复旧,其它物价不令而次第自减"。宗泽随便杀人,在法治时代肯定是行不通的,但他的成本核算法,却未尝不能给今人以启迪。物价飞涨,有没有人为操纵的因素?

《萍洲可谈》还记载,北宋晚期有个制度,"中外库务,刑狱官,监司,守令,学官,假日许见客及出谒,在京台谏,侍从官以上,假日许受谒,不许出谒,谓之'谒禁'",于是乎,士大夫们只有"每遇休沐日,赍刺自旦至暮,遍走贵人门下"。而"京局多私居,远近不一,极日力只能至数十处",并且,也不是你到了人家家门口就能进去,看门人拿到你的名片,"或弃去,或遗忘上簿",都是有的。所以,看门人的身价也涨起来了,"欲人相逢迎权要之门,则求赂,若稍不俯仰,便能窘人"。因此,贾衮自京师归,朱彧问他京城物价如何,贾衮就说:"百物踊贵,只一味士大夫贱。"这里,贾衮当然是一语双关了。

2008 年 7 月 18 日

贪内助

如今一些地方反腐败每每喜欢做"内助"的文章,有的更总结出一个规律:腐败分子的背后往往都有一个"贪内助"。这个"内助",指的大抵是所谓"妻贤夫祸少"的那个"妻"。联系到若干项百分之多少的贪官都有情妇、都包"二奶"的数据,给人一种暗示:贪官之所以堕落,大多是因为女人。强调得多了,不免有从历史垃圾堆里捡出"女人祸水论"的嫌疑,空气中散发着腐烂的霉味儿。

不能排除,"内助"的行为对"主外"者会起到一定的作用。比如王安石的女婿蔡卞,"颇知书,能诗词",但是"每有国事,先谋之于床笫,然后宣之于庙堂",什么都要先跟老婆商量。蔡妻是安石次女,"知书聪敏",不过,她所传达的恐怕也是安石的意见。《宋史·蔡卞传》载:"卞居心倾邪,一意以妇公王氏所行为至当。"妇公,妻父也。所以,当时的官员都说:"吾辈每日奉行者,皆其咳唾之余也。"这个"其",自然就是安石了。蔡卞拜右相时摆家宴庆祝,伶人更扬言曰:"右丞今日大拜,都是夫人裙带!"讥讽他"官职自妻而致"。查《辞源》,此正"裙带官"一语的来源之一。然在今日,裙带官已为人们视为正常,见怪不怪,其谁讽之?当然,安石对女婿不这么看,他认为"元度(卞字)为千载人物,卓有宰辅之器,不因某归以女凭借而然"。《宋史》中,蔡卞虽被归入"奸臣传",但说他为官还是相当清廉的,在广州任上的时候,"广州宝贝丛凑,一无所取。及徙越,夷人清其去,以蔷薇露洒衣送之"。这里面,就不能排除"内助"的作用,如果王家二女儿贪一些,怂恿他捞一点儿,从他言听计从的一面看,很可能会从命的。

蔡妻清廉,很可能来自家风的熏陶。王安石一生廉洁尽人皆知,即便大权在握时也是如此。《萍洲可谈》里有一则安石退下来后的逸事。那是他家有一张"官藤床",是要还回去的,但安石的老婆吴氏想据为己有。"吏来索,左右莫敢言",怎么办呢?安石有办法,"一旦跣而登床,偃仰良久"。吴氏看见了——就是有意让她看见的——"即命送还",因为嫌脏。原来,吴氏有洁癖,因为安石率性,毫不讲究,两人还"每不相和"。安石抓住的正是这一点。吴氏的洁癖并不是做样子,"其意不独恐污己,亦恐污人"。她曾经"欣然裂绮縠制衣,将赠其甥,皆珍异也",忽然家里的猫在衣服篓子里趴了一下,她就不送了,"叱婢揭衣置浴室下",直到放坏"而无敢取者"。在对待公家财产的态度上,她则显然没有"洁癖"。不过,这个故事也对"贪内助"导致腐败说起到了证否的作用。

宋朝的道潜说:"王荆公私居如在朝廷。"那是赞他即使回到家里,仍然自律极严。而且,连朝廷里为人处世的细枝末节也带到家里来了,"忽有老卒,生火扫地如法,誉之不容口;或触忤,即怒以为不胜任,逐去之"。明朝有个进士出身的御史乔廷栋,则是把自己的家真的当成了衙门。沈德符《万历野获编》云,乔廷栋"每晨起具衣冠,升堂轩高坐,命仆隶呼唱开门。并搜索内室,喧叫而出报曰:'无弊!'然后家童辈以次伏谒,或诉争斗事,为剖决答断讫。而后如仪掩门,退入内室。每日皆然。"这跟上演滑稽剧没多大区别了。沈德符说:"尝闻宦情浓者多矣,然未有如此公者。"也就是说,见过当官瘾大的,没见过瘾这么大的。

安石还官床这件事,表明他所处的那个时代,公私还有一点儿分明,公家的东西就是公家的,而在许多时候,公家的东西往往等于官员自己的东西。比如明朝有段时间,官员离任时把公家配给的办公物品当然地据为己有。《典故纪闻》云,景泰(明代宗朱祁钰年号)中,御史倪敬奏:"布按二司大小官员私用什物,俱令府行县办纳,未免以一科十,比其去任,将原办什物尽易赍入己,代者至,又行派办,民受其害。今后大小衙门官员私衙什物,俱令公同籍记,去任之时,照数交付,不许似前科办扰民。仍乞移文各处,通行禁约。"这个建议当时得到了执行,然而我们相信,在官官相护的社会里,任何触及官员切身利益的良好建议,充其量都只能收到一时之效。

《清稗类钞》云,阮元平定海盗蔡牵,"得兵器,悉以镕铸秦桧夫妇像,跪于岳忠武庙前"。有人模仿秦氏夫妇口吻,戏撰一联,并做成两个小牌,分别挂在两个人的脖子上。给秦桧脖子上挂的是:"咳,仆本丧心,有贤妻何至若是!"给秦桧老婆王氏脖子上挂的是:"啐,妇虽长舌,非老贼不到今朝。"这一联,更形象地揭示了在腐败发生的过程中,"主外"与"内助"的"互动"关系。"贪内助"固然起到了作用,但不是决定性的作用。因此,过于抓住"贪内助"做文章,未免偏离了反腐败的方向。

2008 年 7 月 25 日

字义

广州在建设全省的"首善之区"。初听到这个名词,一愣。固有印象当中,"首善"二字是指首都。翻了几部辞书也正是如此释义;翻到《汉语大词典》,乃知还可以指"最好的地方",并举两例为证。其一,《金史·礼志八》载:"京师为首善之地。"其二,《续资治通鉴·宋哲宗元祐元年》载:"学校为育材首善之地,教化所从出,非行法之所。"前面的说的其实还是首都。

字义当然是在不断变迁中的。钱锺书先生说:"字有愈用愈宽者,亦复有愈用愈狭者,不可株守初意也。"比如容颜美丽、身材姣好之类今天用来形容巾帼的字眼,如果退回到春秋战国时期,须眉也可以安然享用。《左传·桓公元年》载:"宋华父督见孔父之妻于路,目逆而送之,曰:'美而艳。'"《文公十六年》载:"公子鲍美而艳,襄夫人欲通之。"前一个"美而艳",说的是孔父之妻;后一个说的就是公子鲍了,就是后来的宋文公。孔父之妻因为"美而艳",导致"二年春,宋督攻孔氏,杀孔父而取其妻",可谓美貌致祸;公子鲍因为"美而艳",襄夫人要跟他好,他不干,适逢"昭公无道",夫人乃"助之施",帮他夺权并且夺成了,致"国人奉公子鲍",可谓美貌得福。

这样的例子还有《吕氏春秋》里的列精子高。有一次列精高要去见齐湣王,打扮了一番,"善衣东布衣,白缟冠,颡推之履",然后问仆人怎么样。仆人说:"公姣且丽。"不过,列精子高并没有洋洋得意,而是"因步而窥于井",自己照照"镜子",结果发现"粲然恶丈夫之状也",乃喟然叹曰:"侍者为吾听行于齐王也,夫何阿哉!又况于所听行乎万乘之主?人之阿之亦甚矣,而无所镜其残,亡无日矣。孰当可而镜?其唯士乎!"这个故事与讽齐王纳谏的邹忌故事异曲同工了。按成书的先后次序看,关于邹忌的那个借鉴了这个也说不定。

《晋书·石苞传》说石苞"雅旷有智局,容仪伟丽,不修小节"。这几句文绉绉的,全不如时谚来得直白:"石仲容,姣无双。"石苞就是以斗富闻名的石崇的父亲,纯爷们儿,则"姣无双"今天听起来着实有点儿肉麻了。《晋书》是唐朝房玄龄等人奉诏纂修的,也就是说,到了唐朝,"姣"之类的妩媚字眼仍可用之于男士。有一点可以肯定,时人就此不是反话正说,实乃"古今字义渐变不同"。这个问题,宋元之际的学者黄震就认识到了。他另举例说,古代(当然是他那个时代再往前了)以"媚"字"为深爱而后世以为邪","佞"字"为能言而后世以为谄"。钱先生也说,那些用于男士的字眼"使出近代手笔,众必嗤为语病,播作笑枋"。不仅要笑,而且要以之为断背之徒了。

龟,是众所周知的愈用愈狭的一类。唐朝好多人取名还用到这个字,著名的人物就有乐工李龟年、诗人陆龟蒙。后来,龟的意思变了,成了特指。不妨借用《清稗类钞》的一个故事:某观察让二尹讲个黄段子听听,二尹平时喜欢讲,与观察又熟,就说今天没什么好讲的,刚才看到两个小孩,"相争不已,继之以殴打",问他们怎么了,小的那个说"他骂我为乌龟",真是不知怎么跟他们说才好。观察说,他们还都是小孩,怎么能作乌龟呢,你可以说,"乌龟,须大人始可为之"。二尹应声答道:"此乃大人自道,卑职不敢说。"此"大人"既指成人,又可谐指官员,笑料由此而生。陶宗仪《南村辍耕录》卷二十八"废家子孙诗"有"宅眷皆为撑目兔,舍人总作缩头龟"句,就是龟之"特指"的具体含义了。有人说,这是龟的声名狼藉之始。是否如此,留待专业人士去白头吧。

与龟相反,驴,有愈用愈宽的趋势。驴在从前是作为詈词的,我的故乡骂不听话的小孩叫作"小活驴"。跟驴搭配的词也很多都是贬义,驴打滚,高利贷的一种;驴肝肺,比喻极坏的心肠;驴唇马嘴、胡扯、瞎说;驴年马月,不可知的年月;等等。《世说新语》有两则学驴鸣送葬的故事。一个是送王粲,曹丕发起的,说王粲"好驴鸣,可各作一声送之";于是"赴客皆一作驴鸣"。另一个是送王武子,孙子荆的个人行为。他在灵床前说你平时爱听我学驴叫,我就再学一声。听过驴叫的人都知道那是很难听的,所以子荆"体似真声,宾客皆笑"。那个时候的驴,恐怕还比较"中性",无所谓褒贬。驴字愈用愈宽,就是今天的旅游者已经别称为驴友,取的是谐音,而毫不避讳这个字眼。看驴友的分类,史前驴、引路驴、头驴、逍遥驴等,全是津津乐道的口吻。

《老学庵笔记》引《麻姑传》王方平曰:"吾子不喜作狡狯事。"陆游说,"古谓戏为'狡狯'",倘若以狡狯为奸猾,"则失之"。不过,到今天,狡狯又成了狡诈,则字义的窄宽之间,也非一成不变。然无论字义愈用愈宽还是愈狭,都需要约定俗成,获得公认。因此,像余秋雨先生当下把"致仕"理解成"进入仕途",不要说南辕北辙,即便成立,恐怕还也需要相当漫长的时间,不是个人想将字义变宽就可以变宽的。

2008 年 7 月 31 日

七夕

明天是农历七月初七,也就是传统节日中的七夕。也许是借着牛郎织女的动人传说吧,有人称七夕为"中国情人节"。但也有人——有位民俗学家说不对,应该叫"中国爱情节",为什么呢?因为牛郎织女属于"已婚人士",而且还有了孩子。这样的"举证"不只有趣,还要令人喷饭。在名目上纠缠不休,毫无实质意义,不管七夕今天该叫什么"外号",如果我们打算传承它的话,用其中的什么来丰富现实生活,就是"情人"或"爱情"吗?

七夕在从前是个很重要的节日。其内涵也确有"爱情"的一面。秦少游脍炙人口的《鹊桥仙》——"纤云弄巧,飞星传恨,银汉迢迢暗渡……"据说就是借神话传说来倾吐自家内心压抑已久的呐喊。在此之前的"七月七日长生殿,夜半无人私语时",人们也耳熟能详,说的则是唐玄宗与杨贵妃的爱情。在香山居士的臆想中,二人在七夕时还相互发誓:在天愿作比翼鸟,在地愿为连理枝。臆想的东西自然很难经住考证。陈寅恪先生就说,唐朝那个时代泡温泉,"其旨在治疗疾病,除寒祛风",不像咱们今天,"以为消夏逭暑之用者也"。因此,玄宗之临幸华清池"必在冬季或春初寒冷之时节",夏天他是不会去的,史书中也的确没留下相应的记载。那么,"长生殿七夕私誓之为后来增饰之物语,并非当时真确之事实"。当然,寅恪先生的"小心求证",只是否认了香山居士的"大胆假设",并无否认七夕内含"爱情"因子之意。

不同于其他传统节日的相对单一,七夕的内涵是多重的。众所周知,它还有妇女向传说中的织女学艺求巧的一面,所以又叫作乞巧节。读一读宋人孟元老的《东京梦华录》,就可以见识那时的七夕该是怎样的丰富多彩了。"七夕前三五日,车马盈市,罗绮满街,旋折未开荷花,都人善假做双头莲,取玩一时,提携而归,路人往往嗟爱。又小儿须买新荷叶执之,盖效颦磨喝乐。儿童辈特地新妆,竞夸鲜丽。"这不是跟过年差不多热闹吗?到了七夕那一天,更不得了,大街小巷"皆卖磨喝乐"。两次提到了磨喝乐,这是什么东西呢?小塑土偶。河南禹县出土过一个白釉加彩男童子,骑坐在鼓形绣墩上,敞怀坦腹,手持荷叶,被专家认为最接近磨喝乐之作。七夕之时,磨喝乐"悉以雕木彩装栏座,或用红纱碧笼,或饰以金珠牙翠,有一对直数千者"。伊永文先生猜测,磨喝乐这个原本人身蛇头蟒神的舶来品,到中国变成眉清目秀之男儿后,"也许因其含义无量,慧力无边,所以民间都膜拜它"。

与此同时,人们还"以小板上傅土旋种粟令生苗,置小茅屋花木,作田舍家小人物,皆村落之态,谓之'谷板'。又以瓜雕刻成花样,谓之'花瓜'。又以油面糖蜜造为笑餍儿,谓之'果实',花样奇巧百端"。更有特色的是,"以绿豆、小豆、小麦,于磁器内,以水浸之,生芽数寸,以红篮彩缕束之,谓之'种生'。皆于街心彩幕帐设出络货卖"。至于乞巧,自然也是重要环节,权贵人家"多结彩楼于庭⋯⋯,铺陈磨喝乐、花瓜、酒炙、笔砚、针线,或儿童裁诗,女郎呈巧,焚香列拜,谓之乞巧"。这当中,"妇女望月穿针,或以小蜘蛛安合子内,次日看之,若网圆正,谓之'得巧'"。"望月穿针"实际上是试巧,"得巧"实际上是卜巧,都是乞巧的方式,这一天往往以弄巧亦即较量技艺,从而使节日的气氛达到高潮。

七夕的内涵如此丰富,委实没有必要一味地在"情人"或"爱情"上打圈圈。诚然,中国的制衣业如今那么发达,生产的服装份额占到了全世界60%左右,弘扬"乞巧"变得不太现实了;然而七夕的乞巧既可以实指——果真是女红,也可以是虚指——指代心灵手巧,也就是聪明。如果给弘扬七夕找一个发力点的话,何不可从此入手?如果尝试着把宋朝时的七夕内涵发掘一下,以女性为节日的主体,比赛一下怎样"谷板"、怎样"花瓜"、怎样"果实"、怎样"种生",那该是怎样的妙趣横生?

"七月新秋风露早,渚莲尚拆庭梧老。是处瓜华时节好。金尊倒,人间彩楼争祈巧。 万叶敲声凉乍到,百虫啼晚烟如扫。箭漏初长天杳杳。人语悄。那堪夜雨催清晓。"欧阳修的这阕《渔家傲》,道出了彼时七夕的意境。在传统节日中,元宵节已被称为中国的情人节,中秋节也被称为中国的情人节,大有传统节日的振兴惟做"情人"文章之势,黔驴技穷,莫此为甚。不难想象,如果传统节日这样下去的话,它离走入死胡同也就为期不远了。

2008年8月8日

盛装舞步·舞马

北京奥运会全部马术比赛是在香港赛区进行的。来自42个国家和地区的204名运动员及马匹,打破了历届奥运马术比赛的参赛纪录。昨天晚上首先决出了两枚金牌——马术三项赛团体和个人。这意味着奥运金牌历史性地首次在香港产生。比较遗憾的是,我国骑手华天前几天在跨越障碍时失误坠马,痛失比赛资格。

有人说,马术是竞技体育中最优雅、最具欣赏性的一项比赛。不过,到国人能热衷于欣赏之,恐怕还要假以时日。阳春白雪,曲高和寡,此之谓也。引起笔者兴趣的,是其中被誉为马的芭蕾表演的"盛装舞步"。查首都图书馆的网页介绍,盛装舞步运动的来源可以追溯到古希腊的马术师和中世纪的骑士,在文艺复兴时期,它作为训练欧洲骑兵的有效方法而得到认可。文艺复兴时期始于14世纪的意大利,不过我在8世纪的唐人笔记中已经看到了记载详细的舞马,与盛装舞步庶几近之,则其起源还该添上我们中国一笔,不可数典忘祖。

郑处诲《明皇杂录》云:"玄宗尝命教舞马,四百蹄各为左右,分为部,目为某家宠,某家骄。"马也取了名字,显见视为宠物的一种。唐朝不仅训练已有的,"时塞外亦有善马来贡者,上俾之教习,无不曲尽其妙"。这些舞马都"衣以文绣,络以金银,饰其鬃鬣,间杂珠玉",打扮得很漂亮。它们每天的任务就是听音乐——《倾杯乐》,然后学习各种规定动作,以能"奋首鼓尾,纵横应节"。训练舞马的目的,自然是为了表演,尤其是在千秋节——玄宗生日——要"舞于勤政楼下"。舞的花样也很多,或"施三层板床,乘马而上,旋转如飞";或"命壮士举一榻,马舞于榻上"。乐工们也登台,"数人立左右前后,皆衣淡黄衫,文玉带,必求少年而姿貌美秀者"。关于舞马的这一段描述,不是就有"盛装舞步"之先驱的味道吗?至少神似吧。

在玄宗身边做过丞相的张说,写过不少关于舞马的诗,其《舞马词六首》中描绘:"彩旄八佾成行,时龙五色因方。屈膝衔杯赴节,倾心献寿无疆。"他还有《舞马千秋万岁乐府词三首》,其一云:"圣皇至德与天齐,天马来仪自海西。腕足徐行拜两膝,繁骄不进踏千蹄。髣髴奋鬣时蹲踏,鼓怒骧身忽上脐。更有衔杯终宴曲,垂头掉尾醉如泥。"舞马的行为和人没什么两样,是不是张说的夸饰之词呢?不完全是。1970年10月在西安市何家村唐窖藏出土了一件"鎏金舞马衔杯纹银壶",成为陕西博物馆镇馆之宝。此壶上的舞马形象,不仅证明了舞马的真实存在,而且提供了舞马的实物形象。那匹马正如包括张说诗词在内的各种文字中记载的一样:长鬃覆颈,长尾舞摆,颈上系结飘于颈后的彩带流苏;后腿曲坐,前腿站立,全身呈蹲踞姿态,张口衔着一只酒杯……

追溯舞马的历史,应该比唐朝还要更早。以笔者所见,《宋书·谢庄传》载南朝孝武帝刘骏大明元年(457)"时河南献舞马,诏群臣为赋",谢庄洋洋洒洒写下千字之多。这篇赋《宋书》中全文照录,没说什么实质性的东西,"德泽上昭,天下漏泉,符瑞之庆咸属,荣怀之应必臻"之类,但辞藻华丽而已。刘骏还要他"作舞马歌,令乐府歌之",逻辑上看,这会是比较"通俗"的,可惜却没有留下片言只字。再往前溯,三国时曹植有一篇《献文帝马表》,即云"臣于先武皇帝世,得大宛紫骍一匹,形法应图,善持头尾,教令习拜,今辄已能拜;又能行与鼓节相应"。这也许是对舞马的最早描述了。

"渔阳鼙鼓地动来,惊破霓裳羽衣曲。"玄宗被安禄山、史思明逼得仓皇出逃,"舞马亦散在人间",结束了养尊处优的日子。因为安禄山来朝廷认杨贵妃为干娘时见过舞马,"常观其舞而心爱之",终于有机会了就顺手弄几匹据为己有。这几匹舞马后来又落到了他的部下田承嗣手上,这个土包子不知道这些靓马有什么特别,就"杂之战马,置之外栈"。忽然有一天,"军中享士,乐作",舞马听见了,本能地"舞不能已",把养马的小厮们吓坏了,"谓其为妖,拥篲(扫帚)以击之"。谁知舞马对挨揍理解错了,还以为是自己技艺生疏,"舞不中节",更加"抑扬顿挫,犹存故态"。于是乎,马夫揍得越厉害,舞马跳得越来劲,终于"毙于枥下"。本该在中国发展起来的"盛装舞步",大概就在这个时候戛然而止了。

随着华天的奥运亮相,以及以华天为原型创作的中国首部马术电影《飓风之舞》前晚也在央视电影频道播出,马术渐渐走入国人的视野是无疑了。最后想跟华天开个玩笑,他不该给坐骑取名"武松"。梁山好汉武二郎是何等火爆的脾气,老虎都敢赤手空拳打死,哪里由得人"骑"在身上,不掀翻你才怪?看起来,我们这位英国伊顿公学出身的"马术王子",还得下工夫补习一下祖国的传统文化。当然,前提说了,这是开个玩笑。

2008 年 8 月 13 日

"卖哭"不输"卖笑"

竞技场上给人留下深刻印象的面孔不外两种：笑与哭。失利了，有哭也有笑；获胜了，有笑更有哭。北京奥运会开赛以来的这几天，我们对这种场面天天都有目睹。不过，运动场上的笑与哭与运动场外的不同，前者所以令人动容，能左右观众的情绪，全在于这种笑与哭背后所表达的内涵呈现出非常单纯的一面，很真诚，不用我们费尽心机就很清楚那是什么意思。比如说失利或胜利之后都有运动员放声大哭，但哪一种属于难过，哪一种属于喜极，很清楚。

反观运动场之外的则不然，同样是笑与哭，要因时因地兼且因人因事来进行甄别。宋人范成大说过一句很精辟的话："滟滪年年似马，太行日日摧车。笑中恐有义府，泣里难防叔鱼。"李义府"笑里藏刀"，尽人皆知。叔鱼，名羊舌鲋，据说是中国历史上最早被诛之以法的贪官。《左传·昭公十三年》载，晋国为改善与鲁国的关系，打算释放先前抓来的季平子，随从平子而来的子服惠伯说："若犹有罪，死命可也。若曰无罪而惠免之，诸侯不闻，是逃命也，何免之？"要求对无端抓人给个说法，否则即便释放，也不想走了。叔向说叔鱼有办法赶他走，叔鱼呢，先跟季平子叙了一段与其先人的交情，说如果不是你爷爷保护我躲过一场灾难，我"不至于今",那么你给关在这儿,我"敢不尽情?"但如果放你走你却不走,我听说"将为子除馆于西河,其若之何?"他们准备在荒凉的黄河边上造间房子安置你,怎么办呢?说罢"且泣",而"平子惧"。就这样,叔鱼软硬兼施再加上几滴泪,平子赶快溜之大吉了。所以范成大的诗句旨在表达:不仅"笑"不可测,"哭"也同样如此。

哭在我们的丧葬仪式上从来都不可或缺。以前,如果主人家哭不出来,还要雇人助哭,"且号且言",一边哭还要一边说。王得臣《麈史》言及"京师风俗可笑"时说,助哭的人要穿着丧服,"同哭诸途",在"声甚凄婉"的同时,"仍时时自言曰'非预我事'"——这肯定是小声嘀咕了。死别之外,哭也往往现于生别,折柳,仪式的一种而已。《三国志》裴注引《世语》曰:曹操尝出征,曹丕曹植兄弟"并送路侧"。曹植"称述功德,发言有章,左右属目,王亦悦焉"。曹丕正不知自己该怎么办,吴质悄悄对他耳语:"王当行,流涕可也。"什么也不用说,来几滴眼泪就够了。结果,此时无声胜有声,曹丕的"泣而拜"奏效极了,"王及左右咸歔欷,于是皆以植辞多华,而诚心不及也",曹植还落了个口花花的印象。后来的唐高宗李治一定熟知该典,贞观十八年(644)太宗将伐高丽,出征的日期定下来后,时为太子的他来了个"悲啼累日"。

《孔丛子》里有这么个故事,鲁国子高游赵国,"平原君客有邹文、季节者与子高相善。及将还鲁,诸故人诀,既毕,文、节送行,三宿,临别流涕交颐"。邹文、季节在那儿哭个不停,"子高徒抗手而已"。子高门徒不解,先生跟那两位那么好,"彼有恋恋之心,未知后会何期,凄怆流涕",而先生只是"厉声高揖",失礼了吧?子高说,开始还觉得两人是丈夫,"乃今知其妇人也"。《世说新语》

也有类似的故事,周叔治作晋陵太守,周侯、仲治往别,叔治"涕泗不止"。岂料仲治很生气:"斯人乃妇女,与人别,唯啼泣!"起身就走了。所以,当子高的门徒发问是否"泣者一无取乎"之时,子高回答:"大奸之人,以泣自信;妇人、懦夫,以泣著爱。"罗隐就此事更干脆地下结论:"自从鲁国潸然后,不是奸人即妇人。"把生别之哭,来了个全盘否定。

  清人沈起凤说"哭者人情,笑者真不可测",试图对"哭"保留一点儿"恻隐之心",但钱锺书先生不予认同,他认为有些人为了往上爬,"卖哭之用,不输'卖笑'"。明朝沈德符《万历野获编》在谈到"士人无耻"时,正举了几个当朝的实例:"汪铉叩首泣求于永嘉(张璁),赵文华百拜泣请于分宜(严嵩),陈三谟跪而絮泣于江陵(张居正),皆以数行清泪,再荷收录。"钱先生把这种"一哭见知",风趣地名之曰"行泪贿、赠泪仪"。至于笑之不可测,千古惟推李义府为代表了。白居易《天可度》说得相当透彻,录之如下:"天可度,地可量,唯有人心不可防。但见丹诚赤如血,谁知伪言巧似簧。劝君掩鼻君莫掩,使君夫妇为参商。劝君掇蜂君莫掇,使君父子成豺狼。海底鱼兮天上鸟,高可射兮深可钓。唯有人心相对时,咫尺之间不能料。君不见李义府之辈笑欣欣,笑中有刀潜杀人。阴阳神变皆可测,不测人间笑是瞋。"

  《朝野佥载》里有个"不知姓名"的寿安男子,能"半面笑,半面啼"。一张脸同时能做出两副截然不同的表情,该是何等深不可测?钱锺书先生还列举了一个有趣的现象,说释迦"恐人言佛不知笑故"而开笑口,且口、眼、举体毛孔皆笑;耶稣则正相反,悲世悯人,其容常戚戚。比较起来,孔夫子"时然后笑",较得中道。这该是钱氏幽默的一种体现了。

2008 年 8 月 16 日

解说

奥运赛场上的明星众多,数不胜数,但是如果在场外挑一位的话,也许非央视解说员韩乔生先生莫属了。韩先生干了那么多年现场解说,却仍然经常出错,而且错得离奇。这些天,网友们又将"韩乔生语录"出了新版,也就是补充进他在北京奥运解说中产生的新笑料。时至今日,就像古人中的淳于髡、东方朔变成了人们在席间的调味品一样,韩先生之受到关注,也纯粹是被大家拿来寻开心。可叹的是,他自己索性将计就计,把自己的力有不逮当成给大众带来的另类娱乐。

考察"现场解说"的起源,至少可以追溯到春秋时期。《左传·成公十六年》载晋侯及楚子、郑伯鄢陵之战中,"楚子登巢车以望晋军,子重使太宰伯州犁侍于王后"那一段,从"王曰:'骋而左右,何也?'"起,接了不少的"曰",这些"曰",就可视为伯州犁的"现场解说"。文不长,故悉录之。王曰:"骋而左右,何也?"曰:"召军吏也。""皆聚于军中矣!"曰:"合谋也。""张幕矣。"曰:"虔卜于先君也。""彻幕矣!"曰:"将发命也。""甚嚣,且尘上矣!"曰:"将塞井夷灶而为行也。""皆乘矣,左右执兵而下矣。"曰:"听誓也。""战乎?"曰:"未可知也。""乘而左右皆下矣。"曰:"战祷也。"这里的"曰",个别的属于楚子,多数则属于伯州犁。

翻译过来,这一段大抵是说:楚共王登上有瞭望台的战车,侦察晋军的行动,子重派太宰伯州犁跟在共王的后面当参谋。王问:晋军的士兵们来回奔跑,在干什么呢?伯州犁就开始解说了:召集军官们呢;都集中好了;开会呢;张开了一个大布幔;祭告前代国君、预卜吉凶呢;祭祀完了;快要发布命令了。王问:怎么人声嘈杂,尘土飞扬?伯州犁再解说道,看来是在填土平灶,摆开阵势了;大家都登上战车了,咦,两边的战士又拿着武器下车了;宣誓呢。王又问:要打了吗?伯州犁说:还难说;他们上了车,又下了车;祷告呢。

《左传》的这种笔法——透过伯州犁的嘴让读者清楚地了解了晋军的动向——显然能够窥见"现场解说"的影子。倘解说界也有始祖崇拜的话,当奉伯州犁而无疑。伯州犁是春秋时期很有名的人物,晋国大夫、楚国太宰,比喻玩弄手法、暗中作弊的成语"上下其手",版权就归于他。钱锺书先生把《左传》的这种描写方式,叫作"不直书甲之运为,而假乙眼中舌端出之",认为"纯乎小说笔法矣"。也就是说,在现实中未必发生,通过对答而使文字生动。观诸典籍,所谓历史记载也未尝不夹杂大量的史家"解说"。

比如钱先生还说过,"吾国史籍工于记言者,莫先乎《左传》,公言私语,盖无不有",然"上古既无录音之具,又乏速记之方,驷不及舌,而何其口角亲切,如聆謦欬欤?或为密勿之谈,或乃心口相语,属垣烛隐,何所据依?"他举例说,"僖公二十四年介之推与母偕逃前之问答,宣公二年钼麑自杀前之慨叹,皆生无旁证,死无对证者",其间所谓对白,不啻"解说"。实际上,这些问题在纪晓岚的时候就已经起疑,他说:"钼麑槐下之词,浑良夫梦中之噪,谁闻之欤?"所以,那些貌似真实的描述,"非记言也,乃代言也",出自作者的拟想,但"注家虽曲意弥缝,而读者终不厌心息喙"。可见,尽管"古史记言,太半出于想当然",还是拥有广阔的市场空间。

再拈一例。《史记》载,项羽当年"军壁垓下"的时候,"兵少食尽",大势已去。某天"夜起,饮帐中。有美人名虞,常幸从;骏马名骓,常骑之。于是项王乃悲歌慷慨,自为诗曰:'力拔山兮气盖世,时不利兮骓不逝。骓不逝兮可奈何,虞姬虞姬奈若何!'"这一段记载脍炙人口,但明末清初的周亮工站出来和太史公抬了一杠,他说那是什么时候?"匹马逃往,身迷大泽,亦何暇更作歌诗!即有作,亦谁闻之而谁记之欤?"所以他认为这一段该是司马迁"补笔造化,代为传神"的结果。这个评价,较之陈涉读《国语》骊姬夜泣事而斥为"好事者为之词",显然要客气得多了。然陈涉说的还是那些道理:"人之夫妇,夜处幽室之中,莫能知其私焉,虽黔首犹然,况国君乎?"不过钱锺书先生表示认同这种文笔:"史家追叙真人实事,每须遥体人情,悬想事势,设身局中,潜心腔内,忖之度之,以揣以摩,庶几入情合理。"

今天还有没有史家?不大清楚,且不理他,还说"解说"。容我武断地认为:我们的体育解说实在乏味得很。一个原因是,资讯的发达使观众如今对体育赛事的欣赏水平已经到了很高的层次,解说员却明显没有跟上时代步伐,我经常在看直播的时候宁可滤去声音,退到"默片"时代,因为实在受不了聒噪。另一个原因是解说员们没有弄清口语与书面语的区别,说一句话则恨不得主谓宾定状补一应俱全,而且一定要排比,一定要挑选华丽的气壮山河的辞藻,在那么短的时间内完成那么艰巨的任务,难免力不从心。所以,面对"语录",韩乔生先生应当反省自己,不能把大量的低级口误当成自己的特色,反有试图"发扬光大"的意味。

2008年8月20日

大耳朵

一个人在一届奥运会夺得八枚金牌！这个前无古人的奇迹是美国"神童"迈克尔·菲尔普斯在刚刚结束的北京奥运会上创造的。实际上,菲尔普斯在得到第五金时就已经创造了一项历史——加上上届获得的六金,他成为迄今为止获得奥运会金牌最多的运动员,后来增加的三金,加重了砝码而已。

这个神奇小子在外貌上给人印象至深的,是他那对大耳朵。前些天,英国报纸披露了菲尔普斯的八大秘闻,其中之一是他在学生时代经常被同学嘲笑,因为他的口吃和那对大耳朵。但凡人身体上的某个部位异常突出,大或者小,都很容易成为身边人议论的焦点,这一点可能中外皆然。民国时候,胡适给好友杨杏佛起外号为"杨大鼻子",并赋诗戏之曰:"鼻子人人有,惟君大得凶。直悬一宝塔,倒挂两烟囱。亲嘴全无伤,闻香大有功。江南一喷嚏,江北雨蒙蒙。"人以胡适诙谐幽默,实则后面这两句出自清朝姚元之的《竹叶亭杂记》。元之云其同乡张若瀛"生平喜作诗,不求甚工,谐谑语颇多趣致",其中就有五律"嘲大鼻",可惜他只录了"江南一喷嚏,江北雨濛濛"两句,未见五律全貌。胡乱猜测,胡诗正全文照录也说不定。《鸡肋编》另云:"建中靖国(宋徽宗年号)初,韩忠彦、曾布同为宰相,曾短瘦而韩伟岸,每并立廷下,时谓'龟鹤宰相'。"个子一高一矮,反差大了点儿,也难免被大家调侃一下。

　　大耳朵在咱们这里也会被调侃,但传统观念的深处,是把耳朵大当作一种贵相来看待的。寺院里的佛像,耳朵都大得出奇,一种观点认为就是中国传统文化对其形象塑造的影响。《三国志》载皇叔刘备正是大耳朵,说他"身长七尺五寸,垂手下膝,顾自见其耳"。回下头能看见自己的耳朵,耳朵不仅大,而且可能跟脑袋呈垂直状,也就是招风。大,则必然呈招风状吧。史家这样说或许有夸大的成分,但在吴宇森的电影《赤壁》里,扮演刘备的演员尤勇的耳朵还是太寻常了些,犹如张国立扮演纪晓岚时拿的那根烟袋,连大的边儿也沾不上。小说《三国演义》里,吕布在白门楼被擒,求刘备向曹操说情,"玄德点头";而在曹操征求意见时,刘备旋即又暗示当杀之以除后患,气得吕布对着他说:"是儿最无信者。"殒命之际,还回头大骂:"大耳儿!不记辕门射戟时耶?"史书《三国志》中,吕布骂的是"是儿最叵信者"。吕布未必是要将大耳朵的人一概打倒,专指刘备罢了。刘备"不甚乐读书,喜狗马、音乐、美衣服",且"喜怒不形于色",再加上其振兴汉室的行为举止,使之多少该定位为政治家吧。不记得西方哪位哲人说过:如果一个人早晨说过的话到中午还算数,那他就不配当个政治家。所以吕布临终之怒,正如后人所精辟概括的:"恋妻不纳陈宫谏,枉骂无恩大耳儿。"

　　唐朝的德宗皇帝很欣赏大耳朵的人。《新唐书·叛臣传》载,他称赞李忠臣的耳朵说:"卿耳大,真贵兆。"谁知李忠臣听了非但没有喜滋滋,反而赶快给自己头上扣个屎盆子:"臣闻驴耳大,龙耳小。"因为他不理解德宗为什么要这么说,就采取了这种典型的自贱却可以自保的手法。驴才耳朵大,怎么能跟龙比呢?其实,龙是虚拟的动物,耳朵什么样,没人知道,也无从知道。但德宗听了果然很高兴,"喜其野而诚"。然而,此语野则野矣,诚则未必,他的名字叫作"忠臣",却正像朱温改名朱全忠一样,其实对李唐"全不忠"。史书把他记载在"叛臣"里面,也一定程度地说明问题了。

《太平广记》卷四百八十二有一则"飞头獠",说"南方有部落民,其头能飞",飞的时候呢,"以耳为翼"。听起来很荒诞,但钱锺书先生认为"语诞而有理"。常理思之,耳朵能当翅膀来用,肯定得是大耳朵。在《西游记》第三十回里,吴承恩正发挥了这一想象。唐僧被黄袍怪点化成一只斑斓虎,因为他此前昧心赶走了孙悟空,剩下的猪八戒、沙僧以及化成小龙的白马又都打不过黄袍怪,小龙就要八戒"趁早儿驾云回上花果山,请大师兄孙行者来"。于是,八戒"收拾了钉钯,整束了直裰,跳将起去,踏着云,径往东来"。因为"正遇顺风",他便"撑起两个耳朵,好便似风篷一般,早过了东洋大海,按落云头"。悟空、沙僧他们腾云驾雾,都没有利用过耳朵加速前进,显然是耳朵不及八戒的大,产生不了风篷的效果,也就起不了多大作用。

不过,在泳池中,菲尔普斯的大耳朵肯定当不了翅膀用。他之所以能够成为奥运史上最伟大的运动员之一,归根到底在于他先天的身体特质——猿臂、蛇腰、短腿、超强心脏等等,以及后天的发奋努力。据说他的刻苦程度让常人难以想象,每天四点起床,泡在泳池里的时间超长,每天游的距离多达12英里,每月会参加20多次大小赛事。他自己也认为:"我知道没有人比我训练更刻苦。"

2008年8月25日

诗好官高能几人

又出了一个轰动全国的诗人。所谓"又",自然是因为前面有那个"做鬼也幸福"的山东王先生。这回引起轰动的是安徽叶先生,因为他获得了"诺贝尔奖提名"。不过,正像举国上下在欢呼中国奥运军团首获金牌第一之时并没有忘乎所以一样,对叶先生的这一喜讯充满质疑、调侃之声。认真的人士调查之后果然发现,这位"中国诗歌的明日之星"疑点重重:他获得的所谓荣誉文学博士是颇具神秘色彩的 IPTRC——"国际诗歌翻译研究中心"授予的,而该中心只是一个设在重庆某区的民间诗歌组织;登载作品的《世界诗人》杂志,也是一份编辑部设在重庆且没有正式刊号的民间刊物,本身没有任何影响力和权威性可言。

有意思的是,这前后两位诗人皆有官衔在身,前一个是省的作协副主席,后一个是县级市的房产局局长。余不懂诗,但由此蓦地想起中唐诗人徐凝的一首《和夜题玉泉寺》:"岁岁云山玉泉寺,年年车马洛阳尘。风清月冷水边宿,诗好官高能几人。"没错,这里要借用的正是末句的点睛之笔。须知徐凝所处的时代,尚是多数官员科举出身,作诗乃笔试重要环节的时代。彼时尚且如此,遑论今天?当然,彼诗非此诗,不可等同。不过,明白了这个"规律",就算是"芝麻官",也还是只想着怎么当好官吧。

作诗恐怕从来就不是件很简单的事情,更不要说"诗好"了。梁章钜是清中叶以后名重全国的诗人,他在《浪迹丛谈》中讲自己游杭州西湖,"得许芍友连日导游"——"导游"一词,或正出此——"游事亦颇畅,此平生第一胜践",很高兴。大家就说,你老人家不能不写诗啊,但他觉得自己"正以游事之忙,不暇为诗,且老而倦吟,成诗实亦不易,惟于事后追忆成五古二百四十言";但老人家很坦白,认为这不算诗,"不过有韵之游记"。当然,"西湖我曾到,一别三十年。中间屡经过,人事多牵缠。今兹挈家来,尽将俗虑捐。佳游非草草,莫嗤老来颠"云云,比今天官员的许多诗作还要入目得多。饶是如此,他在末尾处还是不忘声明:"作诗聊纪实,非期后人传。"自己玩玩而已,写完了也就完了。

今天的古装影视中,官员们往往提笔就能来诗,出口成章,其实未必。明朝的孙枝蔚把"席上赋诗"与"山头驰马"等同看待,认为"此是险事"。钱锺书先生说:"公宴赋诗,往往悬知或臆揣题目,能者略具腹稿,不能者倩人拟授。"这一点,文武官员皆然。这样说,当然是有根据的,范镇《东斋纪事》就讲到了类似故事:宋仁宗的时候常搞赏花钓鱼会,大家就常揣着写好的东西。有一天却是命赋《山水石》,结果"其间多荒恶者,盖出其不意耳"。这还不够,仁宗还叫优人中坐,"各执笔若吟咏状",表演给大家看。"其一人忽仆于界石上,众扶掖起之,既起,曰:'数日来作一首《赏花钓鱼诗》,准备应旨,却被这石头擦倒!'左右皆大笑。"但是第二天,"令中书铨定"各人作品,"有鄙恶者,落职与外任"。看起来,宋仁宗早已经洞悉不打招呼的考察功效了。

乾隆皇帝不喜欢玩恶作剧,他明确说"宴间联句,不妨人代为之"。然而有一次幸翰林院,他还是想试一试,"欲令与宴者皆即席为诗"。朱珪说算了,翰林们"皆蒙赐酒观戏,恐分心不能立就"。乾隆想一想也果然算了,但他刻薄了一下翰林们:"若是日果即席赋诗,诸君能不钻狗洞乎!"钱先生就此还论道,宋仁(宗)不仁,清高(宗)诚高;且认为"赐宴而免即席赋诗,是亦不失为皇恩相谟之一端也"。

王应奎《柳南随笔》引高若拙《后史补》云:"王仁裕著诗一万首,朝中谓之'诗窖子'。今人称读书而不通世务者,曰'书磕子',殆即言'诗窖子'之称而误欤?"度王应奎语意,"诗窖子"未必贬义而"书磕子"肯定贬义。"书磕子",等同于书呆子;而"诗窖子",单纯地能写罢了。但在乾隆面前,唐末的这个"诗窖子"委实逊色极了。时人统计:"(乾隆)御制诗五集、四百三十卷,共四万一千八百首;登极前之《乐善堂集》、归政后之《余集》、又《全韵诗》《圆明园诗》皆别行,不与此数。"但钱先生就此又有议论:"乾隆臣工倘有如韩显宗、褚遂良之上言者乎?未之考也。"史载韩显宗上书孝文帝、褚遂良上书唐太宗——都是最顶的顶头上司——劝他们该干什么干什么,不要玩儿这些文字,那不是你的正业。

今天的人们不断在探讨诗之振兴,不过,倘若诗人吸引公众眼球的总是如同上面两位的那种新闻或者是谁又自杀,则诗的形象在国人心目中就不可能高大起来。南宋严羽《沧浪诗话》曰:"学诗先除五俗:一曰俗体,二曰俗意,三曰俗句,四曰俗字,五曰俗韵。"近人刘声木认为:"此语不独论诗,推之文章词曲,亦何不莫皆然。"确是。俗体、俗字、俗韵尚属于技术层面,俗意和俗句则出于人的文化乃至品格。

2008 年 9 月 11 日

美女指数

这两天不少报道都说,一份由成都市锦江区政府组织、专业调查公司调查的该市春熙路"美女养眼指数"将首次发布。成都春熙路号称百年金街,原本是一条窄街小巷,逐渐发展成了今日的商圈,每到节假日,这里必定是成都人口密度最高的地方之一。于是不知是谁总结出一种说法:天下美女在成都,成都美女在春熙路。当然,调查不是专为"美女养眼指数"而来,而是为了给商圈提档升级提供有力支撑,因为这几个字最吸引眼球吧,被媒体拎出来格外突出了,使不明就里的人以为锦江区政府相当无聊。

爱美之心,人皆有之。不要说人类了,人类的近亲猿猴也是这样。《太平广记·欧阳纥》云,欧阳纥随兰钦南征,攻入"南蛮"之地,因为"纥妻纤白,甚美",当地人发出了警告:"将军何为挈丽人经此?地有人,善窃少女,而美者尤所难免。"欧阳纥吓坏了,"夜勒兵环其庐,匿妇密室中"。然而防住了人,却没想到给大白猿弄跑了,找回来的时候已经有孕在身,这个孩子据说就是后来的大书法家欧阳询。如此荒诞不经的故事当然是站不住脚的,明朝学者胡应麟即认为,这是"唐人以谤欧阳询者",因为"询状瘦削,像猿猴,故当时无名子造言以谤之"。谤归谤,猿猴好色却是事实。钱锺书先生说,在杨景贤的杂剧《西游记》里,孙行者就是

"遇色亦时起凡心",只是到了吴承恩的《西游记》问世,"石猴始革胡孙习性,情田鞠草,欲海扬尘,以视马化、申阳,不啻异类变种矣"。猿猴且如此,人则更进一步,用后汉崔骃的恶搞说法,美人"回顾百万,一笑千金",当此之时,足令"孔子倾于阿谷,柳下忽而更婚,老聃遗其虚静,扬雄失其太玄"。然而,且不说"美女养眼指数"由地方政府煞有介事地发布是否合适——尽管只是一个方面,美女能不能用"指数"衡量,实也值得探讨。

《淮南子》说:"佳人不同体,美人不同貌,而皆悦于目;梨橘枣栗不同味,而皆调于口。"四大美人中,环肥燕瘦,从形态上说明了一定问题,很难有个划一的标准。再比如俗话说"一白遮百丑",这也只是相对的,因为还有一种说法叫"雪肤未必花貌"。《晋书·武元杨皇后传》载,武帝司马炎"博选良家以充后宫,先下书禁天下嫁娶,使宦者乘使车,给驺骑,驰传州郡",选上来了,再由杨皇后定夺,而"后性妒,惟取洁白长大,其端正美丽者并不见留"。这里就把长得白的、个子高的,和漂亮对立了起来。钱锺书先生也说,"雪肤""玉貌",亦章回小说中窠臼,其实黑不妨美,《金瓶梅》就跳出了这种窠臼,西门庆"包占王六儿",看中的是王六儿"人物标致",而美女王六儿却在书中屡被提及"面皮紫膛色""大紫膛色黑"。清朝学者沙张白做得更绝,他的《四美人咏》咏的不是王嫱西施,而是嫫母、无盐、孟光、诸葛亮妻子这四个公认的"丑女"。但他有他的道理,有德即有貌,不在面皮。

对于美女,还有一种比较恶毒的观点,就是"甚美必有甚恶"。这是《左传》里叔向的妈妈说的,很能代表"女人祸水论"的"正统"观点。《战国策》载:"母言之为贤母,妇言之必不免为妒妇。"实际上,母言之亦未必不是出于妒。《左传》载:"初,叔向之母妒叔虎之母美,而不使。"杜预注曰:"不使(叔虎母)见叔向父。"诚然,周幽王"烽火戏诸侯"致"褒姒一笑失天下",唐明皇宠爱杨贵妃而使大唐由盛及衰,都是尽人皆知的经典例子,然而,"自是误君由宰嚭,孰云亡国为西施?"明朝徐芳在《褒姒论》中为美人们愤愤不平:"天下美妇人多矣,岂尽亡人之国者?"他举了西汉高祖皇后吕雉、西晋惠帝皇后贾南风的例子,说二人"一老一短黑,以乱天下有余也",美女跟天下得失有什么必然联系呢?他因此得出结论:"使遇文王、太公,姒虽美,宫中一姬耳。"怪自己吧,怪得了别人吗?好在清醒的古人没那么糊涂的不少,唐人崔道融认为"宰嚭亡吴国,西施陷恶名",清人张问陶更曰:"美人实无罪,溺者自亡身;佛罪逮花鸟,何独憎美人?"可笑的是,今天的贪官东施效颦,落马之后往往都慨叹原本自己如何,碰上了某位女人难以抗拒才如何,媒体也不分青红皂白地跟着聒噪,浑然不知那是在抖落散发着霉味的历史垃圾。

如今盛行"美女经济",很多地方都乐得为之搭台唱戏,左一个××小姐、右一个形象代言人,选得全国上下你方唱罢我登场,目不暇接,但见无数美女整天或自此或在彼走来走去。"当炉少妇知留客,不动朱唇动翠眉",美女经济确有其无所不能的魅力一面,然而,言必称美女,事必及美女,也有其恶俗的另一面。为了得出所以"美女指数"要历时半年调查,该花费不菲吧,谁来埋单?如果是区政府,则纳税人又要当冤大头了。

2008 年 9 月 19 日

焚书

周六于广州"文津阁"旧书店购得一册"新"的《焚书·续焚书》，1975年1月第1版，十分品相，放旧了而已，与先父遗下的两册《续藏书》正属同一套。书名为什么叫《焚书》？卓吾先生夫子自道："答知己书问，所言颇切近世学者膏肓，既中其痼疾，则必欲杀我矣，故欲焚之，言当焚而弃之，不可留也。"则此之"焚书"与秦始皇"焚书坑儒"的"焚书"完全是两回事，但看到"焚书"二字，却很容易让人联想到后者。

秦始皇的焚书坑儒是对后世构成深远影响的一件大事。古人说："枉把六经灰火底，桥边犹有未烧书。"（明袁宏道）今人说："劝君少骂秦始皇，焚书事业要商量。"（毛泽东）也就是说，关于焚书坑儒，自古以来就是评价不一，有的对始皇诛讨之，也有的为其辩护之。

我们知道，始皇焚书不是一把火烧个干净，"所不去者，医药卜筮种树之书"。而"该"烧的，也不是全烧，《朱子语类》云："秦焚书也只是叫天下焚之，他朝廷依旧留得；如说：'非秦记及博士所掌者，尽焚之'，则《六经》之类，他依旧留得，但天下人无有。"陶宗仪《南村辍耕录》也持这样的观点，其"论秦蜀"条还对"坑儒"进行了补充，说"所坑特侯生、卢生四百六十余人，非能尽坑天下儒者;为其所坑,又非儒者"。不是儒,那是什么人呢?"方技之流"。陶宗仪列举了他的依据,其一,"始皇三十二年(公元前215),使卢生求羡门,刻碣石门,坏城郭,决通堤防"。其二,"卢生入海还,因奏录图书曰:'亡秦者胡也。'始皇乃遣蒙恬,发兵三十万人,北伐匈奴,起临洮,筑辽水。又卢生说始皇曰:'日方中,人主时为微行,以避恶鬼;恶鬼避,真人至,愿上所居宫毋令人知,然后不死之药殆可得也。'其后建阿房宫,千间万落,必自此言发之"。陶宗仪因此说:"观此二事,皆卢生稔其恶,又纵臾之,特方伎之流耳,岂所谓儒者哉!"在陶宗仪看来,卢生之流该杀,他们只是披着儒者的外衣而已。今天不少揣着文凭的领导干部也是这样,明白人谁会以为他真的出身高等学府?当然,始皇尽管没有尽焚,没有尽坑,焚书坑儒在当时以及对后世所造成的危害,绝不可低估。

  焚书的手段是明确的,一把火;关于如何坑儒,还有个故事。《史记·儒林列传》在讲到"坑术士"时,唐人张守节的"正义"引了卫宏《诏定古文尚书序》的一个说法:"秦既焚书,恐天下不从所改更法,而诸生到者拜为郎,前后七百人。乃密种瓜于骊山陵谷中温处。瓜实成,诏博士诸生说之,人言不同,乃令就视。为伏机,诸生贤儒皆至焉,方相难不决,因机发,从上填之以土。皆压,终乃无声。"也就是说,秦始皇是把那帮人骗去坑掉的。陈寅恪先生1949年作的一首诗中也提到:"竞作鲁论开卷语,说瓜千古笑秦儒。"显然是运用此典。不过,在多数史学家的眼中,秦始皇从来都是暴君形象,为了达到自己的目的可以不择手段,哪里用得着要这种小把戏呢?

  广东大儒陈献章提倡另外一种焚书,耐人寻味。他说:"自炎汉迄今,文字纪录著述之繁,积数百千年于天下,至于汗牛充栋,犹未已也。许文正（衡）语人曰：'也须焚书一遭！'"这是说书太多，没用的都应该烧了。明人唐荆川（即唐顺之）就更直接了："宇宙间有一二事，人人见惯而绝是可笑者：其屠沽细人，有一碗饭吃，其死后则必有一篇墓志；其达官贵人与中科第人，稍有名目在世者，其死后则必有一部诗文刻集。如生而饮食、死而棺椁之不可缺。"荆川恨恨地说："幸而所谓墓志与诗文集者，皆不久泯灭。然其往者灭矣，而在者尚满屋也。若皆存在世间，即使以大地为架子，亦安顿不下矣！此等文字，倘使家藏人畜者，尽举祖龙手段作用一番，则南山煤炭竹木当尽减价矣。可笑可笑！"他是说把那些仅仅限于孤芳自赏而毫无社会价值的书统统烧掉。就此想到，今天国内众多出版社印出来的众多出版物何尝不该如此？

萧立之《咏秦》云："燔经初意欲民愚，民果俱愚国未墟；无奈有人愚不得，夜思黄石读兵书。"始皇焚书，试图禁锢思想，有识见的人们由此还看到了后世与之性质等同的做法。顾炎武《日知录》云："八股之害，等于焚书，而败坏人才有甚于咸阳之郊所坑者四百六十余人也。"清初的廖燕在论明太祖时也认为："明太祖以制义取士，与秦焚书之术无异，特明巧而秦拙耳，其欲愚天下之心则一也。"晚清的饶廷襄说得就更直接了："明祖以时文取士，其事为孔、孟明理载道之事，其术为唐宗'英雄入彀'之术，其心为始皇焚书坑儒之心"。据说，林则徐对此举酒相属，叹为"奇论！"

周作人《苦竹杂记》中也有一篇《关于焚书坑儒》，其中写道："新党推倒土八股，赶紧改做洋八股以及其他，其识时务之为俊杰耶，抑本能之自发，或国运之所趋耶？"周作人的发问，倒是为焚书坑儒的争论赋予了另外的含义，这个问题值得我们今天继续思索，直到给出答案。

2008年9月23日

鹦鹉（续）

前几天看央视马东的"文化访谈录"访谈一代鬼才黄永玉老先生，又提到了那幅题有"鸟是好鸟，就是话多"的鹦鹉图。前几年以此为由，笔者写过一篇《鹦鹉》，那是在广东美术馆举办的"黄永玉八十艺展"上，看到同一内容的画有两幅，以为必有所指。果然，现在黄老揭开了谜底，那幅画调侃的是郁风——著名画家、黄苗子夫人。老人家笑嘻嘻地说，郁风并不知道，还拿着画让人家看多有意思呢。黄老这样开玩笑，显见出他们友情亲密无间的一面。

鹦鹉会模仿人说话，是它的一项安身立命的本领。有个现象不大好理解，就是在诸多历史典籍中，鹦鹉都不只是单纯地模仿，而是能够像人一样侃侃而谈，甚至还有自己的思维。我疑心鹦鹉一度是古人的宠物，亲近程度可能更胜过以忠实著称的狗。看看古人怎么说的吧。《玉光剑气集》有一段写道：明朝万历年间有家店铺养了只聪明的鹦鹉，另一家养了只秦吉了。秦吉了又称了歌，也会说话，以产于秦中而得名。李太白有诗曰："安得秦吉了，为人道寸心。"大家既然都会说话，就拉出来比试了一下。结果，"鹦鹉歌一诗，吉了随和，音清越不相下"。比着比着，鹦鹉不吭声了；问它，它说："彼音劣于我，而黠胜我，我出口，便为所窃矣。"

瞧,秦吉了倒成了鹦鹉学舌。后来,这只鹦鹉被臬司的儿子买了去,竟至于"悲愁不食",还自歌曰:"我本山货店中鸟,不识台司衙内尊。最是伤心怀旧主,难将巧语博新恩。"鹦鹉入豪门,大抵如成公绥《鹦鹉赋》所说:"育之以金笼,升之以堂殿,可谓珍之矣,然未得鸟之性也。"既能歌又能诗,这只鹦鹉跟人就没什么两样了,甚至还强过一般的人。

宋朝朱彧《萍洲可谈》云,他在广州曾购得白鹦鹉,"译者盛称其能言"。试听一下,原来这鹦鹉"能蕃语耳"——会说外国话。但朱彧觉得这种本领没什么实用意义,"可惜枉费教习,一笑而还之"。这是鹦鹉和人的另一区别所在了。比方《清稗类钞》里有个演丑角的京伶小百岁,他演《法门寺》的时候对扮演赵廉的生角借题发挥:"做官亦识字么?吾道你只识洋文,不识国文呢。"又在《五花洞》中自唱"做官不论大小,懂得洋文就好"。时人以为"其言若有意,若无意"。应当是有意吧,今天选拔领导干部、评定职称,不是也把会外语作为一道硬杠杠吗?而会不会,往往以是否通过某种考试为凭,情景就难免有点儿像《管锥编》引《东坡续集》嘲陈季堂自诩"养生"而有病:"可谓害脚法师、鹦鹉禅、五通气毬、黄门妾也。""害脚法师",售符水而不能自医;"鹦鹉禅",学语而不解意;"五通气毬",多孔漏气而不堪踢。三者归一,意谓犹"黄门(太监)妾"之有名无实。

唐人之《开元天宝遗事》云,长安杨崇义"家富数世,服玩之属僭于王公",老婆刘氏也非常漂亮,"有国色"。偏偏老婆要与邻居李弇私通,一来二去,"情甚于夫"。历史或现实中的无数事实都告诉我们,这种情况下杨崇义小命难保。果然,有一天杨崇义醉酒归来,"寝于室中",刘氏和李弇联手把他干掉,"埋于枯井中"。当时,"仆妾辈并无所觉,惟有鹦鹉一只在堂前架上"。于是,在

"府县官吏日夜捕贼,涉疑之人及童仆辈经拷捶者数百人,莫究其弊"之后,鹦鹉说话了:"杀家主者刘氏、李弇也。"据说唐明皇对此"叹讶久之",还把这只鹦鹉封为"绿衣使者",交给后宫喂养。

当然,不是所有鹦鹉都能这么幸运。且看《铁围山丛谈》里陈端诚家那只"能自谈对"的鹦鹉,看到老仆"持米笥出",它会叫:"院子偷物出也,在簟内。"小厮们弄点儿酒喝,它那里又嚷:"惠奴偷酒。"大家赶快去看个究竟,却并没发现,"反罪其妄",鹦鹉又说:"藏桌下矣。"经验同样告诉我们,这种鹦鹉也是命不长矣。"奴婢大愤,后以计而杀之",是完全可以预知的后果。留下《博物志》的张华也有这么一只鹦鹉,"每出还,辄说童仆好恶"。有一天不吭声了,张华问它怎么回事,鹦鹉说:"被禁在瓮中,何由得知事?"也就是说,张华前脚离开,童仆们就把鹦鹉闷在罐子里。"言多必失"是人总结出来的一条教训,但从典籍的这些记载来看,用在鹦鹉身上也并不例外。其实,问题的关键更在于,话多话少无甚紧要,紧要的是不要说到人的痛处;点到痛处,既不多,亦有性命之虞。

清叶梦珠《阅世编·士风》谈到,"士风之升降也,不知始自何人。大约一二人唱之,众从而和之。和之者众,遂成风俗,不可猝变。迨其变也,亦始于一二人而成于众和。方其始也,人犹异之,及其成也,群相习于其中,油油而不自觉矣。"这里面众多的"和之者",无疑具备鹦鹉的习性,虽不及朱文公"能言鹦鹉"说得那么直白。只是在相关的问题上如果不讲原则,一味附和,话则多矣,鸟却未必算得上好鸟。

2008 年 9 月 28 日

鬼

国庆长假期头一天,跑到影院看了新拍的所谓"大片"《画皮》。出发前只想看一场电影,打算除了《画皮》什么都可以看,不料实际情况却是,那里除了《画皮》就不放映别的。之所以先前不想看,不是对导演演员什么的抱有成见,而是自以为对蒲松龄的那个"鬼"故事早已稔熟,不必要看;兼且有儿时看的港版《画皮》在先,一度毛骨悚然。深夜里,"朱虹"坐在门槛上哭,投入一道长长的影子……这个镜头至今印象尤深。彼时倒不是怕鬼,而恰是这种情景在生活中并不陌生,所以尤其感到恐怖。

在鲁迅先生的名篇《祝福》中,祥林嫂追着"我"问"人死了以后,到底有没有魂灵",结果"我也说不清",令祥林嫂很失望。灵魂,在传统世界观中就是鬼了。今天回答这个问题可以斩钉截铁,即"我"在当时也未必不能给出否定的答案,实因"这里的人照例相信鬼,然而她,却疑惑了",导致"我"不知该怎么回答,"为她起见"只有吞吞吐吐。从前,主流观点认为人死后确有灵魂。如《礼记·祭义》云:"众生必死,死必归土,此之谓鬼。"所谓主流观点,是因为其中也有例外,比如东汉时的王充,他就不相信有鬼。他有个比方,人们在睡着了的人旁边说话、做事情,睡着了的人根本不知道,"夫卧,精气尚在,形体尚全,犹无所知;况死人精神消亡,形体朽败乎?"在新版《画皮》里,周迅扮演的鬼是个流落西域的白狐,名叫小唯,不过按照传统说法,野狐一般叫阿紫,大抵相当于叫丫鬟为梅香吧。

"没做亏心事,不怕鬼上门。"此则俗谚表明人是害怕鬼的,其实鬼也有所怕,我们看不懂但鬼显然能够看懂的符咒就是其一。此外,钱锺书先生还汇集了几种:曰怕唾沫,怕鸡叫,怕聻。聻,就是鬼死了之后的叫法。鬼也会死吗?前人的世界观里认为同样会的。《太平广记》卷三八四载,使院书手许琛二更暴卒,五更复苏。这个时间段里发生了什么呢?他跟同僚讲他去了鸦鸣国——鬼国,此地"日月所不及,终日昏暗,常以鸦鸣知昼夜",所以得名。许琛这个人看起来胆子很大,还有闲心跟捉他来的黄衫鬼使闲聊,好奇地询问:"鸦鸣国空地何为?"鬼使告诉他:"人死则有鬼,鬼复有死,若无此地,何以处之?"蒲松龄后来也说:"人死为鬼,鬼死为聻。鬼之畏聻,犹人之畏鬼也。"鬼怕聻,等于说鬼也怕死。

鬼怕唾沫、怕鸡叫,都常见于从前的小说中。再如《太平广记》卷二四二载,唐朝萧颖士薄暮行荒郊,"有一妇人年二十四五,着红衫绿裙,骑驴",她说自己害怕天黑,搭讪着想跟颖士同行。颖士以为她是鬼,唾了一口,且骂道:"死野狐,敢媚萧颖士!"然后鞭马南驰,住进了一家小店。过了好久,那女子也来了,原来却是"店叟之女",搞得萧颖士很不好意思。鬼怕鸡叫,以袁枚《新齐谐》说得最有趣:"忽鸡叫一声,两鬼缩短一尺,灯光为之一亮。鸡三四声,鬼三四缩,愈缩愈短,渐渐纱帽两翅擦地而没。"

很有意思的是,鬼还怕奉承过火。纪晓岚《阅微草堂笔记》云,某显宦之鬼因为墓碑碑文把他吹得太好了,夸诞失实,不仅"游人过读,时有讥评",而且"鬼物聚观,更多讪笑",弄得这个鬼自惭"虚词招谤",不安于墓,干脆遁至一岩洞中。显然这是明说鬼,实指人了。国人一向讲究"人死为大",于是仿佛死了的才个个是好人,不惜堆砌溢美之词,在堆砌者自己,当然心知肚明。东汉蔡邕觉得自己写了那么多悼词,惟《郭有道碑》写得"无愧";韩愈众所周知不免"谀墓";白居易评价所谓盖棺论定式的墓志"岂为贤者嗤,并为后代疑";杜甫干脆道破其所得来,"大抵家人贿赂,词客阿谀,真伪百端,波澜一揆";丁谓更干脆一概打倒:"古今所谓忠臣孝子,皆不足信;乃史笔缘饰,欲为后代美谈者也。"西晋鲁褒《钱神论》曰:"有钱可使鬼,而况于人乎!"有了钱——还可以加上权,没有什么人间丑事干不出来!三国时的杜恕还有这样一个见解:"可以使鬼者,钱也;可以使神者,诚也。"然唐朝的张延赏表示不同意,他说:"钱至十万贯,可通神矣!无不可回之事。"连神也照样买得通。明朝沈周有《咏钱》三首,其一亦云:"區區团团铜作胎,能贫能富亦神哉。有堪使鬼原非谬,无任呼兄亦不来。总尔苞苴莫漫臭,终然扑满要遭槌。寒儒也辨生涯地,四壁春苔绿万枚。"袁宏道说得更一针见血:"闲来偶读《钱神论》,始知人情今益古;古时孔方比阿兄,今日阿兄胜阿父。"

钱锺书先生指出:"人之事鬼神也,常怀二心焉。虽极口称颂其'聪明正直',而未尝不隐疑其未必然,如常觉其迹近趋炎附势也。"所谓二心,该是又恨又怕。钱先生还认为,这种情况跟臣事君差不多。在公开场合,众口一词"天王圣明",私底下嘀咕的是"君难托"也就是说靠不住。把事君与事鬼相提并论,未知是否钱先生的发明,总之发人深思。

2008年10月4日

藏书

日前又于"文津阁"旧书店购得崭新的《藏书》四册,喜出望外。三块七的定价尽管贴了52元的标签,翻了13倍有余,也还是觉得很划算:一曰毕竟工资收入较之本书出版的1974年翻了不只14倍,二曰此书未见再版,而且自家书架里加上先前的《续藏书》《焚书·续焚书》,这个系列便补齐了。然有趣的是,一如《焚书》与焚书坑儒的"焚书"了不相涉,《藏书》与"天一阁"之功能也不是一个路数,而是对历史人物的评点,因其自知此书"与世不相入",乃"姑书之而姑藏之,以俟夫千载百世之下有知我者"。则卓吾先生取书名,有点儿像张艺谋先生取电影名,你若以为《十面埋伏》是讲楚汉相争,以为《千里走单骑》是讲关云长,以为《满城尽带黄金甲》是讲黄巢,那就大错特错了。

一般说到藏书,人们会本能地想到像天一阁那样收藏图书,本文立意也是如此,借卓吾先生书名作为一个由头。历史地看,许多图书能够存留到今天堪称奇迹。顾起元《客座赘语》云:"昔人言藏书八厄,水一也,火二也,鼠三也,蠹四也,收贮失所五也,涂抹无忌六也,遭庸妄人改窜七也,为不肖子鬻卖八也。"当然,这是寻常之厄,概括还很不全面,那么多战乱以及文字狱销毁之类,就没有算进去。他自己也另外举例说,比如里中谢家小儿喜欢听撕书的声音,"乳媪日抱至书室,姿裂之,以招嘻笑";又比如"里中故家子有分书不计部数,以为不均,每遇大部,兄弟平分,各得数册者。有藏书不庋箧笥,狼藉大米桶中,或为人践踏者",诸如此类的厄就更多了。种种藏书之厄,不要说与始皇之举,即与梁元帝萧绎江陵焚书的后果相比,也没什么两样。至于书籍"为庸夫作枕头,为村店糊壁格,为市肆覆酱瓿,为婢妪夹鞋样,比于前厄差降一等。其它如堆积不晓披阅,收藏不解护持,秘本吝惜不肯流传,新刻差讹不加雠校,书之众厄,又有未易枚举者矣"。

　　藏书是讲究版本的,往往又以宋版备受推崇,不仅在现代如此。王士禛《分甘馀话》云,钱牧斋曾"以千二百金购"宋椠前后《汉书》,到"复售于四明谢氏"的时候,很舍不得,自跋云:"此书去我之日,殊难为怀。李后主去国,听教坊杂曲'挥泪对宫娥'一段凄凉景色,约略相似。"当然,同样是在从前,也有人觉得过于重视版本十分好笑。陈其元《庸闲斋笔记》就说道:"今人重宋版书,不惜千金、数百金购得一部,则什袭藏之,不特不轻示人,即自己亦不忍数翻阅也。余每窃笑其痴。"他说昆山令王定安买到宋椠《孟子》,"举以夸余",陈说那我就开开眼界吧,结果发现王定安"先负一椟出,椟启,中藏一楠木匣,开匣,乃见书。书纸、墨亦古,所刊字画,究无异于今之监本"。陈其元乃调侃他:"读此可增长知慧乎?"曰:"不能。""可较别本多记数行乎?""亦不能。"陈其元笑了:"然则不如仍读我监本,何必费百倍之钱购此也!"气得王定安说:"君非解人,不可共君赏鉴。"

　　陈其元这里固有偷换概念之嫌,但他实际上在讲一个道理:对读书人来说,书是用来读的,不是用来藏或者炫耀的。如今,许多地方的图书馆变成了藏书馆,浏览稀见古籍,手续极端繁琐,就备受学人的诟病。《清稗类钞》云:"曾勉士嗜蓄书,得数万卷,杂置厅事。"他爸爸把藏书与"蓄众而城守"作了个比喻,然后告诉他:"蓄而弗力学,犹弗蓄也;力学而弗心得,犹弗力也。"就是说,光知道收藏不行,还要读;而且,光知道读不行,还要有所思。

乾隆时有一桩藏书之厄,令人发指。那是1775年,乾隆"检阅各省呈缴应毁书记,中有僧澹归所著《徧行堂集》……诗文中多悖谬字句"。本书由"韶州府知府高纲为之制序,并为募贵刊行",更让乾隆生气,"因谕及高纲身为汉军,且为高其佩之子,世受国恩,乃见此等悖逆之书,恬不为怪,转为制募刻,使其人尚在,必当立置重典"。当下派人前去将"书版片及刊印之本,一并奏缴"。事情至此,也是恬不为怪,他要搞文字狱嘛,令人发指的事情发生在后边。有个叫李璜的"官南韶连兵备道",这家伙"偶以公事过丹霞寺",看见"寺中有厨,封锁甚固",问人家里面装着什么;寺僧曰:"自康熙至今,本寺更一住持,即加一封条",不知道究竟是什么。李璜非叫人家打开,结果正是澹归和尚的书。李璜的大儿子如获至宝,"怂恿其父,谓方今书禁至严,举发此事,可冀升擢",李璜果真向督抚告发,于是"即有焚寺磨骸之命,寺僧死者五百余人"。一册无意中的藏书,付出500条人命的代价,未知是否文字狱中最惨烈者。

去年底,"天一阁"首次尝试夜间对游客开放,引起了不小的非议。其实,所谓开放也是仅仅限于游览,让大家看看建筑,满足一下好奇心。其中的藏书,仍然是休想一睹芳容的。去过的人说,那个藏书楼里也根本没有藏书了,不知真假。

2008年10月8日

双重标准

9月30日,中国足协开出了两份"罚单":一份是针对9月28日中超联赛第18轮北京国安主场与武汉光谷队比赛大中打出手的路姜和李玮峰,各停赛8场、罚款8000元;另一份是针对9月27日辽宁队主教练马林赛后指责当值裁判,禁赛3场、罚款6000元。足评人士马德兴认为,这是两个完全不同的事件,但在处理过程中就可以看出中国足协是在实施"双重标准"。他还下结论说,足协面对诸多突发事件、紧急事件,常常是"简单粗暴",更令人难以信服的是屡屡实施"双重标准"。有趣的是,中国足协也指责媒体实施"双重标准",比如奥运会后,篮球界发生的事情性质远比足球界的事情恶劣,"连亚青赛罢赛都说得自己有道理了",但是社会舆论几乎都是一边倒地指责抨击足球。

双重标准有没有一个明确定义,不大清楚,想来无须定义,人们也知道是怎么一回事。《老学庵笔记》云,慎东美善书法,王逢原作诗极称之,"铁索急缠蛟龙僵"云云,言其老劲,而苏东坡见东美题壁,便很不以为然:"此有何好,但似蒌束枯骨耳。"爱之赞,憎之讥,这种评价只能说是标准不同,而说不上是双重标准。双重标准是什么样子呢?"只准州官放火,不准百姓点灯",可谓最形象。同一件事,我可以,你不可以。此外,杨景贤杂剧《西游记》

中,猪八戒说:"小生朱太公之子,往常时白白净净一个人,为烦恼娘子呵,黑干消瘦了,想当日汉司马、唐崔护都曾患这般的症候,《通鉴》史书都收。"这也是一种双重标准。今天也是这样,名人吃喝拉撒、犄角旮旯的事情都要闯入公众视野。魏收在写《魏书》的时候,公开宣称他有双重标准:跟他关系好的,"举之上天";不好的,"按之入地"。乃至《魏书》在二十四史中落得名声最差,极端者称之为"秽史"。不过,在著史问题上也不必苛求魏收,许多史家行之而未言之罢了。如王充《论衡》所说,"孔子作《春秋》,采毫毛之善,贬纤介之恶,采善不逾其美,贬恶不溢其过",倘若《春秋》的确这样客观公正的话,恐怕也只有圣人才做得到。

  双重标准也有约定俗成的。洪迈《容斋续笔》云:"北人以乌声为喜,鹊声为非。南人闻鹊噪则喜,闻乌声则唾而逐之,至于弦弩挟弹,击使远去。"在不同的地域,乌鸦和喜鹊因为不同的文化背景,产生了不同的待遇"标准"。《北齐书》先已"举证"说,奚永洛与张子信对坐,"有鹊正鸣于庭树间"。子信说,不吉利啊,"当有口舌事,今夜有唤,必不得往"。果然,"子信去后,高严使召之,且云敕唤",说是皇帝有请,然奚永洛听了子信的话,"诈称堕马",也果真"遂免于难"。白乐天《在江州答元郎中杨员外喜乌见寄》也说:"南宫鸳鸯地,何忽乌来止?故人锦帐郎,闻乌笑相视。疑乌报消息,望我归乡里。我归应待乌头白,惭愧元郎误欢喜。"当然,以北方而言,"乌声为喜"也还要听它怎么个叫法,洪迈告诉我们那是有一套讲究的:"世有传《阴阳局鸦经》,谓东方朔所著,大略言凡占乌之鸣,先数其声,然后定其方位,假如甲日一声,即是甲声,第二声为乙声,以十干数之,乃辨其急缓,以定吉凶,盖不专于一说也。"

  双重标准还可能因为时间而造成。《史记·苏秦列传》载,

"苏秦出游数岁,大困而归",全家人——兄弟嫂妹以及妻妾"窃皆笑之",告诉他:"周人之俗,治产业,力工商,逐什二以为务。今子释本而事口舌,困,不亦宜乎!"但是等到苏秦"相六国",衣锦荣归,"昆弟妻嫂侧目不敢仰视,俯伏侍取食"。苏秦笑谓其嫂曰:"何前倨而后恭也?"嫂子倒很老实,以面掩地而谢曰:"见季子位高金多也。"苏秦喟然叹曰:"此一人之身,富贵则亲戚畏惧之,贫贱则轻易之,况众人乎!且使我有雒阳负郭田二顷,吾岂能佩六国相印乎!"后人因之感叹:"苏秦本是旧苏秦,昔日何陈今何亲。自家骨肉尚如此,何况区区陌路人。"无独有偶,《南史·沈庆之传》亦云:"庆之既通贵,乡里老旧素有轻庆之者,后见皆膝下而前,庆之叹曰:'故是昔时沈公!'"实际上,时过境迁,沈庆之已非旧时沈公,苏秦也不再是旧苏秦了。

东汉王符曾论及解梦,认为同一梦也,往往"贵人梦之即为祥,贱人梦之即为妖,君子梦之即为荣,小人梦之即为辱"。钱锺书先生说,此岂"鬼神之善善恶恶复即鬼神之炎凉势利也?"《玉光剑气集》里的"同一盂也",与此相类。邹谦之尝见一友,"因仆人误碎一盂,不胜愤怒"。谦之问他,如果是我摔碎的会怎么样?友人说:"在老先生,一盂何足计!"谦之笑了:"均一盂也,仆碎之则怒,予碎之则不怒,何也?盖分别轻重作异视也。使无异视,则出门如见宾,使民如承祭,又何尊卑之异其情哉!"邹谦之这番话,如果讲给今天那些"门难进、脸难看、事难办"的各级政府职能部门来听听,不知会是什么效果。

2008 年 10 月 15 日

风水

这些天晚上有闲暇的时候,都看看安徽卫视播出的电视剧《鸡毛蒜皮无小事》。现在的电视剧很多,要么花翎顶戴,要么丽人白领,难得有居家过日子磕磕碰碰的题材。《鸡》剧虽然不少地方笑得勉强,毕竟可看。昨晚这一集是《风兮水兮》,头脑不大灵光的姜天意发不了财,老是怪家里的风水不好,请来一看就是个骗子的高人,把家里摆布得乌烟瘴气,惹得邻居也意见纷纷。

风水,指的是宅基地或坟地周围的风向、水流、山川等形势。懂这方面"学问"的人,就是风水先生。从前编的地方志里,"堪舆"大抵都要作为一节专门的内容。以前在粤东田野调查时看过清朝编的一本县志,记得这样写道:本县以前为什么老不出人才呢?因为学宫那堵墙离得太近了,气促,得推倒了往外扩。清人陈康祺《郎潜纪闻二笔》说法类似,云本朝状元自顺治三年(1646)迄同治十三年(1874)一共有93人,其中江南一省占45人,而"常熟一县,已得六人",即孙承恩、归允肃、汪绎、汪应铨、翁同龢、翁曾源,其中"翁氏叔侄,八年中两得大魁",更传为佳话。道光时,庞钟璐虽以第三人、咸丰时的杨泗孙虽以第二人及第,但两人都是翁同龢的弟子。对这种现象,"谈形胜者,谓虞山地脉使然",那里的风水好,不过陈康祺代大家设问了:"岂果专借地脉欤?"

《晋书》载殷仲文很自负，"自谓必当阿衡朝政"。阿衡，本是商代贤臣伊尹的官名，后引申为主持国政者的美称。自比阿衡，是认为自己也一定会那样。可是殷仲文环顾身边的同僚，尽皆"畴昔所轻者"，这且不算，一天他忽然又被调任东阳（今浙江东阳）太守，"意甚不平"，更不高兴了。途经富阳，仲文慨然叹曰："看此山川形势，当复出一孙伯符。"孙伯符即孙策，三国时孙吴的奠基者。谢灵运说："若殷仲文读书半袁豹，则文才不减班固。"可惜他走火入魔了，老是觉得风水"显示"自己能当大官。

周密《癸辛杂识》云："越上有香炉峰，唐德宗时，有告于朝者，言此山有天子气，于是遣使凿其山。又杭州仁和县有桐柏山，宣和中，蔡京尝葬其父于临平，及京败，或谓此为骆驼饮海势，遂行下本路，遣匠者凿破之。"两处提到凿山，为什么呢？是要"断气"，也是风水上的考虑，秦始皇的时候就这么干了。顾起元《客座赘语》云："今人第知方山至石硊山，为秦皇凿山断金陵王气之处，不知今城之西北卢龙、马鞍二山间，亦为秦所凿也。"金陵即今之南京，据说战国时楚威王埋金以镇王气，故曰金陵。后世所谓"金陵王气"，乃金陵显现出的祥瑞之气。明朝崇祯年间陕西巡抚汪乔年奉诏去挖李自成的祖坟、太平天国兴盛时咸丰皇帝下令挖掉洪秀全的祖坟，等等，都是"断气"的考虑。前几年，咸丰关于挖洪秀全祖坟的17份文件还曾在广州公开展出。当年，李自成得到消息后，发誓要致汪乔年于死地，可见挖祖坟之举的确能打到人的痛处。

当然，就像陈康祺的设问一样，古人有许多也是不信这一套的。《世说新语》云："人有相羊祜父墓，后应出受命君。"羊祜这个人很有意思，不信，一笑就是了，却来了个"掘断墓后，以坏其势"，非要较个真，看自己以后能不能出息。但《幽明录》不肯放过他,说"羊祜工骑乘。有一儿五六岁,端明可喜。掘墓之后,儿即亡"。对不信这一套的人,用来行骗的人总要同时辅以恫吓的手段。相比之下,张瀚没羊祜那么偏激,他在《松窗梦语》里摆事实讲道理。说他爷爷下葬时,"宗人有素解风水者,极言不可",张瀚则认为"子孙福泽,各有定命。卜地求安亲体,岂敢于枯骨求荫庇哉!"他爸爸表示认同,"乃开圹下棺"。而那些说风水不好的人"自余仕宦",态度也就变了:"既通显,乃益称胜。近年行术者咸寻访登览,谓此祖坟,宜出钜公"。万历年间,张瀚的确当上了有"朝中第一官"之称的吏部尚书,这回他笑了:"五十年前不闻此语。"还口占一诗:"当年荷畚筑先茔,片语曾将众论倾。八座归来宣诰日,无人不道是佳城。"并且他给自己准备墓地,"不用地师,不徇人言"。张瀚说:"有此六尺之躯,必有三尺之土。百年后皆土壤尔,奚择焉!"他还告诫子孙,"毋以斯言为迂,仍听术人之惑,而屡迁屡葬为也"。

百姓讲讲风水,没什么大不了,而官员讲究风水,性质就不同了。山东泰安原市委书记胡建学,听某位"大师"说自己有当副总理的命,只是还缺一座"桥"之后,颇费苦心地让一条国道改线,强行越过一个水库以修建出一座大桥,变成了劳民伤财。可怕的是,这在当前已是一个非常普遍的现象。耳闻目睹,"风水大师"恰似当年的幕府师爷,成了一些官员必备的"幕僚"。可惜的是,国家对此没有给予足够的重视,不少官员是因为其他因素而倒掉,只是连带牵出了风水这么个"小"问题而已。

2008 年 10 月 23 日

百家讲坛·柳敬亭

"清史学者"阎崇年先生在签名售书的时候突然被读者打了个耳光,是时下的一个热门话题。阎先生借央视《百家讲坛》栏目而知名,打人者极其不认同他的观点。但不管怎么说,打人肯定是不对的,何况阎先生又是70多岁的老人。不过,打人的人其实太过认真了。陈平原先生说《百家讲坛》也找过他,让他按初中二年级能接受的程度讲。以此可知,《百家讲坛》讲的历史大抵就相当于从前的平话,属于市井文学。清朝大学者黄宗羲读罢宋朝的《东京梦华录》《武林旧事》发现,"当时演史小说者数十人。自此以来,其姓名不可得闻。乃近年共称柳敬亭之说书"。在他眼里,宋代之后,讲史的名人惟数柳敬亭,中间一片空白。

《桃花扇》第一出《听稗》,有一段柳敬亭如何讲《论语》的描述。借孔尚任之笔,可窥他讲史的影子。学富五车的侯方域始而不解:"《论语》如何说得?"柳敬亭笑曰:"相公说得,老汉就说不得?今日偏要假斯文,说他一回。"然后他就讲《论语·微子》,"太师挚适齐,亚饭干适楚,三饭缭适蔡,四饭缺适秦"那一段。本来干巴巴的内容,让柳敬亭连说带比划,非常生动。太师挚为何去了齐国?他用挚的口吻说:"咳,俺为甚的替撞三家景阳钟?往常时瞎了眼睛在泥窝里混,到如今抖起身子去个清。"挚前脚一走,"这一班劝膳的乐官不见了领队长,一个个各寻门路奔前程。亚饭说:'乱臣堂上掇着碗,俺倒去吹吹打打伏侍着他听;你看咱长官此去齐邦谁去敢找?我也投那熊绎大王,倚仗他的威风。'三饭说:'河南蔡国虽然小,那堂堂的中原紧靠着京城。'四饭说:'远望西秦有天子气,那强兵营里我去抓响筝。'四人一齐:'你每日倚着塞门桩子使唤俺,今以后叫你闻着俺的风声脑子疼。'"不用多解释,柳敬亭讲史就是纯粹地予以演绎,妙趣横生固然不假,但千万不能当作历史。

柳敬亭的成功在于不仅迎合了市井,而且受到了许多名人的追捧。比如张岱在《陶庵梦忆》中写道:"余听其说《景阳冈武松打虎》白文,与本传大异。其描写刻画,微入毫发,然又找截干净,并不唠叨。勃夬声如巨钟,说至筋节处,叱咤叫喊,汹汹崩屋。武松到店沽酒,店内无人,蓦地一吼,店中空缸空甓皆瓮瓮有声。"又比如刘成禺在《世载堂杂忆》中写道:"闻柳敬亭说书,其传神奇异处,如说《当阳长坂坡》一回,说至张飞大吼一声骇退曹军时,柳敬亭则右手挟矛,直指座客,大张巨口,良久不闭。"大家问,怎么回事?柳曰:"张飞一吼,曹操全军人马,辟易奔退,如我出声学张飞一吼,诸君都要跌下座来。"他讲《李逵下酒店吃人肉包子》也是这样,"先埋伏门徒作听客,在张口要吼时,座中桌椅杯盘,响声大震",像如今的"笑托""掌托"一样配合他。为什么要这样做?他说:"李逵先声已经夺人,设若手执朴刀,一声大吼,屋瓦都要飞去,那还了得。"看起来张岱、刘成禺他们印象最深的,不在于柳敬亭的历史底蕴有多丰厚,而在于他能够调动听众的情绪。

按照黄宗羲写的《柳敬亭传》,柳敬亭得到过儒生莫后光的指点,莫氏认为"此子机变,可使以其技鸣",然后对他讲要如此这般。"敬亭退而凝神定气,简练揣摩,期月而诣莫生",老莫告诉他:"子之说,能使人欢噱矣。"又一个月,莫曰:"子之说,能使人慷慨涕泣矣。"再一个月,莫喟然曰:"子言未发而哀乐具和乎其前,使人之性情不能自主,盖进乎技矣。"柳敬亭就这么出名了,"华堂旅会,闲亭独坐,争延之使奏其技"。左良玉率兵南下,以之相见恨晚,"使参机密",于是"军中亦不敢以说书目敬亭",身价也提高了;出趟差,"宰执以下俱使之南面上坐,称柳将军,敬亭亦无所不安也"。柳敬亭的发迹,令他原来那帮朋友艳羡不已,悄悄地说:"此故吾侪同说书者也,今富贵若此!"言语中显然流露出了不可思议。

清朝另一位大学者王士禛从业务水准上不看好柳敬亭。他在《分甘馀话》中说:"余曾识柳氏于金陵,试其技,与市井辈无异。"不过,柳敬亭的派头可是不小。张岱就说过,"主人必屏息静坐,倾耳听之,彼方掉舌",而"稍见下人咕哔耳语,听者欠伸有倦色,辄不言,故不得强"。王士禛也说,柳敬亭"所至逢迎恐后,预为设几焚香",人家要泡最好的茶,摆好茶壶、茶杯等着,"比至,径踞右席,说评话才一段而止",拿一把,可惜"人亦不复强之也"。这样的人为什么受欢迎呢?王士禛认为是沾了左良玉的光,"东林诸公快其(良玉)以讨马、阮",因而对他的这名遗老"赋诗张之,且为作传",正所谓"爱及屋上之乌,憎及储胥"。"噫,亦愚矣!"王夫子发出的这句感叹,今天犹有意味。

宋朝的讲史家中,很有一些具有较高文化修养的知识分子,乔万卷、许贡士之类,名字上即区别于讲小说的粥张三、酒李一郎。但平话终究不是历史,程毅中先生说,它所反映的只是"话本创作时代的真实"。我们看《百家讲坛》大抵也要这样,讲演者们尽管不乏教授的身份,但于此展示的终究是一种"技",用讲说时代的语境去臆说历史。明白了这一点,可知抡巴掌打耳光之举着实不必。

2008年10月30日

鸡蛋

"三鹿"奶粉添加三聚氰胺的事件令国人惊魂未定,鸡蛋里又被检测出这个本该远离普通百姓的化工原料。香港食品安全中心日前对外披露,在香港百佳超市出售的某品牌新鲜鸡蛋中,检出三聚氰胺超标88%,这种问题鸡蛋正是内地厂家生产的。专业人士说,鸡蛋里发现含有三聚氰胺,有可能是饲料中被故意添加,为了迅速提高产品的"蛋白"含量。当然,这种所谓提高,自欺欺人罢了。

鸡生蛋,还是蛋生鸡?这个互为因果的哲学命题尽管不可能讨论出结果,但作为一个方方面面经常碰到的社会命题,讨论还会继续进行下去。目前已知的是,中国养鸡的历史可以追溯到新石器时代,河北武安磁山遗址、河南新郑裴李岗遗址等,都有鸡的遗骸出土,表明至少在黄河流域,鸡被驯化也有6000年左右的历史了;同时也表明,至少在那个时候已经有了鸡蛋。前人夯造城墙之类,倘若相当讲究,往往用蛋清做黏合剂,佐以糯米、红糖等,使墙体异常坚固。美国间谍卫星拍到的福建客家土楼——以为是我们的核试验基地——也是用这种办法建成的。但毫无疑问,鸡蛋的主要用途还是食用。这一点,古今皆然。

乾隆有一次召见大学士汪由敦,闲聊时问他那么早就起来上朝,"在家曾吃点心否?"汪由敦答:"臣家贫,晨餐不过四枚鸡蛋而已。"由敦说得轻松,却把乾隆吓了一跳,他说鸡蛋一枚需十金,四枚就是四十金,"朕尚不敢如此纵欲,卿乃自言贫乎?"由敦赶快解释,他吃的鸡蛋跟皇上吃的没法比,"外间所售鸡蛋,皆残破不中上供者,臣故能以贱直得之,每枚不过数文而已"。时人以之"诡词",说汪由敦他们这些"旗人之任京秩者",尤其又是任职内务府的,待遇太优厚了。但汪由敦说的,未必是假话。还说清朝的事。京师有个贵人一天走亲戚,那亲戚常向他借钱。吃午饭的时候,贵人发现有一盘豆芽菜,就责备他,你老是跟我哭穷,"肴馔何奢侈乃耳?"亲戚给闹愣了,说这不是什么稀奇东西呀?贵人说,我常吃这个,"每盘需银一二钱,何得谓非贵品?"亲戚把没炒的豆芽菜拿给他看,说这东西也就值钱"二三文耳"。贵人方才醒悟,一定是给家里的厨子骗了。这两个故事或有可类比之处,不同的是,御厨未必在骗,正如贾府的茄子,连刘姥姥也没有吃出来那是茄子,"我的佛祖,倒得十来只鸡来配",价不昂才怪。光绪的老师翁同龢也喜欢吃鸡蛋。他是江苏常熟人,光绪问过他:"南方肴馔极佳,师傅何所食?"翁说吃鸡蛋,光绪很惊诧,因为"御膳若进鸡蛋,每枚需银四两,不常御也"。也就是说,因为价昂,他也不常吃。倘若这些记载都是事实的话,则同样价昂,光绪朝的银四两较之乾隆朝的十金,也要便宜得多了。

  历史上还有许多名人也喜欢吃鸡蛋。比如慈禧太后,每天早晨必吃四枚熟鸡蛋,"需二十四金,皆金华饭馆所进"。饭馆一个姓史的伙计有一次跟着李莲英"潜入宫中",想开开眼界,正好给慈禧瞥见,"莲英以实告",慈禧还是大怒,"令逐之"。不过,想来该饭馆的鸡蛋还是照常供应的。民国总统、"洪宪皇帝"袁世凯也喜欢吃鸡蛋。他是早中晚都要吃,"晨餐六枚,佐以咖啡或茶一大杯,饼干数片",中午和夜里又要各吃四枚。袁世凯的饭量很大,"其少壮时,则每餐进每重四两之馍各四枚,以肴佐之"。四四一十六,按老秤计算,光是主食也足足有一斤了,那么这几个鸡蛋着实不算什么了。

袁世凯还喜欢吃填鸭,养鸭子的时候很讲究饲料,"日以鹿茸捣屑,与高粱调和而饲之"。三聚氰胺事件更告诉我们,饲料决定品质。《清稗类钞·盐商起居服食之奢靡》提到"两淮八大盐商之冠"黄均太吃的鸡蛋,也是饲料上的文章。黄老爷"晨其饵燕窝,进参汤,更食鸡蛋二枚",有天闲着没事翻账本,"见蛋二枚下注每枚纹银一两",吃了一惊,就算鸡蛋贵,也贵不到这个程度呀?他把厨子叫来,"责以浮冒过甚"。厨子说,我每天给你做的鸡蛋,"非市上所购者可比,每枚纹银一两",不算贵,如果你不信,换个人看看,如果觉得他做的鸡蛋好吃,雇他好了。黄均太果然换了一个厨子,而鸡蛋的味道也果然"迥异于昔",且"一易再易,仍如是"。他不高兴了,还把先前那个厨子请了回来,"翌日以鸡蛋进,味果如初"。黄均太问,你用什么办法把鸡蛋做得这么好吃?厨子说,我家里养了百余只鸡,"所饲之食皆参术等物,研末掺入,其味乃若是之美",你派人到我家去看看就知道了。"均太遣人往验,果然,由是复重用之。"

奢侈也罢,毕竟动物们被喂的还不是害人的货色,今人则敢冒天下之大不韪了。据说,添加三聚氰胺是行业的"潜规则",早成了公开的秘密,在猪饲料、水产饲料中也能找到它们的身影。那么,看起来祸起奶粉、鸡蛋,实则是整个行业的长期积弊所导致。那些正规企业的从业者,鼓捣的虽然是增"白"的东西,自己的良心却已经完全黑了。

2008 年 11 月 4 日

衍圣公

10月28日,孔子第七十七代嫡长孙孔德成在台北病逝。孔德成的一个特殊身份在于,他是末代衍圣公,当年民国政府册封的。而实际上,早在1935年册封孔德成的时候,民国政府已将衍圣公改为"大成至圣先师奉祀官",名义上的衍圣公在那个时候已不复存在。但山东齐鲁电视台有个女主持日前在博客上发文,提议继续册封,理由列了几条,大概是避免这个系列中断,此举并非复辟云云,好像还上升到了维护文化传统的高度。

宋人说:"天不生仲尼,万古如长夜。"可见中国历史中如果少了孔夫子,问题该有多么严重。国人的主流观点对孔夫子一向是非常尊重的。《杨文公谈苑》云宋太宗至道二年(996)重阳,太子一干人等摆宴席,同时观赏"教坊以夫子为戏"。其中有个叫李至的宾客说话了:"唐大和(文宗年号)中,乐府以此为戏,文宗遽令止之,笞伶人,以惩其无礼。鲁哀公以儒为戏尚不可,况敢及先圣乎?"太子听罢吓了一跳,"言于上而禁止之,此戏遂绝"。《永宪录》亦云,康熙初年,也是因为"优人演剧多亵渎圣贤",从而"禁不得装孔圣及诸贤"。雍正年间,还从宣化总兵李如柏之请,"天下庙宇关圣神像不得偏坐侧立",与此同时,"并禁演关帝"。好在这样的禁令没有贯彻到今天,否则,不仅吴宇森的电影《赤壁》无以问世,时下胡玫导演也要打消开拍《孔子》的念头,至于由陈道明、濮存昕还是别的什么人来演孔子合适,都成了无源之水、无本之木,网友们更是讨论都不要讨论了。

当然,尊孔的时间下限要划在五四运动。"五四"的时候旗帜鲜明地喊出"打到孔家店"的口号,20世纪70年代更有过大规模的"批林批孔",一时间夫子斯文扫地到了极点。再当然,史上"盗跖斥丘"之类的事情也经常发生,"四体不勤,五谷不分,孰为夫子"也表达了相当的藐视。但我这里所说的所谓主流观点,就是从宋仁宗开始,历代册封夫子后裔为衍圣公。此后,王朝不断更迭而册封不变,使孔氏家族赢得了"天下第一家族"的美誉。去年他们家要修族谱,好大的阵势,对来路不明的后人还要验DNA呢。

《宋史·礼志二十二》载,至和(1054—1056)初,太常博士祖无择进言:"按前史,孔子后袭封者,在汉、魏曰褒成、褒尊、宗圣,在晋、宋曰奉圣,后魏曰崇圣,北齐曰恭圣,后周、隋并封邹国,唐初曰褒圣,开元中,始追谥孔子为文宣王。又以其后为文宣公,不可以祖谥而加后嗣。"祖无择显然认为,封号太多,弄得都乱套了,搞不清该叫什么,不如一统。他的进言很奏效,"遂诏有司定封宗愿衍圣公,令世袭焉"。而在此前,仁宗景祐二年(1035),孔子第四十六世孙孔宗愿已被袭封为文宣公,也正是从他开始,直到最近去世的第七十七世孙孔德成,衍圣公成了一个完整系列。为了佐以实惠,皇祐三年(1051)还恢复了曾一度中断的"以孔氏子孙知仙源县(曲阜一度更名仙源)"的规定,也就是说,在历史上相当长的一段时间,曲阜知县都是由孔氏族人担任的,衍圣公推荐,朝廷任命,这是所谓世官,他姓休想染指。

从名号上看,衍圣公本该给人以道德楷模的感觉,但沈德符

《万历野获编》中的"衍圣公",则全然是"举动乖错"的另一副面孔。比方"有持物欲售者,过其(孔府)门必强纳之,索价即痛殴",使人不得不"迁道以行"。又比如,孔府"出票拘集教坊妓女侍觞,……又非礼虐之。其持票者至曲中,必云圣人孔爷叫唱,诸妓逃匿,或重赂之得免"。诸如此类,完全是恶霸的行为。"批林批孔"时余尚年少,然亦依稀记得家里订阅的《人民画报》上,有贫下中农愤怒控诉衍圣公家族罪行的照片。有沈德符的记载在先,想来那种控诉或许有被夸大的成分,但绝非凭空捏造了。如果说,这只是一时一事,权且算作细枝末节,那么,清朝乾隆丙子(1756)河道总督兼山东巡抚白钟山则道出了此种世职的"制度性"弊端:"邑中非其尊长,即系姻娅,牵制狎玩,在所不免。"因此他建议这个职位"不必拘用孔氏一家"。

《枣林杂俎》有一则"叶向高讲学",说万历时的首辅叶向高见邹南皋论学,就开玩笑:"公讲孔孟,予只讲阎罗王。"邹问其故,叶云:"不佞老矣,填沟壑之日近。苟有欺君误国、伤人害物、招权纳贿等事,于阎罗王殿前勘对不过者,皆不敢为。"邹笑而是之。在叶向高看来,孔孟那一套属于高谈阔论的道德约束,全不如阎罗王来得更有威力。据说,当年是孔德成有感世袭爵位不宜,主动请求政府撤销衍圣公封号。当然,所谓恢复册封,目前还只是一个小小主播的个人之见,能否上升到地方政府郑重其事的要求,值得我们继续关注。宋诗曰:"灵光殿古生秋草,曲阜城荒散晚鸦。惟有孔林残照日,至今犹属仲尼家。"至于衍圣公之类,还是退出历史舞台吧。

2008 年 11 月 8 日

醉后

日前购得画家傅抱石先生的一册随笔,叫作《往往醉后》,书名取自他的一枚闲章。据说,傅先生往往在酒醉之后作出的画才格外传神。陈传席《画坛点将录》里也记载了一个"据说":1959年7月,傅先生应邀在人民大会堂创作《江山如此多娇》,因为买不到酒,作画十分困难,不得已写信给周总理求助。陈著将傅先生比作唐代吴道子,理由之一包括后者"每欲挥毫,必须酣饮"。

当然,醉酒是一柄"双刃剑"。比如新近深圳海事局党组书记、副局长林嘉祥醉后就出了丑事。他和一个女士在酒店吃饭,喝了8两白酒,找厕所的时候碰到大堂里一个11岁的小姑娘,小姑娘好心给他指路,他却忽然卡住小姑娘的脖子往厕所里拖,陷入了"猥亵门"。即便在同一个人身上,"双刃剑"的作用也非常明显。《水浒传》里的好汉武二郎过景阳岗前醉了,赤手空拳打死了"吊睛白额大虫";而在孔家庄,对寻常黄狗"一刀砍将去,却砍个空",还因为"使得力猛,头重脚轻,翻筋斗倒撞下溪里去,却起不来",给毛头星孔明捉了去,差点儿送掉性命。孔明、孔亮兄弟的武艺是宋江"点拨"出来的,可堪提起?

正因为"双刃剑"的缘故吧,谨小慎微的人往往防范在先。《后山谈丛》谈到澶州之战后北宋与辽讲和,辽使中来了个叫韩杞的,就"匿其善饮"。他说:"两国初好,数杯之后,一言有失,所误非细。"往前溯,《开元天宝遗事》说王公们召宴安禄山,每回"欲沃以巨觥"也就是要灌醉他的时候,安禄山都亮出一块金牌作挡箭牌,告诉他们:"准敕断酒。"原来,安禄山虽然跟上层走得很近,下面的人却不买账,玄宗"恐外人以酒毒之",就赐给他"金牌了系于臂上",干脆一点儿不喝了事。不过,这金牌是安禄山自己的要求也说不定,他"移居亲仁坊"时,搬个家而已,也要"进表求降墨敕",把皇帝的大旗扯得高高的。

能喝酒,在古人眼里算是一项本领,绵延至今。有的人生来如此,有的则有化"酒"为夷的办法。宋朝的张伯玉酒量过人,"能饮至数斗不醉",人称"张百杯"。他有这么一招儿,喝之前,"先置清水大盂于其侧,每尽一杯,即汲水漱涤"。人家问他为何这样做,他说:"酒之毒在齿,涤去则不能为患。"陈康民知泉州时照猫画虎,据说的确奏效。这里利用的是"囫囵吞枣"的原理。当然,在许多时候,人们所追求的就是一醉。王驾《社日》诗曰:"鹅湖山下稻粱肥,豚栅鸡栖半掩扉。桑柘斜影春社散,家家扶得醉人归。"以"醉"字扣住"社日"的正题,衬托出其时的盛况。白居易说,他在洛阳的时候,"洛城内外六七十里间,凡观寺丘墅有泉石花竹者,靡不游;人家有美酒鸣琴者,靡不过;有图书歌舞者,靡不观。"他喝酒就讲究喝醉,"每良辰美景或雪朝夕月",好友相遇,一定要喝酒,"诗酒既酣,乃自援琴,操宫声、弄《秋思》一遍。若兴发,命家童调法部,合奏《霓裳羽衣》一曲。若欢甚,又命小妓歌《杨柳枝》新词十数章,放情自娱,酕醄而后已"。但他醉后往往还是很清醒的,那首《醉戏诸妓》道得分明:"席上争飞使君酒,歌中多唱舍人诗。不知明日休官后,逐我东山去是谁?"并且,对眼前的酒酣耳热同样很清醒,明白席间说的什么根本算不得数。

与能喝相对照，苏东坡很有一点儿惭愧的意思。他讲过自己平生有三件事不如人，一个是下棋，一个是唱曲，再一个就是喝酒。他说他爷爷能喝，"甘与村父箕踞高歌大饮"，而他却不行，"天下之不能饮无在予下者"，把自己看得很低。但他喜欢看人家喝，"见客举杯徐引，则予胸中为之浩浩焉落落焉，酣适之味乃过于客"，跟自己在喝一样。所以，他"闲居未尝一日无客，客至未尝不置酒，天下之好饮亦无在予上者"，这个方面又把自己看得很高。至于"饮少辄醉"的欧阳修，其"醉翁之意不在酒，在乎山水之间也。山水之乐，得之心而寓之酒也"，这样一种醉后的境界，肯定非一般单纯的酒囊所能理解。

林嘉祥出事后，有人建言公务员应当禁酒。建议不错，但浑然没有顾及中国国情，当下办一件正常的事情，离开觥筹交错怕是寸步难行的。这在从前，也有教训可言。明朝的时候，前后有两人欲化京城之俗：湛甘泉的做法包括"致众丛饮者禁"；姜凤阿则"申明宿娼之禁"，犯者"夜与银七分访拿帮嫖之人，责面枷示"。结果后者成功了，前者惹来怨声载道。无他，姜凤阿的做法"仅游冶子不便"，湛甘泉的做法则打击面太广。不过，放在今天，只怕姜凤阿也要灰溜溜了，这是另话。《庄子·列御寇》引孔子语云，"凡人心险于山川，难于知天"，但也有办法知道，"君子远使之而观其忠，近使之而观其敬……醉之以酒而观其侧"。前人释曰，一个人在醉后往往能够现出本来面目。政府公务员中禁酒，尽管推广起来很难，还是要进行，既可防范掺杂其中的交易，也免得他们醉后干出一些人所不齿的举动。

2008年11月14日

盛世平庸

本埠(广州)在争论广东文学何以"盛世平庸",当然都是圈子里的人在说事。

此争论之滥觞,该自不久前省文联主席刘斯奋先生痛批广东文艺界"六个一"——一种师承、一条路子、一个面目、一统天下、一个标准、一团和气。逻辑上看是这样。又因为茅盾文学奖作品中,南方作家的获奖作品也属凤毛麟角,新近一些人士认为南方作家在文学创作中,难以突破南方方言带来的"语言表达的瓶颈",没有"战斗力"。南方,自然要包括岭南的广东。所谓"盛世平庸",等于是说当下广东文学没什么拿得出手的作品。其实,争论这个问题没什么意义,像其他地方一样,广东这里"作文只是七股,吟诗偏爱八言"的南郭先生固然有,而且还不少,但人才也还是有的。没有产生有影响的作品,原因很多,至少与经济发展没有必然关联。

把当今称为"盛世",先前引起过不少争论,不能苟同者众,而支持此说大抵正出自与GDP相关的因素。退一步,倘我们这里认同此说,则须知"盛世平庸"却是一种正常现象。朱熹老夫子说过:"大率文章盛则国家却衰;如唐贞观、开元都无文章,及韩、柳以文显,而唐之治已不甚前矣。"王应麟《困学纪闻》引状元郑毅夫的话也说:"唐太宗功业雄卓,然所为文章,纤靡浮丽,嫣然妇人小儿嘻笑之声,不与其功业称。"众所周知,韩愈、柳宗元生活在中唐,即便韩愈出生的时候,天宝也已成了历史,遑论开元。大唐行进在下坡路上之际,先有了"大历十才子",接着更"文起八代之衰",一扫文运衰颓之势。"贞观之治""开元盛世"之外,西汉的"文景之治"算是历史上为数不多的又一个盛世了,"才调更绝伦"的贾谊半夜里被文帝叫去干什么呢?"不问苍生问鬼神"。清朝的"康乾盛世"更不用说,那个时期所制造的种种骇人听闻的文字狱,使整个文学史的黑暗程度空前绝后。

与"盛世平庸"相应的是,历史上倒是有"衰世繁荣",经济社会一塌糊涂,文学成就却辉煌得很。典型的要算是东汉末年,天下大乱,然而却诞生了以"三曹"和"七子"为标志的"建安文学"。建安是东汉末代皇帝——献帝刘协的年号,"建安七子"也大都死于建安年间,故有此得名。"建安文学"辉煌一时,如钟嵘《诗品》所说:"曹公父子笃好斯文,平原兄弟郁为文栋,刘桢王粲为其羽翼。次有攀龙托凤,自致于属车者,盖将百计。彬彬之盛大备于时矣。"并由曹植作品的"骨气奇高,辞采华茂"等,衍生出代表性的"建安风骨"之说。鲁迅先生更认为自己进入了"文学的自觉时代",即文学有了自身独立的价值。乱世出英雄,哀怨起骚人?这只能是对"衰世繁荣"现象的浅层次理解,深入研究的话,肯定是个宏大的课题。

相对而言,所谓"盛世平庸"倒是容易理解。不遗余力地追求或者不想失去已有的滋润日子,难免要高唱颂歌或者以拍马屁作为代价。举唐封演《封氏闻见记》的一个记载为证。唐高宗的时候,大才子王勃写了本《大唐千年历》,鼓吹"国家土运,当承汉氏火德",因为"上自曹魏,下至隋室,南北两朝,咸非一统,不得承五运之次"。运次,就是运行的次序,古人迷信得很。宋张世南《游宦纪闻》也说到了汉代的火德,且因"都于洛阳,恶水能灭火",刘氏还把"洛"字改成"雒"字,去掉水旁,导致"今惟经书作'洛',而传记皆作'雒'矣"。饶是有这些前提,高宗时人仍以王勃的言论"迂阔",他的说法也就"未为所许"。但到玄宗天宝年间,"升平既久,上书言事者多为诡异以希进用",大家都想着怎么获得上司的青睐,于是崔昌把王勃的那套说法又搬了出来。这时,玄宗也的确欣然接受,"下诏以唐承汉,自隋代以前历代帝王皆屏黜之,更以周、汉为二王"。不过,到杨国忠掌权时"自以隋氏之宗",又来了个"追贬崔昌并当时议者"。从政的人对这种官场上的翻云覆雨自然不会奇怪,然倘若盖世之才本着媚世的心态,则对其作品不可能奢望。

种种历史表明,文学的发展与社会的发展尤其与社会经济的发展未必同步;换言之,二者没有必然的对等关系。所以,持"盛世平庸"论者还是不要庸人自扰,所谓"王者之迹熄而诗亡",盛世就理应凡事皆盛,纯粹是一种想当然。今人能不能反其道而行之,要待后世给出结论,自吹自擂不行。至于方言成为表达的瓶颈,则显然露出了强烈的地域优越感,由此表现为本土文化优越感。这种自我文化为中心乃至至上的观念,更有些可笑了。方言独特的表现力固然"有助于作家在创作上进行突破",但它作为文学作品的一种载体,充其量只是运用的技巧问题,而作品的现实关怀,诸如对社会弊端的深层揭示,对人民切身利益和生存状态的深切关注,才应该是作品可能不沦为平庸的灵魂。诸如此类,不知道圈子里的人意识到没有。

2008年11月21日

大锅饭

今年是改革开放30周年,下个月18号,是十一届三中全会召开的"标准纪念日"。30年前,正是这次全会的召开,标志着中国进入了改革开放的历史新时期。改革伊始,形象地说,就是要打破"大锅饭"。这是一种借喻,而借喻,则可能来自生活中的现实,因为从前的确有真正的大锅饭。

唐朝封演《封氏闻见记》云:"青州城南佛寺中,有古铁锅二口,大者四十石,小者三十石,制作精巧。又有一釜,可受七八石,似瓮而有耳。相传是孟尝君家宅,锅釜皆是孟尝君之器也。"一石等于10斗,一斗等于10升,则孟尝君家的锅、釜大到什么程度可想而知了。无独有偶,钱泳《履园丛话》有一则"秦桧铁锅",云:"浙江藩署,南宋秘书省也。著作郎石待问尝书'蓬峦'额于省中。谢蕴山先生为方伯时,命余亦书此二字,以名其轩。轩前有大铁锅一具,可煮五石米饭。相传为秦桧之家中旧物也。"不仅有偶,而且有三。张岱《西湖梦寻》之"灵隐寺"条同样谈到了大锅,但这回不是铁的,而是铜的。说杭州灵隐寺屡毁屡建,崇祯十三年(1640)再毁之后,张岱的族弟具和尚主持复建。尽管"查如通旧籍,所费八万,今计工料当倍之",然具和尚"惨淡经营,咄嗟立办。其因缘之大,恐莲池金粟所不能逮也"。有一年,具体说是1657

年,张岱到灵隐寺看了一回,"大殿、方丈尚未起工",不过,"客房僧舍,百什余间,棐几藤床,铺陈器皿,皆不移而具。香积厨中,初铸三大铜锅,锅中煮米三担,可食千人"。

这几处记载,都是"明"讲大锅,显然还会有"暗"的。比如水泊梁山,应该会吃"小灶"的一百单八将之外,那么多喽啰吃饭,不可能没有大锅。萧兵先生前几年有一篇给梁山泊算笔经济账的文章,读来非常有意思。他照《水浒传》里的情节描写,认真计算了梁山的人口,以及其支出——猛吃猛喝的日常生活,与收入——主要是出山抢掠,如攻打祝家庄、曾头市等;然后结合宋代的农业生产水平,按正常年景、最高产量、最低消耗和赋役,亦即最理想情况进行理论计算,认为梁山决难长久支撑,梁山经济不但是"强盗经济",还是一种乐园经济、幻想经济,它要建构的是有中国特色的乌托邦,整个水泊就是一种半幻想、半现实、平均主义加平等主义的小乐园。那么,梁山上的生活,实际上已是对后世推崇的貌似美妙异常的"大锅饭"的预演,可惜没有为后人吸取教训就是。

战国时的孟尝君以"养士"而著称,门客三千,即便鸡鸣狗盗之徒,也来者不拒。那么多人要吃饭,家里须备两口大锅、一口大釜,逻辑上是成立的。在灵隐寺那里,具和尚曾指着铜锅告诉张岱:"此弟十余年来所挣家计也。饭僧之众,亦诸刹所无。"吃饭的人多,自然需要相应的家什。秦桧家里要能煮五石米大的锅干什么?不得而知。陆游《老学庵笔记》云,秦桧当朝时,"意欲搏击者",叫他的儿子秦熺先"于经筵侍对时论之",而"经筵退,弹文即上",一唱一和,真的是打仗亲兄弟、上阵父子兵。不仅如此,职司监察的台谏也完全是他手中的玩物,他对谁不满意,指使台谏去弹击谁,台谏无不从命,弄得他们"非诵桧之功德,则讦人语言以中伤善类。欲有言者恐触忌讳,畏言国事",一定要说点儿什么,则"仅论销金铺翠、乞禁鹿胎冠子之类,以塞责而已"。在这样的朝政背景下,他自己家里备一口可以供那么多人吃饭的大锅干什么呢?深究下去,可能会发现点儿别的什么。

孟尝君是田齐宗室贵族,他们家有足够的财力养活那么多吃闲饭、吃大锅饭的人。张岱说,他那次去灵隐寺,"饭后出寺门,见有千余人蜂拥而来,肩上担米,顷刻上廪,斗斛无声,忽然竟去"。他问具和尚,和尚说:"此丹阳施主某,岁致米五百担,水脚挑钱,纤悉自备,不许饮常住勺水,七年于此矣。"由此也可见具和尚果然因缘不小。据说,灵隐寺正是经具和尚整顿而积弊尽除,古风重振,当时皆称为"东南第一山"。不妨做个猜想,倘若秦桧家的确有那么多的人吃饭,每天所消耗的粮食该是怎样供给的呢?自掏腰包,还是他人孝敬?

封演还说:"孟尝君门客三千人,当时应有此器;然至今千余岁,累经丧乱,何能使兹二器,如甘棠之勿翦乎?或恐传者之妄。"这是对大锅这种"文物"本身的否定,同理不难推证其他。那么,古人好像也懂得用这种貌似"文化"的东西来吸引眼球,或者,今人对这类非驴非马的东西贩卖得如此起劲,正是骨子里承继下来的文化基因了。而"自齐王毁废孟尝君,诸客皆去",所以东山再起之后,孟尝君很有感慨,他对迎接他的冯谖说:"文常好客,遇客无所敢失,食客三千有馀人,先生所知也。客见文一日废,皆背文而去,莫顾文者。今赖先生得复其位,客亦有何面目复见文乎?如复见文者,必唾其面而大辱之。"尽管冯谖劝他不必,但大锅饭的恶果无疑当时即已显现。

2008 年 11 月 29 日

万民伞

江苏泗洪县出了一件新鲜事,是该县县委宣传部一名干部在博客中披露的:11月13日一大早,数百名群众"自发地"排着整齐的队伍,撑着"万民伞",打着"清官旗",集中在泗洪县政府门前,为离任的县纪委王书记送行。吊诡的是,从照片上看不过十来二十个人而已,且都是公务员的模样;送的东西中,万民伞之外,还是锦旗居多,且为划一的样式,倒像是有组织的。

接下来会有人去发掘真相吧。不过,万民伞这东西重出江湖,感到很新鲜。那是旧时绅民为颂扬地方官的德政而赠送的一种伞,属于待在古籍里的玩意,现代人把它翻出来,亦所谓古为今用了。那种伞不是借指,而是实体。至于形制,在以前的小人书上经常出现。我收藏的上海人民美术出版社的《官场现形记》系列,干脆有一册就叫《万民伞》,看上去,大抵就像今天商贩用的遮阳伞,不过布幔垂得长了一些,又有点儿像蚊帐。用这样的东西来表达敬意,背后当然有一套讲究。

政声人去后。比起古代一些官员的离任,泗洪王书记的待遇与之有天壤之别。我在以前写过路岩离任民以瓦砾掷之的情形,就是一例。《玉光剑气集》有"陶使再来天有眼,薛公不去地无皮"的民谚,表达的是百姓对地方两个官员来、去的两种鲜明态度。陶使,陶垕仲;薛公,薛大方。明朝永乐年间,陶垕仲任福建按察使,薛大方为福建布政司。薛大方"暴而贪",垕仲上本弹劾,而薛亦上本反诬,朝廷将陶、薛一同逮捕解京,"事白,大方得罪,公(垕仲)还官"。此外,《巢林笔谈》云:"圣驾南巡,黜苏州知府某,清吏治也。"这个知府走的那天,"吴民将窘之",赖另一位官员出面解围,说了番"狼狈至此,亦足矣,毋为已甚"的话,大家才算了。《啸亭杂录》还谈道,毕沅任两湖总督时,满洲王公福宁为巡抚,陈淮为布政,"三人朋比为奸"。其中,"毕性迂缓,不以公事为务;福天资阴刻,广纳苞苴;陈则摘人瑕疵,务使下属倾囊解橐以赠,然后得免",因而当地谣曰"毕不管,福死要,陈倒包"。不仅如此,还说"毕如蝙蝠,身不动摇,惟吸所过虫蚁;福如狼虎,虽人不免;陈如鼠蠹,钻穴蚀物,人不知之"。诸如此类的官员离任,"待遇"都是可想而知的。

  《玉光剑气集》还记载了明朝的一个规定:凡京官外谪,出都门以眼纱自蔽。为什么呢?该书没有解释,但刘天民的话或可道破。嘉靖朝,刘天民以谏大礼被谪,出京时"掷眼纱于地",说:"吾无愧于衙门,何妨令人见吾面目耶!"那么,蒙眼纱可以理解为官方的一种羞辱。《永宪录》则记载了雍正时的一个规定:"禁官员去任,士民擅行鸣锣聚众,罢市保留。"这又是出于什么考虑呢?"该员在任,实有政绩,惠泽在人,爱戴出于至诚,理应赴上司具呈陈请。即或清正廉干之官,冤抑被劾,百姓为之抱屈者,亦可赴阙审理"。所以,"除将刁恶之人分别首从,从重治罪外,其被保之员,即系好官,然既买嘱百姓,亦必加倍治罪,以儆刁风"。那么,这里要再次征引我在以前文字里提到的裴阴森的话了。他说官员离任之后,"凡德政碑、万民伞之最多者,其政声之恶可知矣",这种完全的逆向思维,正建立在现实中种种丑陋不堪的表演之上。吴趼人的谴责小说《糊涂世界》中有一段说得同样深刻："在任时第一要联络绅士，要晓得地方官这些万民伞德政牌，并不是百姓送的，百姓一样出钱，却亦不能不出钱，出钱之后，绅士来还官的情。"李宝嘉在《官场现行记》中讲的大抵还是这个道理。胡统领"剿匪"回朝，要地方送万民伞，单太爷说："绅士、商人于统领的口碑都有限，如今要他们送万民伞，就是贴了钱也万万不会成功"。并且，他还奉送了一句"老实话"：若以现在外面口碑而论，就是统领大人自己把牌、伞做好交给他们，他们也未必就肯送来。当然，万民伞终究还是"送"成了，懂得操作的人总有他的办法。

赵守俨先生有篇小文《"捉不良"与"不良"》，很有意思。他发现张鹭《朝野佥载》中屡屡提到的"不良人"，其实意思正相反，恰恰是"捉不良人"。比如，李忠"烝其后母"，事情闹得很大，"忠惶恐，私就卜问，被不良人疑之，执送县"。这个"不良人"，就是职司捕盗的吏，即《水浒传》中所谓"做公的"，后世所说的捕快。至于为什么省掉一个"捉"字，赵先生认为也许为了顺口。笔者却由此产生了另外一个感觉，后来的"万民伞"尽管没有字数上的省略，实际上也早已背离了它的本意，因为太多龌龊的人利用之，提起来已然成为反讽。其实，既然被欢送的纪委书记有那么多"感人事迹"，就不妨让旁的人分享一下，从那欢送的数百群众中随机抽取几位，既可以不用这些花里胡哨的东西还魂，也能够免得舆论说三道四。

2008 年 12 月 3 日

卖肉

广州一家食品企业招聘30个卖猪肉的职位,一下子吸引了1300名研究生前来应聘。一时间,"千余硕士争当猪肉佬"成为轰动新闻。有人以为这是学子们转变了择业观念,笔者不这么看。高校盲目扩招导致就业难的恶果日渐显现,今年偏又赶上了国际金融危机,雪上加霜。因此,只要有一个用人的"缺口",再加上8万到10万的诱人年薪,即便比赤裸裸地操刀在手卖猪肉还没有技术含量的岗位,也一样会涌去大量的学子。这个时候,争当猪肉佬与挤公务员那座独木桥,不见得有本质区别。

人要吃肉——出家人等自然要除外,又如《庚巳编》云,王士能元至正甲辰(1364)出生,到明朝成化癸卯(1483)还在世,已经120岁。人家向他请教长寿之道,他说:"但平生不茹荤,不娶妻,不识数,不争气耳。"不吃肉排在第一位。然对绝大多数俗人或常人来说,不吃肉恐怕不行。但从前吃肉,是比较奢侈的事情。孔夫子"在齐闻韶,三月不知肉味",以吃肉来比喻听到美妙音乐后的感受,可见一斑。他老人家收学费,不也是束脩(十条干肉)吗?孟夫子云:"鸡豚狗彘之畜,无失其时,七十者可以食肉矣。"把吃肉看作长寿者得享天年的一种标志。《左传》中的曹刿,有不少关于肉食者的话,"肉食者鄙,未能远谋"之类,显示出彼时吃肉仍然讲究阶层。吃肉从什么时候开始变得普遍,是专业人士考证的话题了。爱吃肉的代表人物,可推苏东坡吧。东坡说过:"无肉令人瘦,无竹令人俗。若教不瘦又不俗,顿顿还他笋炒肉。"今天各地的菜谱中也还有"东坡肉",然《吴下谚联》曰,"其式不始于东坡",《史记·周亚夫传》中已有,"大约为东坡鉴赏而名之也"。东坡还有一首著名的《食猪肉诗》:"黄州好猪肉,价贱如粪土。富者不肯吃,贫者不解煮。慢着火,少着水,火候足时他自美。每日起来打一碗,饱得自家君莫管。"富者不肯吃,可能那个时候的有钱人也讲究"吃菜要吃素"了。

有吃肉的自然就有卖肉的。如果要从文学作品中遴选几个著名的卖肉佬,要推《水浒传》里的郑屠、《儒林外史》里的胡屠户了,真实的著名人物中,聂政、樊哙也是"狗屠",但毕竟那只是他们发迹前的事业。西汉著名的陈平虽然也曾挥刀上阵,但是分肉而不是卖肉。《史记》与《汉书》均载:"里中社,平为宰,分肉食甚均。"这里的"为宰",颜师古注曰:"主切割肉也。"因为讲究公平,父老都夸奖选陈平来干这事真是选对人了,但陈平觉得这实在小看了自己:"嗟乎,使平得宰天下,亦如是肉矣!"所以,司马迁评价说:"方其割肉俎上之时,其意固已远矣。"跟"与人佣耕"时的陈胜一样,身旁这些哥们儿或者叔叔大爷,都只能勉勉强强排在燕雀的队伍里。可惜,从后来的结果看,陈胜自己也还是燕雀一只,仗打得刚有一点儿起色,就迫不及待地称王了。全然不似陈平,高祖时,"常出奇计,救纠纷之难,振国家之患";吕后时,"竟自脱,定宗庙",因而"以荣名终,称贤相",来了个"善始善终"。不过,职业卖肉佬郑屠和胡屠户的形象都不够好,众所周知,前一个是恶霸,被鲁提辖找茬打了三拳,不意打死。后一个可称势利小人,女婿去考举人,"因没有盘费,走去同丈人商议",被他"一口啐在脸上",让他"撒泡尿自己照照";而女婿中举之后,幡然变成了"我的这个贤婿才学又高,品貌又好"。

但卖肉,推而广之无论干什么,都不妨碍可能发迹,前些年名噪一时的河北无极邱满囤,就是卖老鼠药起家的。论卖肉,樊哙则是成例。但发迹之后,如何对待自己的卑贱出身,却往往成了难题。司马迁好办,径说樊哙"以屠狗为事",他不高兴也没办法,自己早就不在世上了。问题在于如果那人还活着,并且得罪不得呢?《渑水燕谈录》云,史馆准备给一位贵侯立传,因为"其人少贱,尝屠豕猪",干的正是卖肉的买卖,大家觉得不好下笔。回避吧,"即非实录";写上吧,又不知怎么写才好。这时想到了胡旦,他有办法,说写"某少尝操刀以割",以"示有宰天下之志"嘛,多好。这是借陈平来说事,既陈事实又进行了拔高,大家因而对胡旦"莫不叹服"。据说在科举史上,胡旦是最有自信的人物,他很早就说过:"应举不作状元,仕宦不作宰相,乃虚生也。"某年秋天,"郡守坐中闻雁",更赋诗曰:"明年春色里,领取一行归。"第二年,果然大魁天下。

《池北偶谈》有一则"吹笛"故事,觉得与今日"争当猪肉佬"的情形很相像。说"间巷有人以卖饼为生,吹笛为乐;仅得一饱资,即归卧其家,取笛而吹,如此有年"。这时,"邻有富人察其人甚熟,欲委以财千余。初不可,坚谕之,乃许诺"。但就是这几个钱一到手,"遂不闻笛声,但闻筹算声耳"。于是,吹笛者"大悔,急还富人钱,于是再卖饼,明日笛声如旧"。王士禛认为:"今士大夫不及吹笛人者多矣。"笔者由此便担心"千余硕士"中的"幸运"胜出者了,他们将来会"悔"吗?笛声会从此"不闻"吗?倘若同样得出"今硕士生不及吹笛人者多矣"的结论,可悲的就不仅是个人,还有中国的高等教育了。

2008 年 12 月 12 日

和谐·合鞋

12月14日,美国总统布什访问伊拉克,就在与伊拉克总理马利基出席共同举行的记者会上,一名在场的伊拉克籍埃及电视台记者为了表示不满,脱下自己的鞋子朝布什扔了过去,只是连扔了两次都被布什灵敏地弯腰躲过,电视画面完整地记下了颇为滑稽的这一幕。据说,投掷鞋子在伊斯兰习俗中是对他人严重侮辱的意思。萨达姆的铜像被推倒后,就有不少伊拉克人脱下鞋子拍打铜像的面部。

鞋子在那里可以成为"武器",在我们国度则有另外的表现。《清稗类钞》云,乾隆选秀女,"忽见地上现粉印若莲花",一调查才知道,"有一女雕鞋底作莲花形,中实以粉,故使地上莲花随步而生"。《南史》载南齐东昏候"凿金为莲花,以贴地,令潘妃行其上",就是制造"步步生莲花"的效果。该女大约仿效该典行事,目的就像布什说的"试图引起注意",也如同西晋的那些宫女或在门口挂竹叶柳条,或在地上撒盐,以"贿赂"羊车而等着司马炎"临幸"。不过,那位扔鞋子的记者随后便挨了一顿痛扁,今后也还不知会面临怎样的处罚;那女子的遭遇也是一样,乾隆先是大怒,然后"遽令内监逐之"。

清朝也有一则利用鞋子为"武器"的故事,那是鞋店看不起顾客所付出的代价。说杭州清和坊有个鞋店,"偶来一村翁购布鞋,选择颇苛",店员不耐烦了——这在今天也常见——于是说起风凉话:"乡人得著新鞋,已足荣耀乡里,何用挑选!"老头没吭声,"徐徐著鞋去"。第二天,又来了个老头,说自己近来在灵隐寺广作佛事,"且欲斋罗汉,请为我制罗汉鞋五百双,其足样大小,约如灵隐所塑者,用黄绫子作鞋面可也"。说罢还付了五十圆定银,拿完收条就走了。鞋店坐等来这宗天降的大生意,"无不大喜,昕宵趱赶,匝月而成",一边做还一边奇怪,怎么老头也不来关心一下进度呢?等到全做好了,"堆置店中",还是不见老头来,跑到灵隐寺去问,人家说没有这么个施主啊,鞋店这才明白上当了,肯定是先前得罪了的老人家在进行报复。

在吴宇森电影《赤壁》中,被曹操蔑称为"织席贩履小儿"的刘备,居然在平时果真在给兄弟们编织行军打仗穿的草鞋("关羽"很严肃地告诉"周瑜"的),不能不让人忍俊不禁。这部并非喜剧的电影屡屡让观众如此,类似的场面是为其一。由草鞋想到皮鞋。范公偁《过庭录》云,许冲元察御僚属甚严,有天"宾佐过厅,一都监曳皮鞋而前",冲元问他哪儿弄来的。都监以为冲元看中了,美滋滋地说:"某廂一卒能造,枢密或须之否?"哪知马屁拍错了,冲元变了脸:"某非无此,但不敢对同官着耳。"此语一出,不仅都监惶恐失措,而且"坐间数十客,莫不各视其足"。宋朝的皮鞋与今天的皮鞋不是同一概念吧,然由此亦知彼时官场穿鞋也是有一定之规的。

《南史》里还有个故事。有人认错了鞋,说刘凝之穿的是他的。凝之笑曰:这双鞋穿破了,回家找双新的赔你吧。后来那个人在田里找到了自己的鞋,把凝之那双送了回来,而凝之"不肯复取"。同样的事情也曾发生在沈麟士身上,麟士也是笑着说,是你的吗？脱下来就给了他；后来那人找到了自己的，同样是送还，麟士仍然笑着说，不是你的吗？就收下了。苏东坡就此认为："此虽小事，然处事当如麟士，不当如凝之也。"为什么由收不收认错的鞋会联想到为人处事？可惜东坡此间没有细说。

唐传奇中有一篇《霍小玉传》，是宪宗时翰林学士蒋防的成名作。那是一出悲剧，讲的是李益对霍小玉始乱终弃。其中说道，小玉尝"梦黄衫丈夫抱生（益）来，至席，使玉脱鞋"，乃惊寤自解曰："'鞋'者'谐'也，夫妇再合；'脱'者'解'也，既合而解，亦当永诀。"钱锺书先生说，以"鞋"谐"谐"，此唐人俗语，诗中屡见。且举例曰，王涣《惆怅诗》之六："薄幸檀郎断芳信，惊嗟犹梦合欢鞋"；白居易《感情》："中庭晒服玩，忽见故乡履。昔赠我者谁？东邻婵娟子。因思赠时语，特用结终始。'永愿如履綦，双行复双止。'自吾谪江郡，漂荡三千里。为感长情人，提携同到此。今朝一惆怅，反覆看未已。人只履犹双，何曾得相似？可嗟复可惜，锦表绣为里。况经梅雨来，色暗花草死。"再引张云璈《四寸学》云："今俗新婚之夕，取新妇鞋，以帕包裹，夫妇交递之，名曰'和谐'。"则今日建设之和谐社会，大抵可自此寻找文化基因了。

《史记·儒林列传》中黄生有个迂腐观点："冠虽敝，必加于首；履虽新，必关于足。"为什么呢？"上下之分也"。他是想借此来说，桀、纣虽然不是好东西，但是是"上"，汤、武虽然是圣人，但是是"下"，因此汤武代桀纣，不是受命，而是弑，"夫主有失行，臣下不能正言匡过以尊天子，反因过而诛之，代立践南面，非弑而何也？"这个迂腐逻辑如果成立，那就不是今人代康熙高唱"真想再活五百年"了，桀、纣自己恐怕要"真想再活五千年"！

2008年12月19日

猫

前几天,广州爱猫者发起了一场"救猫运动"。概因为有记者此前暗访时发现,从南京西火车站运送了1500只猫到东莞东火车站;与此同时,还有湘鄂苏沪等省市用汽车也运来了不少猫。干什么用呢?不是广东闹了鼠患,需要猫来立功,而是流向了珠三角的餐桌,给人吃掉。到了秋冬时节,讲究进补的老广向来有吃"龙、虎、凤"即"蛇、猫、鸡"的习惯。于是,在得知有1000只猫又从武昌运到广州时,爱猫者不干了,聚集在火车站试图买下这些猫,并拉起"拒绝吃猫""猫是朋友不是食物"之类的横幅大作宣传。

落籍岭南之前,也知道广东人吃猫,觉得很不可思议。我们那里不吃,倒不是基于保护动物的考虑,而是骨子里从来没有猫也可吃的意识。那东西完全该作为人的伙伴。它不仅是鼠的天敌,而且身上还有那么多有趣的现象。比如猫的瞳孔。有一首托名苏东坡的《猫儿眼知时歌》概括得最全面:"子午线,卯酉圆,寅申巳亥银杏样,辰戌丑未侧如线。"在钟表尚未诞生的年代,猫简直就是有生命的报时器了。《梦溪笔谈》亦云,欧阳修"尝得一古画牡丹丛,其下有一猫,未知其精粗"。他的亲家吴育说,这是"正午牡丹",除了"其花披哆而色燥,此日中时花也",再一个证据就是根据画中猫的眼睛,"猫眼早暮则睛圆,日高渐狭长,正午则如一线耳"。再比如猫洗脸,这是猫的常见动作,爱干净大抵也是人喜欢猫的原因之一。在我的故乡,孩童早晨洗脸如果比较认真,长辈就会以猫来喻,调侃说手都过耳朵了,今天要来客人。后来乃知此说历史悠久,唐段成式之《酉阳杂俎》已有"猫洗面过耳则客至"的说法,清严元照的《咏猫》诗也有"我欲试君洗面,今朝有客来无"。钱锺书先生说,在德国谚语里,猫自舔须乃客人过访之兆。这要算是中西传统文化的一个细小区别。

在民间传说中,众所周知猫是老虎的师傅,鲁迅先生《狗·猫·鼠》中透过祖母的口叙述了这个故事。此外,民间还传说猫是老虎的舅舅。《管锥编》引陆游《嘲畜猫》自注云:"俗言猫为虎舅,教虎百为,唯不教上树。"又引唐禅师所作:"五白猫儿爪距狞,养来堂上绝虫行;分明上树安身法,切忌遗言许外甥。"这里的虫是老鼠,外甥就是老虎。两者都谈到了猫在传授老虎技艺时因为留了一手,从而保住性命。《太平广记》中的督君谟故事,可谓这一故事的人世版。说隋末有个叫督君谟的"善闭目而射",虽然闭着眼睛,但是指哪儿射哪儿,"志其目则中目,志其口则中口"。王灵智跟他学习,到"以为曲尽其妙"时,"欲射杀君谟"——就像老虎要吃猫了——以为杀掉师父便可"独擅其美",从此老子天下第一。但是督君谟没教他"啮镞法",就是说平常他以短刀敌射,"箭来辄截之",但在赤手空拳看似不设防的时候,却可以"张口承之"。所以他一口就咬住了王灵智的夺命箭,笑着告诉他:"汝学射三年,未教汝啮镞法。"这也许是猫虎故事的启迪,然人间亦有此教训。《孟子》说:"逄蒙学射于羿,尽羿之道,思天下惟羿为愈己,于是杀羿。"羿之送命,就是没有"留一手"。

《万历野获编》里有一则"内廷豢畜",说"大内自畜虎豹诸奇兽外,又有百鸟房,则海外珍禽,靡所不备,真足洞心骇目"。而万历皇帝最喜欢的还是猫,"其为上所怜爱及后妃各宫所畜者,加至管事职衔,且其称谓更奇:牝者曰某丫头,牡者曰某小厮;若已骟者,则呼曰某老爹,至进而有名封,直谓之某管事,但随内官数内同领赏赐"。《竹叶亭杂记》云天启皇帝也是这样,他不仅喜欢干木匠活,还非常喜欢养猫,"猫儿房所饲,十、五成群",小厮、丫头之外,加职衔的猫还要叫作某老爷。这些猫俨然不是作为动物的猫了。

猫虽乖巧,但也有备受诟病的一面。冯梦龙《古今笑》里,彬师和尚会客时因"猫踞其旁"乃有借题发挥:都说鸡有五德——文、武、勇、仁、信,其实猫也有。对鸡来说,"头戴冠者,文也;足傅距者,武也;敌在前敢斗者,勇也;见食相呼者,仁也;守夜不失时者,信也"。猫呢?"见鼠不捕,仁也;鼠夺其食而让之,义也;客至设馔则出,礼也;藏物甚密而能窃食,知也;每冬月则入灶(到做饭的地方),信也"。不难看出,彬师和尚所说的猫之五德完全是反话,更像人称唐朝笑里藏刀的李义府为"李猫"所发出的弦外之音。在明朝朱裳看来,"朝廷设御史,如齐民畜猫捕鼠",可恨的是,猫鼠相持,主人助鼠!清朝的钱沣则对缄默不言的猫——御史深恶痛绝:"国家设立谏官,原欲拾遗补缺。今诸臣皆素餐尸位,致使豺狼遍野而上不知,安用谏官为哉?"

早几年,珠三角人每年吃掉一万只猫的新闻曾经引起波澜。老广固然一向以敢吃、会吃为荣。但在如今,在人与动物同样讲究和谐的时代,会吃是可以津津乐道的饮食文化,所谓敢吃,则多为陋俗,没什么可炫耀的了。所幸不少老广也已经认识到了这一点。

2008 年 12 月 23 日

诗病多于马病

歌曲《常回家看看》在流行了十几年之后,忽然被一位学者指出有性别歧视之嫌,引起民间的热议。旋即,当事教授解释说,她没有那个意思。在武汉大学召开的"反性别歧视"研讨会上,她介绍了"社会性别与女性发展"课开设的目的,就是要教育学生用社会性别眼光看问题、看事物,用这样的视角来观察,则《常》的歌词是"将传统性别角色固定化":男人工作角色,女人生活角色;男人可以享受儿女们捶背揉腰,妈妈最好的享受则是儿女来帮洗洗筷子刷刷碗。

这个社会学分析应该是很有意思的,可惜率先报道的媒体只是当成了一个噱头来对待,引得无论是赞是弹,全都偏离了言者的本意,错失了将专业知识转化并普及为大众常识的机会。从耳熟能详的作品中发现"问题",古人也有类似的做法,不同的是,他们针对的一般是诗。最著名的恐怕是说张继的"姑苏城外寒山寺,夜半钟声到客船"了。大约是欧阳修率先"发难"的吧,他认为"诗人贪求好句而理有不通,亦语病也",言罢即拈出《枫桥夜泊》,"句则佳矣,其如三更不是打钟时"。于是,寒山寺夜半究竟敲不敲钟,大家争论不休。彭□辑《续墨客挥犀》便认同张继:"余后过姑苏,宿一院,夜半偶闻钟声,因问寺僧,皆曰:'固有分夜钟,曷足怪乎!'寻闻他寺皆然,始知半夜钟唯姑苏有之,诗人信不缪也。"与这个故事相类,有人说,李白的"两岸猿声啼不住"也不对,郦道元《水经注》云:"瞿塘峡多猿,不生北岸,非惟一处,或有取之放著北山中,初不闻声,将同貊兽渡汶而不生矣。"就是说,猿在长江北岸根本无法生存。所以清人潘问奇过秭归时留下的《空舲峡》,不客气地批评了太白:"夜静猿声听不见,古人文字恐荒唐。"然梁章钜又不同意他这种观点,认为前人"考据固精,然诗家则不应如此论也"。

杜牧的名作《赤壁》——折戟沉沙铁未销,自将磨洗认前朝。东风不与周郎便,铜雀春深锁二乔——也是一样,宋人许𫖮率先表示不满,在他的《彦周诗话》里说:"杜牧之作《赤壁》诗,……意谓赤壁不能纵火,为曹公夺二乔置之铜雀台上也。孙氏霸业,系此一战,社稷存亡,生灵涂炭都不问,只恐被捉了二乔,可见措大不识好恶。"当然,许氏言论既出,同样赞弹有之。推崇者谓诗人乃形象思维,"以小见大""言近旨远",反对者以为"近轻薄少年语"。这个问题显然与对《枫桥夜泊》的争论不同,兼且反映了对史实的理解。当然,这种理解与吴宇森新片《赤壁(下)》的那种理解还是有着本质分野。吴氏纯粹是在戏说,结果弄得并非喜剧却每能聊博大家一笑。

《隋唐嘉话》云:"贞观中,医局求杜若,度支郎乃下坊州令贡。"州判司报云,谁都知道,我们这儿根本不产杜若啊,应该是南朝谢朓的"芳洲多杜若"误导了吧。诗里这么说,当成真事,"岂不畏二十八宿向下笑人?"唐太宗听了,倒是先哈哈大笑起来,然后州判司升官,度支郎免职。"芳洲多杜若"这种情形,用清朝学者俞樾的话说,叫作"诗之专主神韵者,往往不切事理"。他更举了李白的那首"青山横北郭"为例,说既云"白水绕东城",表明送的客人一定是坐船了,忽然又说"挥手自兹去,萧萧班马鸣",真不知客人是乘船还是骑马。倘向前看,《诗经》里的一些篇章已经被这样质疑。《卫风·淇澳》说"瞻彼淇奥,绿竹猗猗",西晋时左思云:"见'绿竹猗猗',则知卫地淇澳之产。"郦道元则说:"今通望淇川,并无此物。"《郑风·溱洧》之"维士与女,伊其相谑,赠之以勺药",白居易也表示不同意,他的《经溱洧》云:"落日驻行骑,沉吟怀古情。郑风变已尽,溱洧至今清;不见士与女,亦无芍药名。"对此,钱锺书先生的见解是:"诗文风物景色,有得之当时目验者,有出于一时兴到者。出于兴到,固属凭空向壁,未宜缘木求鱼;得之目验,或因世变事迁,亦不可守株待兔。"

前人说:"马有三百四病,诗有三百八病,诗病多于马病。"当然,比照"三十三天,离恨天最高;四百四病,相思病最苦",人病又多于诗病。饶是"诗病多于马病",陈寅恪先生以诗证史,尤其是通过元稹、白居易诗来阐述唐代社会史所成就的"不今不古之学",无疑还是给后世读诗作出了另一种示范。在寅恪先生看来,"中国诗虽短,却包括时间、人事、地理三点。中国诗既有此三点,故与历史发生关系。把所有分散的诗集合在一起,于时代人物之关系、地域之所在,按照一个观点去研究,连贯起来可以有以下的作用:说明一个时代之关系;纠正一件事之发生及经过;可以补充和纠正历史记载之不足。最重要是在于纠正"。学者对《常回家看看》的解读,实际上就是在运用这种方法。尽管作者本人认为创作时毫无性别歧视的倾向,但是这种不自觉的流露,的确是时代价值取向的折射。这一点,当代有人注意到了,值得欣慰,后人肯定看得会更清楚一些。

2009 年 1 月 6 日

假币

编号 HD90 的人民币百元假钞,以其"高仿真"、能骗过验钞机的姿态在全国多个省市出现后,骤然搅乱了公众的正常生活,或者说引起了集体恐慌。银行方面的做法很值得总结,假币刚冒出来的时候,他们缄口不语;好不容易吭声了,又是教你怎么看水印、听声音、检查金属线……前几天央视《新闻1+1》报道说,当 HD90 成为公众关注焦点的时候,没有火眼金睛的人们,唯一能选择的是看网络上发布鉴别假币的支招窍门,白岩松更直言不讳,永远教给大家怎么识别假币,其实是一种推卸责任的方式。

钱这东西,虽然定义说是充当一般等价物的商品,但实在不一般。用西晋鲁褒《钱神论》的话说:"钱之所在,危而使安,死可使活;钱之所去,贵可使贱,生可使杀。是故忿诤辩讼非钱不胜,孤弱幽滞非钱不拔,怨仇嫌恨非钱不解,令问笑谈非钱不发。"考古材料表明,秦朝的法律已经记述了有人举发盗铸钱币的事情。盗铸,就是造假币,其与货币本身同时出现也不足奇。《史记·平准书》载,西汉初曾因"秦钱重难用,更令民铸钱",也就是允许百姓自己经营铸钱,为了防止私人铸出夹杂铁铅、重量不足的劣币,官方还颁行了"法钱"制度,亦即规定了法定的钱币重量。西汉的"吴楚七国之乱"所以能够乱起,原因之一是挑头的吴王刘濞利用封地靠海的便利经营制盐获取暴利,以及利用封地内的铜山,"招天下亡命者盗铸钱"。不过,这里说"盗铸",有点欲加之罪的味道。因为平定"七国之乱"后,朝廷才接受贾山的建议,收回铸币权。有了这个禁令,铸钱才是盗铸,而民间谁还再敢,弃市!

历史上打击假币,依靠的就是严刑峻法。王莽时,"一家铸钱,五家坐之,没入为奴婢"。北宋时纸币产生,基本上同时产生了假币,因为伪造纸币比盗铸铜钱更加本小利大。在留存于今的"南宋行在会子库印钞铜版"上,我们能够看到特地注明"敕伪造会子犯人处斩"的字样。然正如元人《伪钞谣》所云:"国朝钞法古今无,绝胜钱贯为青蚨。试令童子置怀袖,千里万里忘羁孤。岂期俗下有奸弊,往往伪造潜隈隅。设科定例非不重,赖此趋利甘捐躯。"当代学者汪圣铎先生说,大抵盗铸泛滥往往都与官方铸行劣钱相联系,那种"入水不沉,随手破碎",乃至"十万钱不盈一掬"的钱,造假起来简单、容易。汉武帝时规定"天下非三官钱不得行",因为由三官(上林苑的三个官署)监铸的钱工艺水平较高,"唯真工大奸"才能盗铸,所以那一段时间基本上防范了假币。如今,道高一尺,魔高一丈,即便人民币防伪技术已然一流,能骗过一般验钞机的HD90,还是吓得广州一些商家收都不敢收了。

假币害人匪浅,古今一同,否则HD90不至于引起这么大的恐慌。兹举明清两个实例。《玉光剑气集》云,明朝正德年间"徽人王某商于苏",有天他晚上"出河滨散步",见到一个少妇抱着小孩要投水,赶紧出钱让船家把他们救了上来。问原因,少妇说家里穷,老公"佣工度日",我卖了头猪"以偿租值",谁知"所得皆假银也";老公回来我没法交代,他肯定会恼得不行,"必加棰楚",我觉得没法活了,不如死了算了。王商人劝她不要自寻短见之余,"与以豕价,而倍周之"。清朝有一个收了假银的,没有少妇那么幸运。《在园杂志》云,四川己酉(1669)乡试后,"孝廉数人,结伴公车过陕境",其中一个"留宿狭邪",完事后"以假银给之"。第二天北上,一直"自觉于心不安"。在考场里,受骗妓女的影子老是在眼前晃荡,结果"不终场而罢"。回来时再经过那个地方,邻居告诉他,"自君行后,妓以银付鸨母。母识假银,怒而扑之",女孩儿当时哭着说:"命薄如此,何以生为!"就上吊自杀了。孝廉听了,"不胜愧悔"。这两个故事,还各有一个因果报应的尾巴。王商人先是被人算命算出"十月当有大难",做了好事之后,不仅安然避过,而且原本"年逾三十未有子"的他,"后来连生十一子,至九十六岁犹康健";而孝廉就正相反,后来虽然得了县令,却"未任而殂"。这些后果,当然要姑妄听之了。

对待假币的态度,明朝的冯俊最为可取。其为举子时,"逐什一之利于山东",回来一看"皆伪银也",乃"悉投于河",曰:"无陷后人。"偶见今天初二政治课"单元检测"题,正用了冯俊的例子,题目说:冯俊在进京赶考的路上将随身携带的东西换了些银子,在住店时却发现换来的银子是假的。店主劝他:"如果你一点点花出去,就没有人能发现银子是假的。"冯俊斩钉截铁地说:"我可不能去害人!"说完,毅然将银子扔进河里。你认为冯俊,A.应该听店主的,这样可以减少损失;B.具有诚实守信的美德,值得我们学习;C.是个书呆子,成不了大事;D.缺乏经济头脑,做事过于迂腐。神经正常的人不管心里怎么想的,都会选择 B 吧。这样的考题究竟能考出学生的什么,还真不大明白。

2009 年 1 月 12 日

排行榜

中国一流大学排行榜日前又出炉了。以前怎样不记得了，总之这一回有两个，分别是"邱均平版"和"武书连版"。邱均平是武汉大学中国科学评价研究中心主任，武书连是国内第一个将中国大学排名的历史和现状系统整理出来介绍给公众的专家。时下中国的排行榜很多，多如牛毛，大学的只是其中一例，其他如各个行业、领域的，乃至城市的"幸福感"之类都有了排行。饶是排榜的人或部门都非常专业或权威，排出的榜大抵也难逃供人聊博一笑的命运。

古人也搞这一套。最有名的，该是关于"初唐四杰"的排名了。《旧唐书·杨炯传》载："杨炯与王勃、卢照邻、骆宾王以文诗齐名，海内称为王杨卢骆，亦号为'四杰'。"但是，不要说不同的人对这个排行榜看法不一，就是"四杰"本身对此榜也存在异议。杨炯说："吾愧在卢前，耻居王后。"《朝野佥载》中卢照邻则云："喜居王后，耻在骆前。"时人张说认为："杨盈川（杨炯曾任盈川令）文思如悬河注水，酌之不竭，既优于卢，亦不减王。'耻居王后'，信然；'愧在卢前'，谦也。"照杨炯及张说的意思，四杰的排行显然该是"杨王卢骆"更妥当一些了。按陈文华先生的归纳，"王杨卢骆""杨王卢骆"说之外，还有王世贞、冯班、丁仪等的"卢骆王杨"

说,以及胡应麟的"王骆杨卢"说。颠来倒去的排名,已有些"邱均平版"和"武书连版"的意味了。

杜甫《戏为六绝句·其二》曰:"王杨卢骆当时体,轻薄为文哂未休;尔曹身与名俱灭,不废江河万古流。"《朝野佥载》另云:"杨之为文,好以古人姓名连用,如张平子之略谈,陆士衡之所记,潘安仁宜其陋矣,仲长统何足知之。号为'点鬼簿'。骆宾王文好以数对,如'秦地重关一百二,汉家离宫三十六'。时人号为'算博士'。"这里的"点鬼簿"与"算博士"之谓,大抵就是诗圣说的"轻薄为文"者的"哂"了,"哂未休",实际上是时人对四杰的浅薄嘲笑。陈文华先生认为:"后人不思陈隋极弊之后,四子草昧初开之艰,而射声逐影,随人轩轾,屑屑于四人才力高低、排名先后,似亦无谓。"今天的排行榜又何其不然?

魏晋名士们对"排行榜"是另一种态度,《世说新语·排调》中有这样两则似能说明问题。其一,诸葛令、王丞相共争姓族先后,王曰:"何不言葛、王,而云王、葛?"诸葛令说,比如平常都说驴马,不说马驴,"驴宁胜于马邪?"余嘉锡先生指出:"凡以二名同言者,如其字平仄不同,而非有一定之先后如夏商、孔颜之类,则必以平声居先,仄声居后,此乃顺乎声音之自然,在未有四声之前,固已如此。故言王、葛驴马,不言葛、王马驴,本不以先后为胜负也。"两位当事人也未必不知其中道理,只是诸葛令酸得掉牙,对"落"在后面耿耿于怀罢了。其二,王文度和范荣期一起去见简文帝司马昱,"范年大而位小,王年小而位大"。到跟前的时候,"更相推在前",都想让对方走在前面;假客气了半天,"王遂在范后",算是以齿序尊了。不料王文度又嘟囔了一句:"簸之扬之,糠秕在前。"范荣期听到又回敬了一句:"洮之汰之,砂砾在后。"说两个人先前是假客气,道理就在这里。一个说另一个是簸箕簸出的米糠,另一个说这一个是淘米之后留下的沙砾,可见两个人对谁在前面其实是很计较的。

《解愠编》里有个"被人搬坏"的故事,很搞笑,也很能见出排行榜的本质。"寺僧塑释迦佛与老子同坐",道士看见老子居次席(老子居左,释迦居右吧),不高兴了,说我们老子在周朝的时候就出生了,佛是什么时候的?东汉才有嘛,差远了。于是把老子像搬到首位。僧人一见不干了,说"吾佛神通广大",本领比老子高,肯定得排在老子前面啊,又把佛像"复移转左位"。结果,两个人争论不休,谁也不服谁,忘了神像是泥塑的这个茬儿,"搬移十数次"后硬是给搬零散了,搞得佛和老子无奈地叹气说:"我两人过得好好的,无端端被这几个小人搬坏了。"

中国形形色色的排行榜虽然多如牛毛,但很多恐怕都像寺僧与道士一样,庸人自扰。对诸多行业排行榜来说,越行之,"潜规则"越大行其道;对地方政府来说,排行榜俨然成了一根指挥棒,没有排行榜就没有做事的动力,有了排行榜只为之做事的咄咄怪事。有报道说,目前全球知名的大学排行榜有170个左右。我国专做这类排名的机构虽然起步晚,但发展势头猛得令人咋舌,短短几年内便冒出20多家,排行榜已有数十个。据说,国外学术机构在对全世界主要的大学排行榜作分析时,根本没把我们这些"热门"榜单放在眼里,或许我们的这类东西有"只要肯掏钱,排名就靠前"的因素吧。

2009年1月17日

喷嚏

日前收到一个短信段子:茄子走在大街上,忽然打了个喷嚏。茄子自嘲:"哪里又在照集体相了。"这短信让人会心一笑,因为我们都知道茄子为什么这么说。不知从什么时候起,照相时在快门按动的瞬间流行说"茄子",据说发这个音的口型拍出的照片最好看。于是但凡路过照集体相的地方,总能听到一片"茄子"声。国外也这样,当然他们喊的是洋文,比如用英语,就说"cheese"。

喷嚏,按专业说法是由于鼻黏膜受刺激,急剧吸气,然后很快地由鼻孔喷出并发出声音的现象。打喷嚏属于生理上的,而被人家念叨也打喷嚏,则是传统文化中的一个现象。《容斋随笔》云:"此风自古以来有之。"古到什么时候呢?洪迈说《诗经·邶风》里的《终风》,即有"寤言不寐,愿言则嚏"了。这八个字的意思用笺注者郑玄的话说,就是"我其忧悼而不能寐,女思我心如是,我则嚏也。今俗人嚏,云'人道我',此古之遗语也"。把郑玄的话再通俗一点,就是我想你而睡不着,你肯定也是这样,因为我在打喷嚏。这跟短信里的"茄子"以及我们的理解就没有什么两样了。

明朝董遐周对"愿言则嚏"进行了进一步的演绎,专门写了一首民歌就叫"喷嚏",冯梦龙把它收录在自己编纂的民歌集《挂枝儿》里,全文如次:"对妆台忽然间打个喷嚏。／想是有俏哥哥思量我,/寄个信儿。/难道他思量我刚刚一次?/自从别了你,/日日珠泪垂。/似我这等把你思量也,/想你的喷嚏儿常如雨。"通过"喷嚏"来表达被思念和思念,别具一格,所以冯梦龙在标题后面批"题亦奇",在"难道"句后批"奇",在"想你"句后批"更奇",连用了几个"奇"字。董遐周是冯梦龙的好友,冯对他的评价颇高:"遐周,旷世才人,亦千古情人。诗赋文词,靡所不工。其才吾不能测之,而其情则津津笔舌下矣。"并且他认为"'愿言则嚏',一发于诗人,再发于遐周";这一再发,"遂使无情之人,喷嚏亦不许打一个",这是说无情的人必无人思念,所以被剥夺了打喷嚏的权利。梦龙语之奇,实在不输遐周。

除了表示相思,喷嚏还有其他的功能。《古今笑》里有一则"喷嚏惊虎"。说唐朝的傅黄中为诸暨令时,有个部下喝醉了,"夜中山行,临崖而睡",引来了一头老虎。老虎在他身上嗅来嗅去,结果胡须捅进了醉人的鼻子,那人痒得打了个大喷嚏,"声振虎,惊跃落崖下,遂为人所得"。类似的故事,《儒林外史》里也有一则,在第三十八回。说郭孝子两度遇虎,第一回,郭孝子装死,老虎当了真,刨挖了个坑,"把郭孝子提了放在坑里,把爪子拨了许多落叶盖住了他,那老虎便去了"。第二回,郭孝子吓得"一交跌在地下,不省人事",老虎也是在他身上到处闻,终于"一茎胡子戳在郭孝子鼻孔里去,戳出一个大喷嚏来,那老虎吓了一跳,连忙转身,几跳跳过前面一座山头,跌在一个涧沟里",死于非命。那么,喷嚏也成了一柄双刃剑,在人,可以救命;在虎,可以致命。

《西游记》第七十六回,孙悟空也是利用喷嚏保证了自己的安全。老魔吞了孙悟空,"以为得计",不料孙悟空在里面"不住的支架子,跌四平,踢飞脚;抓住肝花打秋千,竖蜻蜓,翻跟头乱舞",回过气来的魔头只好恳求"大慈大悲齐天大圣菩萨"。悟空说:"儿子,莫废功夫,省几个字儿,只叫孙外公罢。"辈分全弄乱了,老魔也只好这么叫。到悟空要出来时,三魔出了个馊主意,悄悄地对老魔道:"大哥,等他出来时,把口往下一咬,将猴儿嚼碎,咽下肚,却不得磨害你了。"哪知悟空早有防备,先"把金箍棒伸出,试他一试",结果老魔"往下一口,挖喳的一声,把个门牙都迸碎了"。等到再出来时,悟空"从他那上腭子往前爬,爬到他鼻孔里。那老魔鼻子发痒,'阿嚏'的一声,打了个喷嚏,却迸出行者"。

  《容斋续笔》卷十五谈到,宋朝的杨愿"最善佞",饮食动作悉效秦桧。有一次秦桧吃饭的时候忽然"喷嚏失笑",杨愿见状,"于仓卒间,亦阳喷饭而笑"。尽管"左右侍者哂焉",但秦桧"察其奉己,愈喜"。后来觉得他讨厌的时候又要一脚踢开,"讽御史排击而预告之",杨愿这回"涕泪交颐"。秦桧说:"士大夫出处常事耳,何至是?"杨愿说得好听:"愿起贱微,致身此地,已不啻足,但受太师生成恩,过于父母,一旦别去,何时复望车尘马足邪?是所以悲也。"这一表白很奏效,《宋史·杨愿传》载:"又三年,(愿)起知宣州。"因此在李若谷罢参政时,有人也劝他:"胡不效杨原仲之泣?"但李若谷笑曰:"便打杀我,亦撰眼泪不出。"杨愿的"喷嚏",该是喷嚏史上最不光彩的一页了。人要献佞,总能找到自己的方式。

2009 年 1 月 24 日

今平没·《金瓶梅》?

农历己丑牛年已经到来了。×年谈×,佐以大量的谐音祝福语,尤为这几年所运用。狗和鼠,组合起来的词汇大抵都不那么好听,但国人仍然能体现出智慧。狗年来的时候,"旺旺"一时大热;鼠年来的时候,"鼠"一"鼠"二,非你莫"鼠",短信上转来转去。牛年来了,自然要沾"牛"的光,"牛年更牛"响彻闾巷是很自然的。但令人意想不到的是,"牛屎"居然也跟着火了起来。当然,此"牛屎"非老牛的排泄物,而是玩具,据说造型非常可爱,有做高兴表情的,也有做憋屈表情的。在深圳和香港的花市上,都有这种"牛屎"卖。人们青睐"牛屎",概因为可以谐音股市中的"牛市"。

过年了,利用谐音体现出的好意头图个高兴,属于文字游戏中的一种。不过,清楚地记得去年年底有篇报道,说有人用谐音来进行学术研究,这就有点儿诧异万分了。那是哈尔滨广播电视大学一名教师发表论文,声称从《金瓶梅》的书名中读出了玄机,原来这三个字并非普遍认为的从小说主人公潘金莲、李瓶儿、庞春梅的名字中各取一字,也并非是"金"代表金钱、"瓶"代表酒、"梅"代表女色的隐喻,而"实指"大明王朝"今、平、没",即大明王朝的太平盛世如今已经不再,要亡国了。报道还说,这名教师借此"为《金瓶梅》作品正义,努力挖掘恢复《金瓶梅》题目蕴含的微言大义"。虽然在下没有看到那篇论文,看了也不一定懂,但感觉上这种研究似乎偏离了学术的正途。

《金瓶梅》成书约在明朝隆庆至万历年间,就算从万历末年(1620)开始计起吧,离崇祯皇帝吊死煤山也还有24年。事实上,崇祯皇帝是很想励精图治,进行一番作为的,而且也不是没有成功的可能,种种痼疾叠加才导致其成为亡国之君。那么,大明王朝何时了结,是后人就结果来"判断"过程。倘若《金瓶梅》在成书的时候就能预言到这一点,则这部开启了文人直接取材于现实社会生活而进行独立创作先河的作品,就不是小说,而是像《推背图》一类的谶书了。

前人惯用"未卜先知"的手法显示高明,以为文字中无不潜藏着信息密码,但看谁能破解而已。如咸丰皇帝的年号,有人发现,那是"一人一口起干戈,二主争山打破头(豊)";同治皇帝年号,那是"一国干戈净,三台气象新"。瞧,这两个年号连洪秀全起事、两宫皇太后垂帘听政,全都"预言"出来了。甚至清朝有人还发现,老北京正东的西三门——正阳门、崇文门、宣武门之命名,预示着元明清三个朝代的灭亡时间和要因。听听是怎么说的:"元之亡也,年号至正,则为正门之占验焉。明社之亡,年在崇祯。今者国祚之移,号曰宣统。盖崇祯时以文臣庸阘而亡,宣统时以发难于武人而亡也。"有道理吗?好像有点儿道理,但此类"发现",仍然是就已知的结果来诠释过程。结果看得这么清楚,文字智慧运用得好,当然就说得通。然这种所谓"预兆",充其量供市井一笑,闻者姑妄听之,当成学术研究,就有商榷的余地了。

从《金瓶梅》到"今平没",与"牛屎"成"牛市"一样,说到底做的是谐音文章。巧用谐音,自然是传统文化的一种。清朝的孟超然说:"虫之属最可厌莫如蝙蝠,而今之织绣图画皆用之,以与'福'同音也;木之属最有利莫如桑,而今人家忌栽之,以与'丧'同音也。"利用不可能左右现实的字眼试图"趋利避害",同样是人的一种文化心理。《北梦琐言》云:"江陵有村民事伍子胥神,误呼'五髭须',乃画五丈夫,皆胡腮,祝胡之祭云:'一髭须''二髭须''五髭须'。"《古今笑》那里更有意思,说温州有"杜拾遗庙",祭祀的本来是杜甫,不知怎的谐成了"杜十姨",结果庙里塑了个妇人像。这些则属于因为谐音闹出的笑话。

《鹤林玉露》里有一则"前辈勤学",举了两个人读书用功的例子。一个是杨龟山,其举两肘示人曰:"吾此肘不离案三十年,然后于道有进。"另一个是张无垢,其谪居寺院,"寝室有短窗,每日昧爽,辄执书立窗下,就明而读,如是者十四年"。他离开的时候,"窗下石上,双跌之迹隐然",就像少林和尚练功留下的脚窝一般。今天的学者,肯这样下功夫的恐怕少了,"学术明星"的诱惑更大一些。东汉仲长统云:"天下学士有三奸焉:实不知,佯不言,一也;窃他人之记,以成己说,二也;受无名者,移知者,三也。"留一点儿神,却也不难在今天一一对号入座。

唐人张彦远批评一种人:"不为无益之事,安能悦有涯之生?"即便用之于喜欢哗众取宠的学者,可能也言重了。《管锥编》引姚福《清溪暇笔》云,明人尝嘲释迦牟尼之六字真言"唵嘛呢叭弥吽",谓"乃'俺把你哄'也,人之不悟耳",在清朝佟世思的《耳书》里,真言干脆径是"俺那里把你哄"。《金瓶梅》摇身一变成"今平没",正有这种"把你哄"的意味吧。

2009 年 1 月 30 日

祈雨

2月1日傍晚,河南省洛阳市孟津县人工影响天气作业基地的工作人员,移动高炮和火箭发射架进入了作业状态。自2008年10月以来,由于降水明显偏少,河南大部分地区出现不同程度的旱情,包括洛阳在内的豫西地区旱情尤为严重。孟津此番"备战",是因为当日洛阳市天气预报有零星小雨雪,有可能形成人工催雨作业的天气条件。

同样是求雨,今天有了相当的主动性,从前的人则是祈求,用各种手段感召老天。《唐语林》云,唐代宗时天下久旱,京兆尹黎干"于朱雀门街造龙,召城中巫觋舞雩"。黎干本人还"与巫觋史起舞",然而引来的却是"观者骇笑"。想来见惯祈雨的时人,也觉得那些招招式式太滑稽了吧。当年,日本遣唐使成员之一的僧圆仁曾"记录了一次很有趣的乞雨仪礼",古濑奈津子《遣唐使眼里的中国》提了一句,可惜不具体,不知与此相差几多。总之黎干们演出之后,实际情况并没有改变,老天还是"经月不雨",他就"又请祷于文宣王",打算向孔夫子求援。代宗闻之曰:"丘之祷久矣。"这是《论语·述而》里的一句话。孔子病了,子路为他祈祷于神灵。孔子问他有这么回事吗?子路说有,《诔》曰"祷尔于上下神祇"嘛。孔子就说:"丘之祷久矣。"让人难免听出孔子不大相信的意思,代宗显然正是这样认为的,"命毁土龙,罢祈雨,减膳节用,以听天命"。

《太平广记·虎头骨》引《尚书故实》云:"南中旱,即以长绳引虎头骨,投有龙处。入水,即数人牵制不定。俄顷,云起潭中,雨亦随降。"这是另一种祈雨法了。钱锺书先生认为,这种做法是"欲激二物使怒斗,俾虎啸风生、龙起云从,而雨亦随之"。虽然"原理"听来甚是荒谬,但钱先生列举了不同时期的人们的很多诗句,证实了它的普遍性。如苏辙《久旱府中取虎头骨投邢山潭水得雨戏作》曰:"邢山潭中黑色龙,经年懒卧泥沙中。嵩阳山中白额虎,何年一箭肉为土。龙虽生,虎虽死,天然猛气略相似,生不益人死何负。虎头枯骨金石坚,投骨潭中潭水旋。龙知虎猛心已愧,虎知龙懒自增气。山前一战风雨交,父老晓起看麦苗。君不见岐山死诸葛,真能奔走生仲达。"在前人看来,这种祈雨的办法肯定是非常奏效的,苏辙之所谓"戏",指的该是压轴的那一句,而非方法本身。

张怡《玉光剑气集》云,明朝汉阳令王叔英祈雨的办法是在"祷于城隍"的同时发誓:"三日不雨,则减一食;六日不雨,则绝食饮水,以俟神谴。"王叔英用的是苦肉计,以惩罚自己来达到目的。清朝江西巡抚刘坤一则不然。他两次到许真人庙求雨不得,第三次来的时候,"市人群聚于庙之左右",看热闹且"哄然哗笑"。刘巡抚生气了,一面说"我求雨不得,市人笑我",一面又指着神主说:"他不降雨,罪过不更大乎!"据说,王叔英刚一祷完,"大雨如澍",而下得太多,又担心洪涝,乃"复祷于神",结果没多久天就晴了。张怡说"诚之不可掩如此",至诚就可以"为所欲为",自然是后人的附会了。

清朝的一个定制是:久旱、久雨,宫廷官署无不致祷。有时还要劳动皇帝的大驾,康熙、乾隆都曾"步祷"至天坛祈雨,衣服、旗帜还要都用黑色的,未知是否扮成阴天的模样。《清稗类钞》里还有一段慈禧太后祈雨的描写,说她"不御珠玉,服浅灰色衣,无缘饰,巾履亦然。饮食仅牛奶、馍馍二物,宫眷则食白菜煮饭"。祷之前,慈禧"方入殿,有一太监跪呈柳枝一束",乃"折少许,插于髻,宫眷等皆然",光绪则插于冠。"插柳毕,太监李莲英跪奏诸事已备,乃群从孝钦步行,至孝钦宫前之一室。宫中置方案一,上置黄表一折,玉一方,朱砂少许,小刷二,旁案列瓷瓶,中插柳。孝钦之黄缎褥铺案前,案置香炉一,燃炭,孝钦取檀香少许,投之炉,乃跪于褥,宫眷皆后跽,默诵祷词"。说些什么呢?"敬求上天怜悯,速赐甘霖,以救下民之命,凡有罪责,祈降余等之身"。默诵三遍,行三跪九叩毕,乃出。这当中,"柳"的作用凸显,该是慈禧们的精神寄托了。

王叔英的故事也表明,古人是把天象和德政密切关联在一起的。《古今笑》里有一则"抽税"的故事,说南唐时"关司敛率繁重,商人苦之"。正巧这时京城地区大旱,皇帝不解:"外境皆雨,独不及都城,何也?"申渐高答:"雨不敢入城,惧抽税耳。"逗得皇帝哈哈大笑。窦俨《水论》干脆认为旱涝与德政就是一对双胞胎,他说唐德宗贞元壬申(792)大水,就是"政之惑"导致的。当其时,"德宗之在位也,启导邪政,狎昵小人。裴延龄专利为心,阴潜引纳。陆贽有其位,弃其言。由是明明上帝,不骏其德。乃降常雨,害于粢盛。百川沸腾,坏民庐舍,固其宜也"。如果"能修五政,崇五礼,礼不渎,政不紊",下的雨才能恰好,可"谓之时雨"。德政与降雨之间应该是没有必然联系的,但是听一听,有益无害。

2009 年 2 月 4 日

治水

农历新年伊始,广州市政府召开的第一个会议是研究治水。广州的治水,实际上是治河涌。河涌密布,是广州城市的一个特色。不过,河涌也是一柄双刃剑:水质优良的话,则小桥流水,树影婆娑,不啻天赐美景;而水质恶劣的话,就会传播恶臭,令人作呕。广州河涌的现状基本上属于后一种。为了显示治理决心,张广宁市长去年给各区规定了一个治理时限,要在2010年6月底前实现根本好转,且要求区长们届时选择一条辖区的河涌下去游泳。现在,再如此高度重视河涌问题,不要说,因为亚运会的召开越来越临近了。

从前的人们治水,跟广州的这个概念不一样,基本上是指治河,相当于今天的防洪。古人对水,是心存几分畏惧的。比如元朝设置的淞江府,"明初,以郡多水灾,因于淞字去水而从松,称松江府",怕到了这般田地。也因此,准确地表述元代纺织家黄道婆籍贯的话,应当说是"淞江府乌泥泾镇",而不是现在说的"松江府乌泥泾镇"。二十四史里有若干"治水卷",《明史》卷二百二十三即为其一,传主如盛应期、朱衡、潘季驯等,主要事迹都跟治水有关。可惜的是,这几位或出师未捷或半途而废。原因呢?正像卷尾的作结:"事功之难立也,始则群疑朋兴,继而忌口交铄,此劳臣任事者所为腐心也。"干事的人老是被指手画脚的人毫不必要地牵扯过多的精力。比如"盛应期诸人治漕营田，所规画为军国久远大计，其奏效或在数十年后。而当其时浮议滋起，或以辍役，或以罢官"，实际上治水这种事情"久之乃食其利，而思其功"，但指手画脚的人不管那么多，急功近利，当然，不能排除借此排挤政敌。

《清稗类钞》里有"康基田治河"，说康基田平时要求非常严格，"动以军法从事，稽时日者，立枷杖"，此举虽然惹得"人皆嗟怨"，但"河汛赖以无虞"。其中关于康基田面对"睢、宿河溃"时表现的记载，寥寥数语，读来却惊心动魄。"睢、宿河溃，康立埽上，指挥士卒，狂澜大作，埽为之欹，众咸畏，而康声色愈厉，漫口因之堵塞"。埽，就是护堤或堵决口所用的以秫秸、石块、树枝等材料捆扎成的东西。大水把材料堆都冲歪了，要倒了，康基田仍然站在上面指挥，何等勇气！这是堵决口时的情景。有意思的是，《郎潜纪闻四笔》中的"百龄治河"，说的是堵完了的情景。也是嘉庆年间的事，也是溃坝，也是百龄"亲自坐埽河上"指挥，也是成功。天亮后，大家到龙王庙去行礼，"僚属以至卒徒排侍左右"，不料百龄转而向他们先一一行礼。这一下把大家吓坏了，"卑职不敢""小底不敢"之声，"溢于两耳"。百龄感叹地说："当时在坝上，何分'大人''卑职''老爷''小底'耶？惊涛一刷，贵贱同流，诸君不顾身命，为朝廷出力，皆吾好兄弟、好朋友。"把大家感动得一塌糊涂。事后到龙王庙去行礼，该是"畏水"的另一种表现了。

治水需要投入，因之搞专项治理时，往往也是个肥缺，比如清朝的河工，《官场现形记》描写的贾润孙最典型，"黄河决口，百姓遭殃，却是他升官发财的第一捷径"。嘉庆时的河督徐端，"久于河防，习知其弊，尝以国家有用赀财滥为糜费，每欲见上沥陈"。

同僚们吓坏了,"恐积弊揭出,株连者众,故尼其行",致徐端"抑郁而死"。前面说到的康基田也是一样,嘉庆四年(1799)他奉调治理南河,发现"积弊山积",不待他动手整顿,那里的官吏抢先一步,"阴纵火焚积料以掩其迹",让明白账糊涂起来,连累得康基田被罢了官。

  宋真宗时的王济修黄河、汴河,张齐贤要他立军令状,"保河不决"。王济奏曰:"河之决,系阴阳灾沴,责在调元者。和阴阳,弭灾沴,为国致太平,河岂有决乎?"因此,"臣乞先令宰臣立一保状,天下太平,然后臣以族入状,保河不决"。将了张齐贤一军。同朝稍后的赵师民曾给仁宗讲《诗经》,讲到《小雅》中的"如彼泉流"时发挥道:"水之初出,喻王政之发。顺行则通,通故清洁;逆乱则壅,壅故浊败。贤人用,则王政通而世清平;邪人进,则王泽壅而世浊败。幽王失道,用邪绌正,正不胜邪,虽有善人,不能为治,亦将相牵而沦于污浊也。"仁宗问:"水何以喻政?"师民答:"水者,顺行而润下,利万物,故以喻政,此于比兴,义最大。"王济要张齐贤先立军令状保天下太平,正是把治水和为政等同起来看待,他不是和张齐贤有意抬杠,当时的世界观就是如此。

  广州的河涌早就变质了,原本是一项可以从容规划、从容整治的事情,现在因为亚运会又变成了时间紧、工期急的政治任务。收一时之效是可以预期的,就像前两年的年度珠江游泳,在下水的前些天把保证水质的工作做足(专业人士仍然认为水质达不到游泳标准),附近楼盘的生活污水临时接条管子流往下游,之后状况依旧。有此前车,在亚运之前,人们有充分理由相信河涌状况一定好转;然而关键却是之后,不用顾及他人评价,纯粹事关生态的时候如何,这是不能不使人担心的。

2009年2月9日

迟到

这两天有报道说,上任两个多星期的美国新总统奥巴马,在出席所有场合的时候总是迟到。美国媒体讽刺他在华盛顿开创出了"奥巴马时间"。因为,奥巴马推翻了前总统布什的一项严格执行、但不成文的规定——"永远要准时",到奥巴马,等于把它改为了"姗姗来迟"。据此,奥巴马甚至获封"迟到大王"的雅号。美国的"一哥"也常常迟到,在我们早就习以为常这一坏习惯的那些人,可能如获至宝,找到了心理平衡也说不定。以我的有限经历来看,如今开个什么会,哪怕是比较重要的,正点开始也可奇怪一下。而一句"塞车",更可以成为迟到者最好的借口,脸不红,心不跳。

曾见有的地方开会时专设"迟到席",来晚了就坐"另座"。大概此举羞辱的意思太强了吧,现在见不到了,但由此可见大家对迟到的厌恶程度。古人亦然。《世说新语·方正第五》云:陈寔和朋友约定日中一起出发,"过中不至",陈寔就自己先走,不等了。朋友来到后,碰到陈寔七岁的儿子元方正在门外玩耍,问他爸爸在不在家。元方答,等你好久也不来,已经走了。朋友勃然大怒,骂了起来:"非人哉!与人期行,相委而去。"元方则正告他:"君与家君期日中。日中不至,则是无信;对子骂父,则是无礼。"

一席话说得"友人惭",欲"下车引之"以示修好,"元方入门不顾"。明明是自己迟到了,却还理直气壮,这在今天并没有多大的改变。

《清稗类钞》里有一则"京师宴会之恶习",此中恶习之一,说的是师生、友朋、同乡,动辄饭局,仿佛离开吃饭办不成事,"故酬应之繁冗甲天下"。恶习之二,该是赴宴的人不守时了。里面举了两例。其一,祝云帆在家里约了几位朋友,"陪新简金华太守杨古心"。结果"候至上灯时,古心犹未至,云帆大怒,乃先入座畅饮",大家一边喝一边说:"古心必不来,即来,亦听之。"谁知饮到三更天了,"肴核尽矣",那老兄忽然来了。这边祝云帆也许喝多了吧,"侈口肆詈,声色俱厉",末了"仅以一羹一饭了之",跟打发一个要饭的差不多。其二,闻春台邀请程春楼陪一个地方官吃午饭,"至日将晡,尚未至"。晡,即申时,也就是下午三点到五点。就算三点吧,午饭等到这个时候,也不会有人耐烦了,于是大家"大恣饮啖而散"。上灯后,闻春台准备睡了,那个地方官来了。结果,他的待遇还不及杨古心得到的一羹一饭,面都没见到。门人传出话来说:"主人明日早直,陪客皆需入城,不及待,他日另请可也。"地方官碰了软钉子,自己理亏在先,只有"大惭沮,嗫无一词"。

《清稗类钞》里还有一则请客迟到的故事,也颇有趣。说潘祖荫每次请客,"客依时至,则进酒尽欢,或稍越时,则肃之入座,啜之以茗,且与长谈,终不具馔"。坐久了,客人饿了,"则令进面一器而已"。客人回去后难免发牢骚,潘祖荫说:"客自失时,我何罪焉?"在他看来,谁叫你迟到呢。潘祖荫当过清朝刑部尚书,也是古玩字画的大收藏家。众所周知第一个认识到殷墟甲骨并作为珍贵文物购藏的人是王懿荣,《清史稿·王懿荣传》载:"懿荣泛涉书史,嗜金石,翁同龢、潘祖荫并称其学。"可见潘祖荫的学识非常了得。在收藏界,人们叫他"潘神眼",他收藏的西周礼器大盂鼎和大克鼎,1949年以后由其后人捐献给了国家,都是我国青铜器中的精品。

迟到,说到底是个毛病,主人位高权重,出面干什么就不会有人迟到。《养吉斋丛录》云:"旧时,自京城至圆明园奏事,夜半即起。"为什么那么早起来呢?无非就是怕迟到,搞不好把皇帝给惹毛了。嘉庆二十年(1815),规定"部院旗营奏折,许司员代递,膳牌许笔帖式代递,诸大臣可缓至卯刻到园"。卯时是上午五点到七点,因而虽"可缓至",夜半即起恐怕还是免不了。那些时间观念强,或者担心出了差错的,上朝一回就更有遭罪的意味了。乾隆时官至武英殿大学士兼军机大臣的阿桂,"每朝,先五鼓起,入禁廷,坐直房待旦,不假寐,诸曹屏息,室内外如无人"。道光时官至吏部尚书的汤金钊也是一样,"每遇奏事日前一夕,宿澄怀园,必静数更筹,频问晷刻,偶假寐,辄惧然起坐,自咎失时"。但不知,阿桂及汤金钊先生,倘若参加"京师宴会"会是何种表现。

媒体翻老账说,奥巴马以往出席竞选活动及参议院会议通常也会迟到,他曾在参议院外交关系委员会会议上就迟到一事公开道歉。现在,受他的影响,整个美国政府也开始迟到,白宫新闻秘书吉布斯作每天的例行简报也是让记者等了又等,有时迟到超过一个小时。这在我们中国也是一样,不是大大小小的领导先养成了迟到的坏习惯、让大家动辄牢骚满腹进而效仿的话,此风也不至于恶劣到当下这个地步。

2009年2月13日

悍妻

2月11日《南方日报》有一篇对著名钢琴家刘诗昆的专访。上个月刘先生"涉嫌殴打妻子盖燕"一案经香港媒体报道之后,引起了全国的高度关注。一度对刘不利的舆论,随着《刘诗昆为名誉哑忍悍妻20年》的文章被媒体纷纷转载,开始戏剧性地向这位已届古稀之年的"国宝级音乐家"倾斜。自古清官难断家务事,然殴妻(实双方互殴)后那张刘诗昆脸贴胶布的照片,大抵可以作为盖燕悍妻形象的"见证"吧。

历史上最有名的悍妻可能是陈慥的老婆,因为苏东坡嘲笑陈慥的那首诗非常著名:"龙丘居士亦可怜,谈空说有夜不眠。忽闻河东狮子吼,拄杖落手心茫然。"洪迈《容斋三笔》云:"陈慥字季常,公弼之子,居于黄州之岐亭,自称龙丘居士,又曰方山子。好宾客,喜畜声妓,然其妻柳氏绝凶妒。"河东,乃柳姓的郡望,这是暗指陈妻柳氏;狮子吼,原本佛家用以借喻威严,陈慥好谈佛,东坡乃以此语戏之。东坡此诗既出,"河东狮吼"就成了妒悍夫人发怒的代名词;而"季常之惧",则成了怕老婆的代名词。《聊斋志异·马介甫》云:"(杨万石)生平有季常之惧。妻尹氏,奇悍,少迕之,辄以鞭挞从事……万石惧,长跽床下。"《官场现形记》第三九回也说:"无奈瞿老爷一来怕有玷官箴,二来怕'河东狮吼',足足坐了一夜。"

陈慥如何惧怕悍妻,黄庭坚"元祐中有与季常简"来得更加妙趣横生。其中说道:"审柳夫人时须医药,今已安平否?公暮年来想渐求清净之药,姬媵无新进矣,柳夫人比何所念致疾邪?"大概意思是,听说你那位柳夫人病了,不知好了没有;又听说你现在已不再"畜声妓"了,没有新人进门,柳夫人却因何怄气生病呢?鲁直还有一简,同样调侃得不轻:"承谕老境情味,法当如此,所苦既不妨游观山川,自可损药石,调护起居饮食而已。河东夫人亦能哀怜老人,一任放不解事邪?"这里大致又是说,人老了,这是改变不了的事实,不妨多去游览山川,多运动,少吃点药,对身体有好处。这种自由想必柳夫人还是会给你的,不至于看管得那么严吧?推断起来,"季常之惧"在当时该是相当出名的。

可能是相互间太熟的缘故,东坡很喜欢嘲笑陈慥。《墨庄漫录》云:"东坡在黄州,陈季常在岐亭,时相往来。季常喜谈养生,自谓吐纳有所得。"后来陈慥病了,给东坡揪到"把柄",又来了一顿挖苦:"公养生之效,有成绩,今一病弥月,虽复皋陶听之,未易平反。公之养生,正如小子之圆觉,可谓'害脚法师鹦鹉禅,五通气毯黄门妾'也。"后面这两句,我在《鹦鹉(续)》一文中解释过,"害脚法师",谓售符水而不能自医;"鹦鹉禅",谓学语而不解意;"五通气毯",谓多孔漏气而不堪踢;这些状况就像"黄门(太监)妾"之有名无实。养生有心得就不生病吗?东坡显然是存心在跟陈慥抬杠。

饱受悍妻之苦最可怜的,当推北宋时的大科学家沈括。沈括一生在那么多领域——天文、地质、数学、医学等——取得了成就,以笔记体巨著《梦溪笔谈》享誉后世,偏偏晚年娶了个厉害老婆。《萍洲可谈》云,沈括"晚娶张氏,悍虐,存中(括字)不能制,时被棰骂"。悍虐到什么程度呢？张氏揪一把沈括的胡子扔地下，"儿女号泣而拾之，须上有血肉者"，等于硬是从沈括下巴上拽下来的。刘诗昆先生说，他现在的家庭纠纷跟他过去的遭遇相比，不算什么；倘若再跟沈括相比，脸颊上不过贴了条"创可贴"之类，就更不算什么了。

《清稗类钞》说清朝"咸同中兴"名将张曜怕老婆，那是因为老婆比他聪明，不能不服。张曜擢升河南布政使，御史刘毓楠劾其"目不识丁"，降为总兵。他乃发奋，"就夫人学，自是遂通知文史"。但是因为"愤甚"官职被降，"数偃蹇朝命"，左宗棠叫他领兵，他也不睬。太太晓之以理："君以功自负，数逆上命，将谓朝廷不能杀君耶？"张曜就此猛醒，连说："夫人言可畏！夫人言可畏！"乖乖地追随左宗棠去了。后来，他巡抚山东，总是跟部下夸奖自己的老婆如何优秀，还问他们怕不怕老婆。如果有人说不怕，则正色曰："汝好大胆，妻子乃不畏耶？"

余继登《典故纪闻》云，明朝工部尚书吴中"有材能，然惟声色货利是好，宠妾数十，甚畏其妻"。有次皇帝的诰命来了，妻命左右诵之毕曰："此文天子自为乎？儒臣代草乎？"人家告诉他，肯定是儒臣代草的。妻曰，这就对了，"今诵之终篇，何尝有一清有一廉字？"吴中不敢吭声。余继登说："夫居官不廉，乃为妇人所诮，亦足羞矣。"正统五年（1440），朝廷"共役工匠官军七万余人"复建永乐灾后北京紫禁城三殿，并修缮乾清、坤宁二宫，吴中正是重要主持人。《明史·吴中传》载其"勤敏多计算，先后在工部二十余年……职务填委，规划井然"，工作干得不错，但恐怕也为自己"计算"了不少，他不是曾"以官木石遗中官杨庆作宅"而下狱吗？像这样直指老公痛处的做法，不知道吴妻该不该算作悍妻了。

2009年2月20日

放狗屁,狗放屁,放屁狗

青年学者李辉就年龄、经历、学识"三疑"文怀沙先生的文章经媒体刊发后,舆论一片哗然。据李辉考证,文怀沙不是1910年而是1921年出生,自己把年龄往前拨了十一岁;文在"文革"中所犯"反革命罪",其实是"诈骗、流氓罪";其"国学大师、楚辞泰斗"的水平,充其量也就相当于普通中学教师。众所周知,今人每喜欢把年龄缩小,谌容女士有名篇《减去十岁》,那种黑色幽默被现实中的不少人为了到退休年龄还能赖在官位上,真的付诸实践了。"加上十一岁",何以反其道而行之?论者以为,如此则能和历史上的伟人如章太炎、鲁迅挂上钩。

文怀沙先生在并非回应的"回应"中说,狗年来临的时候,李辉采访过他(旋为李氏所否,称从未面见过文),"让我就狗年谈一谈我的看法,我就想到三句话,第一句话放狗屁,第二句话是狗放屁,第三句话放屁狗"。文先生"想到"的这三句话,有人旋即指出是陈独秀骂章士钊的,文把"版权"归为己有实在无耻。考证者举《向导》周报实例。陈独秀说:"章士钊拿黄兴的钱办的《甲寅》,也只能算是放狗屁;后来拿段祺瑞的钱办的《甲寅》,便是狗放屁了;现在拿张宗昌的钱办的《甲寅》,更是放屁狗了。放狗屁的毕竟还是一个人;狗放屁固然讨厌,或者还有别的用处;放屁狗只会放屁,真是无用的厌物。"实际上,这三句话的来历还可以追溯得更远。

《清稗类钞》即有一则"放屁狗",不长,兹录之:王少香尝习为诗,平仄且不谐,以所居僻左,遂以诗鸣,自谓为诗人矣。某年入都,恒作诗赠人,李九溪见之,批"放狗屁"三字于上。或云:"君何作此恶骂?"李曰:"此为第一等之评语,尚有二等三等者,乃为恶骂。"或究其详,则曰:"放狗屁者,人而放狗屁,其中尚有人言,偶放狗屁也。第二等为狗放屁,狗非终日放屁,屁尚不多。第三等为放屁狗,狗以放屁名,则全是狗屁矣。"陈、文的话比之,不是何其相似乃尔吗?

后人因袭而不自知,以为自己的发明,这样的例子还有。山东画报出版社丛书专辑《你没见过的历史照片》中有一帧1941年时的"画家张大千",说他"因一脸长须而有'美髯公'之誉"——说明文字到这里并没什么,《三国》里的关羽、《水浒》里的朱仝都被人这样称呼。接下来就有问题了。有人问大千睡觉时怎么处理长胡子,放在棉被里还是棉被外,害得大千当晚睡觉不知所措,怎么放都觉得不合适,"以致辗转反侧,彻夜难眠"。这段名人逸事还有安在于右任头上的。殊不知,宋朝蔡絛《铁围山丛谈》早就谈到,"伯父君谟号美髯须",仁宗一日偶顾问曰:"卿髯甚美,长夜覆之于衾下乎?将置之外乎?"君谟一时间答不上来。"归舍,暮就寝,思圣语,以髯置之内外悉不安,一夕不能寝"。不是完全一模一样吗?至于为何一问而不知所措,蔡絛给了答案:"盖无心与有意,相去有间,凡事如此。"蔡絛是奸相蔡京的儿子,蔡京与蔡襄(君谟)"同郡而晚出,欲附名阀,自谓为族弟",蔡絛所以呼君谟为"伯父"。

再举一则。汪曾祺先生在回忆文章中说过,他上闻一多先生的《楚辞》和《唐诗》课,记得其讲《楚辞》的开场白是:"痛饮酒,熟读《离骚》,乃可为名士。"后来见不少文章以此乃闻先生的名言,然而闻先生用的却也是前人的成句。梁章钜《浪迹三谈》之"读离骚"云:"昔人言'痛饮酒,熟读《离骚》,便成名士',谓《离骚》之不易读也。"梁章钜为清朝嘉庆壬戌年(1802)进士,道光时去世,则他的"昔人言",至少可溯至《世说新说·任诞》之王孝伯言吧。

不要说这种花边逸闻,即学术研究亦不免嚼前人嚼过之馍。《管锥编》云,陈澧《东塾读书记》论"列子乃中国之佛",又钱大昕《养新录》、洪亮吉《晓读书斋初录》皆谓轮回说出《列子》,不知早在他们之前问世的王应奎《柳南随笔》已云:"则知轮回之说,自佛氏未入中国以前,固已开其端矣。"钱锺书先生再引朱熹老夫子反复说,道士不读老子、庄子,反"为释氏窃而用之",佛书"大抵都是剽窃老子、列子意思""列子语佛氏多用之""列子言语多与佛经相类""佛家先偷列子"等等;而《全唐文》载李翱《去佛斋论》已云:"佛所言者,列御寇、庄周言之甚详矣。"诸如此类。不过,倘若属于见闻不广,无心之失,就不要随便骂人无耻,贬恶未必溢其过。

然文怀沙先生面对质疑,只一句我就是"诞生于忧患频连之己酉腊月初五,即阳历一九一零年一月十五日",是不可能服众的。他应该像诸多前辈古人那样来个自撰年谱,某年如何,至少把履历中的大事开列清楚。清朝王又朴在《自订年谱》中毫不避讳,甚至抖搂了自己的隐私:"当年十四五岁时,余情窦甫开,欲心甚炽。曾欲盗一婢,为其母所觉而止。又有所悦一妇,已乘醉钻穴以就之,忽悔悟。父母知之,急为取妇。"近人刘声木就此评价:"自记往事如此,不文过,自不吝改过。"这句话,很适用于文怀沙先生。

2009 年 2 月 27 日

医患矛盾

3月2日,在全国政协十一届二次会议即将召开之前,至少有两位医药界委员——天津医科大学第二医院副院长徐勇、淮安市第一人民医院副院长李玉峰——认为,在中国看病不算难,也不算贵,而是患者求医标准过高,导致医疗资源"拥挤"。因此,应该对"看病难看病贵"给出定义,确立标准。此语既出,这个令全国人民有着切肤之痛的问题再次引起了轩然大波。看病既然不难、不贵,国家还在极力推行医改干什么呢?相比之下,辽宁省糖尿病治疗中心院长冯世良委员建议以新医改为契机,全面取消各级医院的VIP病房、尽快取消各级医院专家门诊的提案,赢得了嘉许之声。卫生部部长陈竺曾经痛斥:"在一个病区里面搞VIP病房,说得不好听,就是在恶化医患关系。"

医学并不昌明的年代也有医患矛盾,跟现在的,产生原因不大相同就是了。《史记·扁鹊仓公列传》在叙完扁鹊事后,司马迁进行了一番发挥,说"病有六不治",其中第六点就是"信巫不信医",人们不大相信医疗的功效,宁愿相信巫术。钱锺书先生对此有详细的阐释,他是引元代揭傒斯《赠医氏汤伯高序》来说的:"凡疾不计久近浅深,药一入口,不效,即屏去。至于巫,反复十数不效,不悔,且引咎痛自责。殚其财,竭其力,卒不效,且死,乃交责之曰'是医之误而用巫之晚也!'终不一语咎巫。故功恒归于巫,败恒归于医。"这是彼时的医患矛盾了,不管疗效如何,"巫恒受上赏,而医辄后焉。故医之稍欲急于利、信于人,又必假邪魅之候以为容"。所以,从前医巫不分,形影不离,就像钱先生说的"医始出巫,巫本行医"吧。《旧唐书·职官志四》载"尚药局",在"主药"12人、"司医"4人等之外,还有"咒禁师"4人,"太医署"有"咒禁博士"2人、"咒禁师"2人、"咒禁工"8人、"咒禁生"1人,以"除邪魅之为厉者"。陆龟蒙诗亦曰:"良医只备位,药肆或虚设。"

从前医术高明的人,往往被认为是福医,有"医运",等于说,你把人家治好了,是瞎猫撞上了死老鼠。《太平广记》"田令孜"条云:"长安完盛日,有一家于西市卖饮子(中药汤剂)。用寻常之药,不过数味,亦不闲方脉,无问是何疾苦,百文售一服。"跟早些年的"神医"胡万林似的,一把芒硝包打天下,管你病症如何。卖中药这家,"常于宽宅中,置大锅镬,日夜刲斫煎煮,给之不暇。人无远近,皆来取之,门市骈罗,喧阗京国,至有赍金守门"。田令孜的病,"海内医工召遍",毫无办法,试了一下那家的饮子,"其病立愈"。虽然田令孜确有其人,是个唐末的当权宦官,但这也肯定是神话传说。然卖西市饮子这家,就被认为是福医。古人太笃信于此了,"趁我十年运,有病早来医"因之成为俗语。

南宋刘克庄说:"术庸难靠医求效,俗陋多依鬼乞怜。"这就表明,人们"信巫不信医"却也并非平白无故,再用钱锺书先生的话说:"盖庸医误事,不亚妖巫,流俗乞灵鬼神,正复以医药每杀人如虎狼耳。人不信医,亦因医多不足信也。"宣统年间有个庸医死了,有人作了篇祭文,对庸医的憎恶可见一斑:"公少读书不成,学击剑又不成。学医自谓成,行医三年,无问之者。公忿,公疾,公自医,公卒。呜呼!公死矣!公竟死矣!公死而天下之人少死矣!"今天的医生尽皆科班出身,理论上庸的该是少数了,但就算治好了,一病而倾家荡产、而返贫,至有因此而放弃治疗者,闻之令人扼腕兴嗟。看病不难、不贵说,真不知所从何来!《过庭录》中还谈到一位"郡医姚生",他的医术倒是高明,但把它当作"赂结权贵"的一种手段,因此而"豪恣莫比,监司惮之"。后来,更到了左右地方政务的地步,"郡县僚吏居职能媚姚生者,虽上位有隙,亦必善终,或升改而去,反是者祸亦不测。远迩畏恐"。有个郡僚的老母亲病得很重,"哀求冀一就视,姚漫不加恤",叫人传话说:"我不可往,可遣母来。"结果人家不得不把老母亲送来,完全是看人下菜碟。今天的 VIP 病房、专家门诊之类,不说"赂结"吧,但至少能窥见"巴结"的嫌疑。

《清稗类钞》有一个疗治官迷的调侃,"脉案"云:"终日奔走,两腿酸痛。朝夕寻思,神经昏迷。夜卧不宁,时时梦呓。以致唇焦舌烂,面黄肌瘦,加以拍牛吹马,肺叶已伤。危险万分,勉尽绵力,立方候教。"开的"药方"云:"皮手套一副(拍马用),肥缺一个,差役愈多愈妙,尖帽一顶(钻营用),铲刀一柄,刑具十副以上,以上四味先煎。喇叭一个(吹牛用),汽车一辆,假面一个(讨好时用),外以钞票十万张烧灰,和金银汁吞服。"当然,这属于对官场病的一种诙谐治疗了。陆以湉《冷庐杂识》中还有金朝杨云翼"患风痹稍愈"的记载。哀宗完颜守绪问他怎么好的,云翼答:"但当治心,心和则邪气不干。治国亦然,人君先正其心,则朝廷百官莫不一于正矣。"陆氏认为此"医谏"也。而杨云翼的话不妨进行引申:治医亦当治心,利益方先正其心,则人们切盼多年的医疗改革没有理由不迈出实质性的步伐。

2009 年 3 月 6 日

弹发御史

全国"两会"开始之后,媒体的报道始而照例有娱乐化的趋向,什么美女记者抱住张艺谋请求给点儿"下锅菜"啦,什么冯小刚为避开采访躲进了厕所啦。加上很有一些代表委员谈不到"政"事上,该趁着60周年国庆把牡丹确定为国花呀、该恢复繁体字别断绝了传统文化的继承呀,等等,很让人忧心忡忡。仿佛国家花了那么多的钱把大家集结在一起,就是给他们找个闲扯淡的地方。可喜的是,媒体随后真正表现了监督的功能,代表委员的各种"雷人"说法刚一出现,立刻会引来毫不客气的批评。由出席"两会"的代表委员,想到从前的"言官",也就是谏官。二者是存在共同点的,那就是既要说话,更要敢说话,尤其是敢说真话。说真话就意味着讲问题,讲那些实际情况的确如此但却不大中听的话。两会毕竟是议论并决定国家大事的地方,国家需要根据地方的真实状况修订或完善决策,把平时里讲惯了的那套又大又空的话再搬到这里来,不仅对决策毫无益处,而且连累会议本身也会变得毫无意义。

《玉堂嘉话》引《西溪折槛铭》云:"世多张禹,代无朱云。"当然,此语多少有些绝对。汉成帝时的朱云痛感"今朝廷大臣上不能匡主,下亡以益民,皆尸位素餐",当庭请求皇帝赐他"尚方斩马剑,断佞臣一人以厉其余"。这个"佞臣一人",正是成帝的老师、丞相张禹,结果就有了"朱云折槛"的故事传世。不过,"世多张禹"固然不假,朱云自西汉之后也还是有的,魏徵、海瑞不就赫赫有名吗?不那么知名的就更多了。明朝洪武时,御史齐鲁"以言事触上怒",朱元璋"命力士击落(其)二齿",齐鲁慢慢俯身捡了起来,说:"此二齿当送史馆。"明朝洪熙时,翰林侍讲李时勉因为进谏"制中不宜屡进嫔妃"等,惹得那短命皇帝大怒,"命左右以金爪拉其肋,拽出下狱"。此两例,同样触目惊心。所以,那句"代无朱云"改作"代乏朱云"更恰当一些,不是没有,而是很少。

还有一种言官,他也说话,说出来的却全是没用的废话,甚至笑话。拈宋人笔记《东轩笔录》一例。仁宗庆历年间,"卫士有变,震惊宫掖,寻捕杀之"。这时御史台官员宋禧说话了:"此盖平日防闲不至,所以致患。臣闻蜀有罗江狗,赤而尾小者,其徼如神。愿养此狗于掖庭,以警仓卒。"于是,时人就称宋禧为"宋罗江",跟骂他是同义语。另拈《倦游杂录》一例。宋时御史台制度:"凡御史上事,一百日不言,罢为外官。"有个叫王平的,眼看"垂满百日,而未言事"。有同僚期望还不小呢,说"王端公(平)有待而发,必大事也"。终于那老兄有札子了,大家一看,却是"弹御膳中有(头)发"。其弹词曰:"是何穆若之容,忽睹卷如之状。"再拈清人笔记《啸亭杂录》一例。清朝雍正皇帝时,也是"求谏甚切,凡满、汉科道皆令轮班奏事,如旷职者,立加罢斥"。有个满洲御史实在没什么好说又想赖在位上,居然"奏禁卖煤人毋许横骑驼背"。这是为什么呢?"以防颠越",别让骑的人掉下来。结果仍然被罢了官不说,还"时传以为笑柄"。不仅如此,"弹发御史"和"煤驼御史"的浑号不是也每为今人道及吗?杳不知还要贻笑几百千年。

在一定位置上的人为什么不喜欢说真话,当然是有体制原因的。看明太祖,他对御史大夫文原吉的一段话说得多漂亮:"比来台臣久无谏诤,岂朝廷庶务皆尽善,抑朕不能听受故尔默默乎?"然后,他还责备起文原吉们了:"尔等以言为职,所贵者忠言日闻,有益于天下国家。若君有过举而臣不言,是臣负君;臣能直言而君不纳,是君负臣。"好听吧?还有呢。"朕每思,一介之士,于万乘之尊,其势悬绝,平居能言,临对之际,或畏避不能尽其辞,或仓卒不能达其意,故常霁色以纳之,惟恐其不尽言也。至于言无实者,亦略而不究。盖见秦汉以来,季世末主护短恶谏,诛戮忠直。人怀自保,无肯为言者,积咎愈深,遂至不救。夫日月之行,犹有薄食。人之所为,安能无过?惟能改过,便可成德。"但是,朱元璋又是怎么做的呢?前已有齐鲁实例,再看御史王朴。同样是因为"数与上争曲直,上怒,命斩之",然"反接至市曹,赦还",问他:"汝其改乎?"王朴回答掷地有声:"陛下以臣为御史,岂可戮辱至此!且以臣为有罪,安用生之?无罪,又安得戮之?臣今愿速死。"去刑场路过史馆,王朴大呼曰:"学士刘三吾听之:某月日,皇帝杀无罪御史王朴!"

明朝的刘野亭说自己:"谀词巧说,不曾习学;卑礼谄态,不曾操演。"今天许多台面上的人们怕是不敢这样评价自己的。全国"两会"上,钟南山代表义愤地指出审议中的一种现象:"发言 10 分钟,前面 8 分钟都是歌功颂德,对报告歌功颂德,对自己歌功颂德。"肩负共商国是使命的代表委员,不少人好像浑然不知年度齐聚北京是干什么来了,完全没有代表意识或委员意识。媒体的批评之声不绝于耳,大抵是对这种"代乏朱云"的现象忍无可忍了。

2009 年 3 月 10 日

黑狱

3月11日,最高人民检察院副检察长胡克惠表示,最高检将在全国范围内对牢头狱霸进行严打,今后还将借助网络和网民力量对不法事件进行长期监督。不用说,这是针对云南晋宁"躲猫猫"事件作出的。今年1月28日,32岁的云南农民李荞明因涉嫌盗伐林木罪被刑事拘留,羁押于晋宁县看守所。期间,同监室在押人员以李荞明是新进所人员等各种借口,多次对其进行殴打。2月8日,李荞明死亡。事件发生后,晋宁警方宣称李是和同监室的狱友在天井里玩"躲猫猫"游戏时,遭到踢打并不小心撞到墙壁而死。"躲猫猫"用语一出,旋即沦为舆论的笑柄。

李荞明之死,看似牢头狱霸所为,实际上暴露了看守所的"黑狱"成分,表明这个自古已然的现象,在强调法治的今天并没有得到遏制。清朝学者方苞的名篇《狱中杂记》,掀开的是彼时黑狱的一角。他说,嫌疑人"苟入狱,不问罪之有无,必械手足,置老监,俾困苦不可忍"。为什么要这样呢?就是为了要人家的钱,得了钱,"然后导以取保,出居于外,量其家之所有以为剂,而官与吏剖分焉"。因此,"中家以上,皆竭资取保;其次,求脱械居监外板屋,费亦数十金。惟极贫无依,则械系不稍宽,为标准以警其余"。于是就难免产生一种怪现象,"情罪重者,反出在外,而轻者、无罪者癉其毒"。

在文学作品里更是如此,《水浒传》里描写的监狱,没有不黑的。囚犯解到时,要"先打一百杀威棒",对林冲、武松等人都险些用上。不过,林冲得到了狱友的点拨,加上自己曾是官场上人,知道该怎么做就是。看,林冲待差拨"发作过了,去取五两银子,陪着笑脸",让他"休嫌小微"。差拨马上笑了,还恭维说:"林教头,我也闻得你的好名字,端的是个好男子,想是高太尉陷害你了。"草莽出身的武松不理那么多,他对狱友的指点表示感谢,但明确表示自己"身边略有些东西,若是他好问我讨时,便送些与他;若是硬问我要时,一文也没"。然而,倘若不是当地的恶霸施恩别有用心,牢牢操控了监狱,则武松"不低头"是不大可能的。连卢俊义那样的好汉,后来也是"打熬不过"而仰天长叹:"是我命中合当横死,我今屈招了吧。"

《辽史·张俭传》载,辽兴宗耶律宗真的时候,"有司获盗八人",而把人杀了之后,"乃获正贼"——颇有今日聂树斌冤案的影子,真凶后意外落网,而聂在10年前已被执行死刑。那八户人家诉冤,居相位的张俭乃"三乞申理",皇帝老儿很不高兴,勃然曰:"卿欲朕偿命耶!"张俭说不是,然"八家老稚无告,少加存恤,使得收葬,足慰存没矣"。要不是张俭从政"裨益为多",冤杀也就冤杀了,道理都没处去讲。《明史·翁大立传》中有一件类似的事。隆庆皇帝时,锦衣指挥周世臣在家中被杀。周世臣"家贫无妻",只有婢女荷花儿和仆人王奎,办案的人就认定两人"奸弑其主"。刑部郎中潘志伊觉得有疑点,因而"久未决"。到翁大立为刑部侍郎,"愤荷花儿弑主,趣志伊速决"。潘志伊仍然有疑问,"乃委郎中王三锡、徐一忠同谳",最后还是把荷花儿给杀了。然而,"逾数年,获真盗。都人竞称荷花儿冤,流闻禁中",给皇帝知道后,"追夺大立职,调一忠、三锡于外。志伊时已知九江府,亦谪知陈州"。潘志伊饶是"历官有声",一不小心,还是制造了黑狱。顺便提及的是,辽代的那个张俭,不是谭嗣同绝笔诗"望门投止思张俭,忍死须臾待杜根"里的张俭,他说的是东汉的。《后汉书·张俭传》说:"张俭亡命遁走,望门投止,莫不重其名行,破家相容。"谭嗣同借用该典,表示自己决不连累他人,抱定了必死的决心。二十四史里共有三个立了传的张俭,还有一个是唐朝的,随太宗征辽东立过战功。唐制三品以上,门列棨戟,《新唐书·张俭传》载,这张俭"兄弟三院门皆立戟,时人荣之,号为'三戟张家'"。

隋朝有个御史大夫裴蕴,"善候伺人主微意",于是,"(人主)若欲罪者,(蕴)则曲法顺情,锻成其罪。所欲宥者,则附从轻典,因而释之"。看上去职司监察,实际上是个打手。这个人后来又去插手狱事,"宪部大理莫敢与夺",大小之狱"必禀承进止,然后决断",职能部门倒要看他的眼色了。裴蕴口才很好,"所论法理,口若悬河,或重或轻,皆由其口",兼且"剖析明敏,时人不能致诘",但倘若唯上是从,制造黑狱就是必然的了。报道说,有些监管人员为了管理上的方便,往往利用在押人员的差别,让在押人员管理在押人员,这样就助长了牢头狱霸的形成。其实,打击牢头狱霸是容易进行的,难的是杜绝黑狱。宋朝赵昌言说:"断狱有失,止罪元勘官吏,知府、判官、推官、检法官皆不及责,则何以辨明枉滥,表则方夏?"这句话或者仍有启发意义吧。

2009 年 3 月 13 日

乞灵

因为求神不灵,广州市帽峰山的帽峰古庙前几天遭遇了一场浩劫。香客供奉在这里的数百尊神像和佛像,被附近村镇一群中年妇女砸得稀烂。帽峰古庙重修于600多年前,香火常年不断。当然,事件之所以发生还有另一种说法,那就是香火收入的分配问题,也就是说,与其间的利益纷争有关。利益一旦纠葛其中,外人就很难判断是非了。倘若剔除这一点,乞灵不应则搞破坏,如此功利的行为在古代却是比较常见的现象。

张邦基《墨庄漫录》引韩愈《木居士》诗曰:"偶然题作木居士,便有无穷祈福人。"现代根雕界人士认为,"木居士"就是一件被视作"神佛"形象的根艺作品。用张邦基的话说,"盖当时以枯木类人形,因以乞灵也"。不过,"做天难做四月天,蚕要温和麦要寒。种菜哥儿要落雨,采桑娘子要晴干"。做天尚且如此之难,遑论那些只为满足自己的五花八门的乞灵要求?于是,"无穷祈福人"中哪怕有一两个"不讲理"的,被乞的灵也要倒霉了。宋神宗元丰初年大旱,"县令祷之(木居士)不应,为令析而焚之"。不灵?把你劈了当柴烧!后来的人也要乞呀?没办法,"主僧道符乃更刻木为形而事之",再做一个。张芸叟见过后来这位灵,还题诗于壁云:"波穿火透本无奇,初见潮州刺史诗。当日老翁终不免,后来居士欲奚为。山中雷雨谁宜主,水底蛟龙睡不知。若使天年俱自遂,如今已复长新枝。"枯木祈雨的荒谬及"灵"之下场的可悲,尽在其中。

《资治通鉴·陈纪》还有类似的一例。558年,"齐主以旱祈雨于西门豹祠,不应,毁之,并掘其冢"。不仅把祠给毁了,还把人家的坟给挖了。掘坟,在传统观念中视为对死者的大不敬或亵渎。楚国的伍子胥因为父兄无辜被杀,乃带领吴军前来灭楚,因为加害者本人已死,没抓到活的,"乃掘楚平王墓,出其尸,鞭之三百",借以泄愤。"镌功奇石张弘范,不是胡儿是汉儿",除了掘坟鞭尸,伍子胥的这套做法给南宋的张弘范学了去,张弘范带着元兵灭了南宋,还美滋滋地在宋帝投海处的石崖上刻上"张弘范灭宋于此"几个大字。按今天的说法,伍子胥该叫楚奸,张弘范该叫宋奸了。不过,因为乞灵不应而掘坟,蛮横真是到了极点。这个"齐主",是北齐开国皇帝高洋,《北齐书·文宣纪》亦载此事。有人考证说,高洋的这次行动,是西门豹祠最早受到荼毒的记载。看起来,西门豹祠后世还"招惹"了不少人,也是乞灵不应导致的吧?

乞灵而应,自然是另一番结果了。《燕翼诒谋录》云,宋仁宗景祐元年(1034),因为皇帝的病被很快治好了,应许希所请,"诏封扁鹊为神应侯"。这段故事,《宋史·许希传》中说得比较详细。宫廷里的医生用药治疗,总不见效,"人心忧恐",而许希诊过之后,主张用针灸疗法,认为"针心下包络之间,可亟愈"。仁宗周围的人听了都觉得太危险,使不得,但有一些人"祈以身试"。结果,"试之,无所害。遂以针进,而帝疾愈"。许希因此被封为翰林医官,"赐绯衣、银鱼及器币"。许希拜谢完皇帝之后,"又西向拜"。仁宗问他怎么回事,许希说:"扁鹊,臣师也。今者非臣之功,殆臣师之赐,安敢忘师呼?"言罢"请以所得金兴扁鹊庙"。仁宗采纳了他的建议,"筑庙于城西隅,封灵应侯"。庙成之后,"学医者归趋之"。只是不知,"学医者"如果把人家治坏了、治死了,会怎么对待扁鹊庙。

钱锺书先生在论及《诗经·木瓜》(投我以木瓜,报之以琼琚;匪报也,永以为好也)时说的一段话很有意思:"作诗者申言非报先施,乃缔永好,殆自解赠与答之不相称欤? 颇足征人情世故。"哪些人情世故呢?"馈遗常责报偿,且每望其溢量逾值,送礼大可生利"。钱先生特别强调:"不特人事交际为然,祭赛鬼神,心同此理。"并举张尔岐《济阳释迦院重修记》云:"希冀念炽,悬意遥祈,当其舍时,纯作取想,如持物予人,左予而右索,予一而索十。"这里面或有一点"小人之心"的意味,但也多少道出了问题的实质。乞灵也是这样,未得回报,能不迁怒?

北齐慕容绍宗"自云有水厄",他求的化解之道是"于战舰中浴,并自投于水,冀以厌当之"。房豹跟他说:"公若实有灾眚,恐非禳所能解,若其实无,何禳之有。"绍宗笑曰:"不能免俗,为复尔耳。"今天许多人热衷于烧香拜佛,大抵正如绍宗所自嘲的不能免俗。然张邦基的见解今天读来仍觉振聋发聩。他"每愤南方淫祠之多,所至有之",村民凡事必先祷之,"苟许其请,虽冒险以触纲宪必为之;倘不诺其请,卒不敢违忤"。邦基认为:"无知之俗,以神之御灾捍患为可倚,惴惴然不敢少懈也。"令他感慨的是,不仅百姓如此,"近时士大夫家亦渐习此风",而那些"心知其非"的,"见女子之易惑,故牵于闺帏之爱,亦遂徇俗,殊可骇叹"。当然,当世更可骇叹的,该是"士大夫"的"闺帏之爱"登峰造极,几乎无不有"二奶"情妇。把二者紧紧关联在一起的,不再是虚幻的神灵,而是实在的权力。

2009年3月21日

卖友

3月19日《南方周末》有一篇章诒和女士的《谁把聂绀弩送进了监狱》。聂绀弩是当代著名作家、诗人,1949年以后,先因"胡风事件"受到牵连,然后被错划为右派,开除党籍,送北大荒劳动,再于"文革"中以"现行反革命罪"被判处无期徒刑。谁干的呢?章女士说,不是红卫兵,也不是机关造反派,"事实就摆在那里,一切都是无法回避,也无可辩驳:长期监视、告发聂绀弩的不是外人,而是他的好友至交",是他们"一笔一划把他'写'进去的"。卖友最力者,章文认为是如今年近百岁的黄苗子先生。根据在于,"聂绀弩赠诗较多的是给黄苗子,但送给黄的诗篇,不知为何都进入了司法机关"。并且,公安机关的人不懂诗,黄苗子还充当了诠释者。

章女士说她得知真相之时,"瞠目结舌,半天回不过神来"。倘若这的确是真相,则在我们旁观者也未尝不是如此,毕竟苗子先生的形象一直非常"正面",而"卖友求荣事可羞,靦颜枉自附清流"(柳亚子诗),全然"反面"。提起卖友,文学作品里的经典形象莫过于《水浒传》里陆谦出卖林冲了。高衙内琢磨怎么将林冲的漂亮妻子弄到手,富安出主意让"和林冲最好"的陆谦出面,把林冲约出来吃酒,调虎离山。此后乃有"豹子头误入白虎堂""林教头刺配沧州道""陆虞候火烧草料场""林冲雪夜上梁山",一步一步,林冲正是被"自幼相交"的好友逼得走投无路,不得不落草为寇。陆谦在陷害林冲的过程中为什么"纠缠如毒蛇,执着如怨鬼"(金圣叹语)?不知道有没有人专门进行分析,没有的话,很值得做。

在现实中也是一样,或者正是现实中的种种残酷事实,成就了施耐庵的人物塑造吧。《汉书·郦商传》里就有"郦况卖友"。郦况是郦商的儿子,郦商是西汉的开国功臣,"陈胜起,商聚少年得数千人。沛公略地六月余,商以所将四千人属沛公"。西汉立,郦商自然封侯拜相,直到"吕后崩,商疾不治事"。众所周知,吕后刚死,朝廷就发生了政变,"大臣欲诛诸吕"。当时吕禄为将军,"军于北军",周勃的队伍束手无策,而郦况正和吕禄要好,于是诛吕派就通过郦商要郦况把吕禄给骗出来,郦况果然遵命。"吕禄信之,与出游,而太尉勃乃得入据北军,遂以诛诸吕"。郦商死后,郦况继承了他的爵位。吕禄的作为在其次,可以肯定的是,不一定"坏人"就没有推心置腹的朋友,就像聂绀弩先生在《自诬与自述》中写下的和康泽关系的交代材料,"一般的情况,特务头子是不讲感情的,但有时不完全如此"。这实际上表明,他和康泽后来虽然各自选择的路径不同,私人情感是很深的。所以,"天下称郦况卖友",语气中明显带有痛责。

还说西汉,那个使刘邦"知为皇帝之贵"的叔孙通,"所事者且十主(秦二世、项梁、楚怀王),皆面谀亲贵",所以能如此,用他自己的话说,就是"知时变"。刚见刘邦的时候,"通儒服,汉王憎之,乃变其服,服短衣,楚制。汉王喜"。小事上如此注意,大事上更不含糊了。刘家天下初定,"群臣饮争功,醉或妄呼,拔剑击柱,上患之",他看在眼里,因而出主意制订一套宫廷礼仪,且"征鲁诸生三十余人",加上"上左右为学者与弟子百余人",在郊外演习月余,得到了刘邦的认可,"令群臣习肄"。从此群臣再宴,完全是另一番情形了。天亮时,由谒者掌礼,"引以次进入殿门",里面传曰"趋",才能进去。都坐好了,皇帝才出来,这时"诸侍坐殿上皆伏抑首,以尊卑起上寿"。尽管还没喝过瘾,一声"罢酒",都得放下杯子,"御史执法举不如仪者辄引去"。于是,整个宴会过程,"无敢喧哗失礼者"。虽未见叔孙通卖友的记录,然人要"知时变"而行事,干出卖友的勾当也是不足为奇的。

比较来看,明朝高穀的作为就很有点凛然气概。景泰时,在"土木之变"中被瓦剌掳走的英宗将被释放,正当着皇帝的代宗——他的弟弟,不大高兴,"逢迎礼薄",打算应付一下了事。千户龚遂荣投书"掌阁务"的高穀,"具言礼宜从厚,援唐肃宗迎上皇故事"。高穀把这个建议拿给大臣们看,认为"武夫尚知礼,况儒臣乎!"但是,言官们先向代宗打了小报告,代宗"诘所从得",这是要查源头,揪后台。然高穀回答:"自臣所。"不仅不肯出卖龚遂荣,且"抗章恳请如遂荣言"。

有人为苗子先生辩解:"首先是世道败坏了人心。"信然。但苗子先生卖友与否,还不能凭一篇文章来定论。可以想见的是,1949 年以后经历了各种"与人斗"的政治运动的人,难免有时势使然、诚不得已的一面,关键是如何面对。李自成攻陷北京,倪元璐"大书于几上",曰:"南都尚可为。死吾分也,吾以衣裹敛。暴我尸,聊志吾痛。"书罢,"取帛自缢而死"。那么如果真的告密或者卖友,就不妨解剖自己。邵燕祥先生的《人生败笔》、冯亦代先生的《悔余日录》都属于"聊志吾痛"的一类,但显然,更多的人还是喋喋不休于自家的受害而缄口不语对他人的"加害"。

2009 年 3 月 28 日

傀儡

3月28日,爱新觉罗·溥仪生平文物展品在重庆展出。溥仪是中国封建王朝的最后一个皇帝,他的一生,被学界认为是一部活的中国近现代史,展览正力图向市民讲述他"从皇帝到公民"的传奇人生。众所周知,溥仪当过三次皇帝,第一次是承继清朝的大统,属于正统;第二次是因为张勋复辟,仅仅当了12天;第三次是在1933年当伪"满洲国"皇帝,成为日本人控制的傀儡。

傀儡,按《现代汉语词典》(第5版)的解释,是"木偶戏里的木头人"。这个解释简单了一些。宋朝高承《事物纪原》云:"世传傀儡起于汉高祖平城之围,用陈平计,刻木为美人,立之城上,以诈冒顿阏氏,后人因此为傀儡。"当然,还有一种说法是陈平解围,采用的是重贿手段。但斯时傀儡虽有"戏"的意味,却属于"戏弄",跟木偶戏还搭不上边吧。《列子·汤问》有"偃师造倡",说偃师见周穆王,王问跟他一起来的是谁,他说那是我做的木头人。"穆王惊视之,趣步俯仰,信人也"。且其能歌善舞,"王以为实人也,与盛姬内御并观之"。谁知快演完的时候差点儿出娄子,"倡者瞬其目而招王之左右侍妾",用眼睛勾引穆王身边的女人。穆王气得要立刻杀了偃师,偃师则"立剖散倡者以示王,皆傅会革、木、胶、漆、白、黑、丹、青之所为",结果真的是个假人。偃师的这手绝活绝到什么程度？当时"自谓能之极也"的公输班（造过云梯）、墨翟（造过木飞鸢）知道了，"二子终身不敢语艺"！周穆王是公元前 1000 年左右的事情，逻辑上看，傀儡的出现比汉代要早，然今人认为《列子》应为魏晋时玄学家的伪作，苟如是，则"偃师造倡"属于宋椠元史了。

到了唐朝，玄学家们的幻想大抵变成了现实。唐代笔记《朝野佥载》中有好几例神乎其神的记载。其一，洛州殷文亮为县令，性巧好酒，"刻木为人，衣以缯彩，酌酒行觞，皆有次第"。他做了一个木妓女，"唱歌吹笙，皆能应节"。那些傀儡还会劝酒呢，"饮不尽，即木小儿不肯把；饮未竟，则木妓女歌管连理催"。其二，将作大匠杨务廉，"常于沁州市内刻木作僧，手执一碗，自能行乞。碗中钱满，关键忽发，自然作声云'布施'"。市民为了逗它说话，"施者日盈数千矣"，傀儡僧因此赚了个盆满钵满。其三，郴州刺史王琚"刻木为獭，沉于水中，取鱼引首而出"。原来，他在木獭口中放了诱饵，设了机关，"以石缒之则沉，鱼取其饵，关即发，口合则衔鱼，石发则浮出矣"。这种傀儡就不仅娱乐，而且兼有鹭鸶一样的实用功能了。但孔颖达对傀儡的本质一针见血："刻木为人，而自发生动，与生人无异，但无性灵知识。"

唐朝有两个皇帝都因傀儡发过感慨，一个是太宗，一个是玄宗，然一个为国政，一个叹自身。《贞观政要·慎所好第二十一》载，贞观七年（633），工部尚书段纶"奏进巧人杨思齐至"，太宗让他使出本领，结果杨思齐只是造傀儡戏具。太宗对段纶说："所进巧匠，将供国事，卿令先造此物，是岂百工相戒无作奇巧之意耶？"言罢"削纶阶级，并禁断此戏"，不仅降了段纶的职，还封杀了傀儡戏。《明皇杂录》云，唐玄宗住兴庆宫，"耿耿不乐"，每自吟李白《傀儡》诗："刻木牵丝作老翁，鸡皮鹤发与真同。须臾弄罢浑无事,还似人生一世中。"这首诗收录在《全唐诗》卷二百二,归在"梁锽"的名下,诗题《咏木老人》,个别字眼也不同,如末句"一世中"为"一梦中"等等。然诗注亦引《明皇杂录》:"李辅国矫制,迁明皇西宫,戚戚不乐,日一蔬食,尝咏此诗。"且曰"或云明皇作"。那么,玄宗吟此诗该是他当太上皇的时候了,自嘲不过傀儡而已。溥仪在第三次当皇帝的时候,不知有没有同感,更不知他是否听说过这么一首唐诗。

《南齐书·褚渊传》载,褚渊"美仪貌,善容止,俯仰进退,咸有风则",长得帅不说,一举一动更是很有派头,至于每次朝会,"百僚远国(使)莫不延首目送之",盯着他看。宋明帝说:"褚渊能迟行缓步,便持此得宰相矣。"不用别的能耐,风度就是宰相的风度。刘祁《归潜志》云,金"南渡之后,为宰执者往往无恢复之谋,上下同风,止以苟安目前为乐";且"朝廷近侍以谄谀成风",每当四方灾异或民间疾苦报来之后,他们都给压住,说什么"恐圣上心困"。有人讥讽道:"今日恐心困,后日大心困矣。"又,"在位者临事,往往不肯分明可否,相习低言缓语,互推让,号'养相体'。"相体,即宰相的风度。养相体,保养宰相的身体,实际上是说明哲保身。只重自家的风度,浑然不理对社稷的态度,后人更有邯郸学步者,明清之际的魏禧说:"最可笑也,舒行缓步,轻咳微声,以养相度,竟同木偶儿戏。"

生活中的一些官员也是如此。《清稗类钞》云左宗棠初以举人居骆秉章幕府,秉章"日与诸姬宴饮为乐"。左宗棠嘲曰:"公犹傀儡,无物以牵之,何能动邪!"秉章自知被正中命门,"干笑而已"。今天的许多贪官,除了唯情妇是从,还要唯行贿者是从,跟傀儡又有什么两样呢?

2009 年 4 月 3 日

若比人心是安流

继《谁把聂绀弩送进了监狱?》之后,章诒和女士又在《南方周末》上抛出了另一颗"重磅炸弹"——《冯亦代怎样成了我家的卧底》。冯亦代是我国著名的翻译家、编辑家、学者,章文所说卧底的证据,却是"冯亦代在生前以极大勇气出版的《悔余日录》"。那么,把当事人完全袒露给世人的当年的"悔",翻检出来作为貌似新发现的攻击人家的武器,不能不产生一种怪怪的滋味。

卧底,是埋伏下来作内应,以便告密。历史上有几个时期,国家层面鼓励告密,比如汉武帝时的告缗。元狩四年(前119)发布的"缗钱令",征收商人、高利贷者的财产税和所得税。由于"豪富皆争匿财,唯卜式数入财以助县官",伴随着以官爵、财产褒扬卜式,"布告天下,以风百姓",元鼎三年(前114)又发布了"告缗令",鼓励人们告发。然告缗尚是一种经济行为,武则天时鱼保宗"上书请置匦,以受四方之书",则开始全方位地接受告密。封演《封氏闻见记》云:"匦之制,为方函,四面各以方色。东曰延恩匦,怀材抱器,希于闻达者投之。南曰招谏匦,匡政补过,裨于政理者投之。西曰申冤匦,怀冤受屈,无辜受刑者投之。北曰通玄匦,进献赋颂,涉于玄象者投之。"这个匦,大抵就像今天的邮筒,不过四面各有开口而已,效忠信和举报信可以并投。为了管理,"置匦使一人,判官一人,谏议大夫或拾遗补阙充其使。专知受状,每名进入,以待处分。余付中书及理匦使,使常以御史中丞或侍御史为之"。玄宗以"匦"音同"鬼",不好听,一度改"匦使"为"献纳使"。

章文发问:"人心,究竟是怎样的构造?"前人早就有过回答。晋仲长敖《核性赋》托荀卿之口云:"裸虫三百,人最为劣;爪牙皮毛,不足自卫;唯赖诈伪,迭相嚼啮。总而言之,少尧多桀,但见商鞅,不闻稷契。……面从背违,意与口戾;言如饴蜜,心如蛮厉。"《管锥编》就此入手,更铺陈了一系列与此相关的"名言警句"。如《庄子·列御寇》托孔子言"凡人心险于山川"。如白居易《太行路》云:"太行之路能摧车,若比人心是坦途。巫峡之水能覆舟,若比人心是安流。"如陆龟蒙《马当山铭》:"言天下之险者,在山曰太行,在水曰吕梁。合二险之为一,吾又闻乎马当。……合是三险,而为未敌小人方寸之包藏。"如赵孟頫《夷斋说》:"今夫天下之险,无逾于水。……若夫人心之险,又非水之能喻也;谈笑而戈矛生,谋虑而机阱作,不饮而醉,不鸩而毒,……险之祸可胜言哉!"实践的结果正是这样,告缗令既出,"中家以上大抵皆遇告。……得民财物以亿计,奴婢以千万数,田大县数百顷,小县百余顷,宅亦如之。于是商贾中家以上大抵破"。匦函之设,"朝士人人自危,相见莫敢交言,道路以目",因为有人入朝时"密遭掩捕",所以他人上朝时往往与家人事先诀别,不知道能"复相见否"。然人心之险,未必是"性本恶",亦有时世、时事使然的因素。

《三国志·武帝纪》载曹操在官渡战胜袁绍,"尽收其辎重图书珍宝",其中还有"许下及军中人书",也就是投降的密信。裴松之引《魏氏春秋》注曰,操公云:"当绍之强,孤犹不能自保,而况众人乎!"《三国演义》对这一段描写得更加生动:"操获全胜,将所得金银缎匹,给赏军士。于图书中检出书信一束,皆许都及军中诸人与绍暗通之书。左右曰:'可逐一点对姓名,收而杀之。'"曹操说出《魏氏春秋》那句话后,"遂命尽焚之,更不再问"。曹操这一手很得人心,应该是从汉光武帝刘秀那里学来的。刘秀曾在攻克邯郸平定王郎之后,"收文书,得吏人与郎交关谤毁者数千章",不仅不看,还"会诸将军烧之",曰:"令反侧子自安。"反侧子,反用《诗经·关雎》中的"辗转反侧",人家是"优哉优哉",这里是心神不宁罢了。刘秀、曹操的做法,也给后世的赵普学了去。《邵氏闻见录》云:"国初,赵普中令为相,于厅事坐屏后置二大瓮,凡有人投利害文字,皆置瓮中,满即焚于通衢。"这里的"利害文字",就是告状或告密的文字,赵普的态度是置之不理,你愿意告就告吧,反正我看也不看。武则天时的狄仁杰已是这样。《大唐新语》云,武则天对狄仁杰说:"卿在汝南,甚有善政。欲知谮卿者乎?"仁杰曰:"陛下以臣为过,臣当改之。陛下明言,臣之幸也。若臣不知谮者,并为友善。臣请不知。"这种对待告密的态度,才应当是可取的态度。

章诒和女士完全漠视时代因素,把有关人士与其家私人交往的一举一动,并无对证地呈现给公众,对白、动作之活灵活现除了让我们惊诧于她的超人记忆力,还有另外一个疑问:这是否同样属于"告密"的行为?《悔余日录》早在 2000 年即由河南人民出版社公开出版,九年之后她才听别人说起而读了当年那么好友的书,导致"一连数日,泪流不止,大汗不止",不禁认为夸张。前一段,她对黄苗子先生毫不客气,而其"守愚斋"斋号却正是苗子所题。在这些背景之下,"人心,究竟是怎样的构造?"令人难免把发问的矛头指向发问者。

2009 年 4 月 8 日

虱子

4月16日,张爱玲遗作《小团圆》在北京举行首发式。正如媒体报道所言,在孤零零死去若干年后,张爱玲再次红破了半边天。短短20年间,她的作品被反复编选、出版达数十种,每每都被冠以诸如"贵族""旷世""奇女子""天才"的标签,各路文学青年更是言必称张爱玲,尤其喜欢引用张的那句:"人生是一袭华美的袍,上面爬满了虱子。"对这句话的解读众说纷纭,张爱玲离世越久,越会是一出"罗生门"吧。

虱子是一种寄生虫,寄生在人畜身体上,吸食血液。这东西十分讨厌,如《宋书·索虏传》若库辰树兰所云,寇扰疆场,"臂犹蚤虱疥癣,虽为小痾,令人终岁不安"。当然,不光是人不安了,《韩非子》里有"三虱争讼",三只虱子都想吸猪身上的"肥饶之地",想来猪亦不安。《西游记》第七十一回"行者假名降怪犼",孙悟空利用虱子的特性,把它当成了武器。他先变成苍蝇钻进妖怪洞里,再变成春娇伺候,接着就是"拔下毫毛一把,嚼得粉碎……变做三样恶物,乃虱子、虼蚤、臭虫,攻入妖王身内,挨着皮肤乱咬",弄得"那妖王燥痒难禁,伸手入怀揣摸揉痒,用指头捏出几个虱子来,拿近灯前观看"。娘娘跟悟空通过气,知道是怎么回事,故意说:"大王,想是衬衣襻了,久不曾浆洗,故生此物耳。"妖王还很不好意思,惭愧道:"我从来不生此物,可可的今宵出丑。"娘娘倒很善解"妖"意:"大王何为出丑?常言道:'皇帝身上也有三个御虱'哩。且脱下衣服来,等我替你捉捉。"

生虱子,生活中确是比较难堪的一件事情。王利器先生辑《历代笑话集续编》里有一则"虱子",说一人在朋友面前捉着一虱,欲装体面,故意丢下地,啐曰:"我只道是个虱子。"哪知朋友存心想要拆穿他,捡起来看了看,曰:"我只道不是个虱子。"《铁围山丛谈》说宋相蔡京不认得蝙蝠,那才是真的不认得。其于"元祐末帅蜀,道行过一小馆,有物倒悬于梁间,初以为怪",后来自己翻书,才知道那是蝙蝠。但笑话里的这个人,显然不是不认得虱子,怕出丑,欲盖弥彰罢了。

相形之下,"我只道不是个虱子"没有阿Q来得率真。当然,也可以认为阿Q但求精神胜利而不顾其余。《阿Q正传》云,有一年的春天,阿Q"醉醺醺的在街上走,在墙根的日光下,看见王胡在那里赤着膊捉虱子,他忽然觉得身上也痒了起来",然而,"翻检了一回,不知道是因为新洗呢还是因为粗心,许多工夫,只捉到三四个。他看那王胡,却是一个又一个,两个又三个,只放在嘴里毕毕剥剥的响"。结果,"看不上眼的王胡尚且那么多,自己反倒这样少,这是怎样的大失体统的事呵!他很想寻一两个大的,然而竟没有,好容易才捉到一个中的,恨恨的塞在厚嘴唇里,狠命一咬,劈的一声,又不及王胡的响"。阿Q因此由失望到不平,终于忍不住和王胡交起手来,却也因此在记忆中留下了"生平第一件的屈辱"。

把捉到的虱子扔进嘴里咬一下,是一项传统习俗。庄绰《鸡肋编》云,他"尝泊舟严州城下,有茶肆妇人少艾,鲜衣靓妆,银钗簪花,其门户金漆雅洁",但是,她们"取寝衣铺几上,捕虱投口中,几不辍手,旁人笑语,不为羞。而视者亦不怪之"。周密《齐东野语》也说,他"时见山翁野媪,扪身得虱则致之口中,若将甘心焉,意甚恶之"。不过,周密觉得,野老嚼虱其实"自有典故,可发一笑"。他举例说,战国时的范雎对秦昭王说过:"得宛,临流阳夏,断河内,临东阳邯郸,犹口中虱。"王莽时的校尉韩威说过:"以新室之威,而吞胡虏,无异口中蚤虱。"三国时的曹植也说过:"得虱者,莫不劘之齿牙,为害身也。"不过,不是"嚼虱"自有典故,而是"嚼虱"催生典故吧。

人长虱子,一个原因是不讲卫生的结果,就像《西游记》里娘娘寒磣怪狐,"想是衬衣襻了,久不曾浆洗"。不过,既然皇帝身上也会有三个御虱,别人就更不用说了。《墨客挥犀》云,王安石有天上朝,忽然虱子从衣领中爬出来,"直缘其须"。神宗皇帝看见了,为之一笑,安石自己并不知道。退朝后,王禹玉"指以告公",安石"命从者去之"。王禹玉说别弄掉,这虱子"屡游相须,曾经御览",安石也给逗笑了。不长虱子,就需要经常清洁了。庄绰说他在剑川见僧舍,"凡故衣皆煮于釜中,虽裈裤亦然"。用开水烫,这是最常见的除虱法。可是,《邵氏闻见后录》介绍了一种颇为怪异的除虱法。邵博说,那是吕晋伯的偏方:吸北方之气喷笔端,书"钦深渊默漆"五字,置于床帐之间,就可以了事。邵博不知自己试验过没有,但他肯定地说:"公资正直,非妄言者。"然我们即便不用试验也知道,那绝对属于妄言一类。

《管锥编》引东汉马援《击寻阳山贼上书》曰:"除其竹木,臂如婴儿头多虮虱,而剃之荡荡然,虮虱无所复依。"马援是打个比方,然"上大悦"的结果,却是"因出小黄门,头有虱者,皆剃之"。虱子因为吸人的血,也用来被比作作恶为害的人。虱官,就是指蠹国害民的人或事。《商君书》云:"农、商、官三者,国之常官也。"又云:"治国之举,贵令贫者富,富者贫。贫者富,富者贫,三官无虱。国久强而无虱者,必王。"别的观点可以商榷,然商鞅的"官无虱"说,无疑今天也是值得注意的。

2009 年 4 月 18 日

读书(之三)

4月23日是"世界读书日"。国外怎么过这个日不大清楚,在我们这里,跟过其他的国际或世界××日没多大区别,热热闹闹就那一天,然后一切故我。去年公布的第五次国民阅读调查结果显示,中国户均年消费图书仅1.75本,传统图书阅读率呈持续走低态势,阅读率为34.7%,比2005年降低了14%。至于不读书的原因,49.4%的人归结为"没有时间",42.8%的人说"没有习惯"。怎么办呢?有上级部门印发通知了,要求"进一步"推动做好全民阅读活动。有人还嫌不够,建议再设个我们自己的"阅读节"。情形大抵就像西方有母亲节,我们也应该有自己的去抗衡一样,并且有人连日期都选好了,就在孟子诞生的那一天。

国人一向喜欢做名堂上的文章,做不好的事情归咎于"名不正",且不说它。读书,肯定不是件强按牛头喝水的事情,需要自觉。康熙时的朱竹垞归田后,时值荒年,邻居"讶其日午无炊烟",乃"叩门馈以豆粥",发现他还是"书声琅琅不辍"。方苞以戴名世《南山集》案入狱,人家来探监,他便借此"谘经诹史"。狱友说:"君纵忘此地为圜土,身负死刑,奈旁观者姗笑何?"判决书下来,方苞还在神态自若地读《礼经》。有人把书扔到地上,告诉他:要杀头了!方苞答:朝闻道,夕死可也。做官时的黄庭坚已然如此,刘声木《苌楚斋四笔》引其《与洪甥驹父书》云:"尺璧之阴,常以三分之一治公家,以其一读书,以其一为棋酒,公私皆办矣。"刘声木对此颇有感慨:"三代读书,亦必藏焉修焉,息焉游焉,决非终日疲精劳神于简册中者。凡人苟能勤学好问,每日光阴以三分之一读书,岁月浸寻,历久不渝,何患不学富五车,才高八斗。奚必三更灯火,五夜鸡声,始能谓之读书乎?"也就是说,对真正爱读书的人而言,读书是一件很自然的事情。

读书需要讲究方式方法。"囊萤映雪"强调的是一种精神,真正实践起来未必奏效,但一些前人的读书法确是很有趣的。还说康熙时代,比如顾复初读书,"夏日不见客,闭重门,解衣脱袜履,至寸丝不挂,匿帷后,手一卷不辍"。这种习惯,显然不是道理能解释得了的。再如阎百诗读书,"将书拆散,读一页,辄用面糊粘几,背诵既熟,即焚之,终身不再读"。《菽园杂记》里还有陈元孚读书法:"生则慢读吟语句,熟则疾读贪遍数,攀联以续其断,喝怒以正其误;未熟切忌背诵,既倦不如少住。"他自认为"如此力少功多,乃是读书要务"。《听雨丛谈》云,清朝皇子读书也是这样死记硬背。届时,"与师傅共席向坐,师傅读一句,皇子照读一句,如此反复上口后,再读百遍,又与前四日生书共读百遍。凡在六日以前者,谓之熟书。约隔五日一复,周而复始,不有间断"。读书法不可能整齐划一,因人而异,然只要奏效,应当说都是好方法。

朱元璋曾跟近臣吹牛:"我起草野,未尝师授,然读书成文,涣然理顺,岂非天生耶!"黄瑜《双槐岁钞》对此表示认同,云:"见于御制文集者,可概见已。"但其实谁都知道,"御制"的东西未必要皇帝本人动手。黄瑜举了老朱的两首逸诗,其一为《赐都督杨文》:"大将南征胆气豪,腰横秋水吕虔刀。马鸣甲胄乾坤肃,风动旌旗日月高。世上麒麟终有种,穴中蝼蚁更何逃。大标铜柱归来日,庭院春深庆百劳。"这首诗有不同的版本,也有人说是嘉靖皇帝写给毛伯温的,末句为"朕与先生解战袍"。皇帝怎么说大话,不仅不会被揭穿,还会有人千方百计地进行佐证,黄瑜就是实例,寻常人等,就可能下不来台了。宋朝有个当官的也是跟人吹牛:昨晚睡不着觉,起身读了一卷《孟子》,感觉"好甜"。旁人马上就挖苦他,你读的不是《孟子》,是《唐书》吧。读书人吹牛,则有真本领作后盾。钱谦益幼年和人比赛,"举《四书》语'口'字最多者以角胜负"。到最后,对方举出"人知之亦嚣嚣,人不知亦嚣嚣",共有十八个"口";钱谦益则举"讴(謳)歌者(謳)歌益,而(謳)歌启",共有十九个"口",还是压倒了对方。这种比赛看似在玩儿文字游戏,实际上显示了两人对《四书》的稔熟程度。同治年间的裘日照也是"博闻强记",有人表示怀疑,他"当众携纸吮笔,写《前汉书》十一卷,并臣赞、师古等注,无一字遗脱",而且"未及二小时毕矣"。

苏东坡说过:"以我观书,则随处得益,以书博我,则掩卷茫然。"刘声木就此进一步发挥道:"藏书而不能读,读而不能用,何以异是?"从这个角度上看,即便户均年消费图书、阅读率等的数据都上去了,仍然没有实质意义,关键更在于读书对提升民族的文明素质起到了多大作用、什么作用。谁都知道,我们现在把读书也是当成运动搞的,因而与文明脱节,每次抓文明的时候,都要从不随地吐痰之类最基本的道德文明做起。这该是"藏书而不能读,读而不能用"的最直接写照了。

2009 年 4 月 24 日

狗

第15期《三联生活周刊》（4月27日出版）"坏消息"栏目有一则"恶人与恶狗"，说根据美国西弗吉尼亚大学一个研究小组对563名养有宠物的学生所进行的在线问卷调查，那些家有恶犬的人，行事野蛮、滥用药物以及打架斗殴的概率，远远高出饲养性情较为温驯犬种的人和不养狗的人。研究者因此得出结论：决定一条狗是否具有攻击性，不仅是看它的血统，还要看其主人的品行。这个研究很有意思，用来检验韩非子的"狗恶酒酸"，至少可以产生另外的心得：酒之所以卖不出，未必皆因狗怎样凶恶，店主乃孙二娘之祖也说不定。明朝人说："不知其人，观其友。"按美国的这项研究，则可套用为"不知其狗，观其主"了。

狗，通常被称为"人类最忠实的朋友"，因而也是人类饲养率最高的宠物。"柴门闻犬吠，风雪夜归人"，呈现出一种无比温馨的生活意境。尤其乡村的夜晚，狗叫声是"交响乐章"的重要组成部分。而且，一两声犬吠，往往会引起"大合唱"。唐朝卢携据此说朝廷里的谏官就像狗，"一狗吠，辄一时有声"。当然，那是对本该仗义执言却瞻前顾后、唯唯诺诺的人表达的强烈不满。狗和人亲近，故事也就颇多，包括笑话。《笑林广记》云，一个耳聋的人探望朋友，"犬见之吠声不绝，其人茫然不觉"。见了主人，不解地问:"府上尊犬,想是昨夜不曾睡来?"主人问何以见得。答曰:那狗"见了小弟,只是打呵欠"。另一个也是有听障的先生在雨中见狗吠不止,叹曰:"此犬犯了火症,枯渴得紧,只管开口接水吃哩。"

晋傅玄有《走狗赋》,其中说道:"盖轻迅者莫如鹰,猛捷者莫如虎。惟良犬之禀性,兼二俊之劲武。"对狗赞美有加。按钱锺书先生的说法,后世以走狗为刺词,彼时尚是美称。这种情形就像今天忌讳"龟"字,但古人却取作人名吧。走狗,在傅玄的时代就是猎狗,现在则比喻受人豢养而帮助作恶的人。笔者读中学的时候,课本里有鲁迅先生批判梁实秋的《丧家的资本家的乏走狗》,虽然当时对鲁文不明所以,但也知走狗是骂人很厉害的话。1915年袁世凯要当"洪宪皇帝"的时候,天津《广智报》发表了一幅讽刺漫画——《走狗图》:袁世凯头戴冕旒,身披龙衮,垂拱而坐;四方画着四条狗,分别代表主张恢复帝制的筹安会四大将——杨度、胡瑛、孙毓筠和严复。这倒不是作者"恶毒",而是四大将的"自认"。刘禺生《洪宪纪事诗》云,筹安会诸人于中山公园聚会,胡瑛提出一个问题由大家讨论:别人都说我们是走狗,究竟是不是呢?杨度发言:怕人骂者是乡愿,岂能任天下事哉。我等倡助帝制,实行救国,自问之不愆,何恤乎人言。即以"走狗"二字论,我狗也不狗、走也不走的。孙毓筠发言:我不然,意志既定,生死以之,我狗也要狗、走也要走的。严复发言:我折中其说,狗也不狗、走也要走的。胡瑛则认同孙说。因此,"走狗言志"的说法便传了开来。唐人娄师德唾面自干,以为美事,两相类比,当真是后人不让前人了。

明朝魏忠贤权势熏天时先后有80多位大臣投靠他,其中,崔呈秀等文臣"主谋议",号"五虎";田尔耕等武臣"主杀戮",号"五彪";吏部尚书周应秋等,则号"十狗";此外,还有"十孩儿""四十孙"等。虎、彪、狗等,构成阉党中的骨干,用时人朱长祚的话说,叫作"同心济恶",看看国家乌烟瘴气到了什么程度?民间"无敢偶语者",甚至"凡衣冠士庶相见之间,皆缄嘿不敢吐半言,即寒温套语,问讯起居,并忘之矣,唯长揖拱手而已"。"十狗"之流在自身血统上自然没有凶恶的基因,其所以恶,正源于所依附的"主人"。这该是美国那项研究的社会学意义了。这样一件很好的研究成果,不知《三联生活周刊》为何要归入"坏消息"。在魏忠贤之前的万历年间,"山人"乐新炉在京城编了段"飞语"——相当于今天的短信段子吧——叫作"若要世道昌,去了八狗与三羊"。明了"十狗",则此处的"八狗"就容易理解得多了。"八狗"和"三羊"也都是实指,乐新炉是把邹元标等十人称为十君子,相应地,把赵卿等八人称为"八狗"、杨四知等三人称为"三羊"。乐新炉的段子"人多畏恶之",然其"颇有才智,以故士大夫亦有与之昵者",说明他的"创作"颇能破的,并非只是图一时口快。

《清稗类钞》载,嘉庆皇帝时在东华门内长街设有"鹰狗处",供春猎与秋猎使用。有趣的是,管理该处的负责人不叫处长,而叫总统。养狗的人"皆以世家子弟充之",且"许其蟒袍纬帽,为执事中品之最高者"。开玩笑说,用意之一也该是防止狗和人学坏了。朱元璋跟身旁的人说过:"人亦岂能无好?但在好所当好耳。如人主好贤,则在位无不肖之人;好直,则左右无谄佞之士,如此则国无不治。"打个也许并不恰当的比喻,这段话和美国的那项研究成果很有相通之处。

2009 年 4 月 30 日

禁令

广电总局又下禁令了,严禁各类综艺、娱乐、访谈节目炒作名人绯闻秘史、劣迹丑闻,以净化荧屏声频,避免"有丑闻劣迹的名人"误导观众听众。凡再有播出此类节目的电台、电视台,一经发现,要从策划选题者开始,层层追究责任。有媒体猜测,这可能是由香港艺人钟欣桐(阿娇)引起的,盖因为某卫视一个栏目在3月份特别赴港制作的阿娇特辑,原本安排在4月中旬播出,广电总局的禁令恰发于4月13日。

禁令与法律之间的关系,要交给专业人士去论证。总之,如今有一股"禁令热",感觉上人们对法律的"崇拜"远不如对禁令的"畏惧"。历史上,五花八门的禁令就更多了。比如《万历野获编》云,北周宣帝时曾下诏"禁人间傅粉,但令黄眉黑妆",而"北朝又笑南朝诸帝为傅粉郎君",可见北朝针对的是妇女,而南朝不独"妇人傅粉固为恒事",男人也这么干。南朝的这种做法,也许是三国以来的余音。《世说新语》关于何晏的一则就说:"何平叔美姿仪,面至白。魏明帝疑其傅粉,正夏月,与热汤饼。既啖,大汗出,以朱衣自拭,色转皎然。"曹睿这才相信,何晏的脸上没有抹东西。何晏很自恋,《魏略》说他"动静粉白不去手,行步顾影",不傅粉的时候,也是个美男子吧。北周宣帝来个"一刀切",想来是有他自己的道理的,也许这道理在他人看来根本就是无理。

按时间顺序说下去,明朝宣德三年(1428),明宣宗朱瞻基采纳顾佐奏议,下令禁革官妓,整顿官员们的娱乐生活。然而,副作用也跟着来了,"缙绅无以为娱,于是小唱盛行。至今日,几如西晋太康矣"。这里的"小唱",其实是男宠。《万历野获编》云"此辈狡猾解人意",会借着官吏间的会客宴饮,"诇察时情,传布秘语,至缉事衙门,亦藉以为耳目"。官妓禁了,男宠复兴了,顾此失彼。正统年间,大兴知县马通提议禁群饮和赌博。他说,"京城有号风流汉子者,专以嫖赌致钱,充花酒费",所以,"宜令娼妓家不得有双陆骨牌纸牌骰子",来个所谓釜底抽薪。那些喝醉了躺在大街上的人呢?"令火夫举置铺内,俟其醒而枷之"。虽然马通的提议在时人看来也"真令人绝倒",大家还是在朝廷上认真进行了讨论,结果是抓到那些赌博的,让他们"运粮口外";枷示醉人呢,"非旧典,不可行"。万历十三年(1585),巡城御史杨四知"出榜禁杀牛",且"引太祖所定充军律,悬赏购人告发"。然以杀牛为生的回人因此"皆束手无生计",也因此而"群聚四知之门,俟其出,剚刃焉",要杀了他。杨四知吓坏了,不仅"命收其榜",而且"逾月始敢视事"。杨四知应该是拍脑袋决策的先驱之一了。

顾起元《客座赘语》比较了湛甘泉之禁与姜凤阿之禁的区别。湛甘泉禁什么呢?其为南大司马,"命民毋得餐大鱼酒肆中,沽市无论饮酒当垆,致众丛饮者禁",年关时"庶民毋得焚楮祀天,糜财犯礼"。按屈大均的说法,这是"导民以俭之一端也"。姜凤阿又禁什么呢?其为南大宗伯,"申明宿娼之禁",规定"凡宿娼者,夜与银七分访拿帮嫖之人,责而枷示"。顾起元比较后的结论是:"姜之事行,仅游冶之子以为不便;湛之事行,而称不便者怨声遂载道。"也就是说,姜凤阿之禁,嫖客以及色情业受到重创;而湛甘泉之禁,严重干扰了百姓的正常生活,没多久也就只能是落得草草收场的结局。

清朝雍正六年(1728),李凤翥继承了湛甘泉的思路,认为"乡邑之中,共为神会,敛钱演戏",应当禁止。魏廷珍也奏:"将违禁演戏之保长,各杖八十发落。"这一点,倒是雍正皇帝分得清楚。他承认"村堡之间,豪强地棍,借演戏为名,敛钱肥己,开设赌场,斗殴生事"的事实,但同时也承认民间自有其娱乐方式,"有力之家,祀神酬愿,欢庆之会,歌咏太平",是一种正常的现象。如果不加甄别,"凡属演戏者,皆为犯法,国家无此科条也"。雍正还引申发挥道:"如赌博一事,应行严禁者,而省会之地,公然市卖赌具,尚不能觉察,岂有将民间不能禁止,而国法所不曾禁止者,一概入于禁止之例?"根本禁不了的事情,法律上也没这个规定,单靠禁令会管用吗?实际上,当马通提议之时,时人也悲观地说:"夫醉人囊三木固为非法,若挟邪之博具,决不能禁,亦不必禁。"这是另外一种态度:全国到处都是这个样子,却强求京师肃清,"不亦难乎?"

印象之中,广电总局的禁令很多,隔三岔五就有一个。按照既往的态势,今后也会如此。如电视节目为了抢眼球,用迎合低级趣味来提高收视率的做法,禁之不能说没有道理。不过,规范是必要的,但是发了禁令之后便如泥牛入海,是要引起注意的。名人不准代言医药广告、电视节目不得有挂角广告之类,不知说了几回,但没人放在眼里。这样的事情一而再再而三,无论再出什么,大家也不会当真,甚至相反,难免当笑话看了。他们的不少禁令都被舆论无情调侃,可谓明证。

2009年5月5日

仍要如此,何苦如此

今年3月,天津师范大学大四学生罗彩霞在办理网上银行业务、教师资格证时发现,自己的身份正在被高中同学王佳俊盗用。5月5日,媒体将此事曝光后,掀开了其中的惊天黑幕:早在2004年,王佳俊在父亲王峥嵘的操作下即冒用罗彩霞的身份信息和高考分数被贵州师范大学思想政治教育专业录取,并取得了学位证书,获得了教师资格证,毕业后在广州工作。而冒名顶替发生之时,王峥嵘不过是湖南省邵东县牛马司镇党委书记。就这么一个芝麻小官,把貌似严谨的高考录取程序捅了个百孔千疮,因为办成这样的事情,涉及女儿就读的中学、录取的大学,涉及当地的教委、派出所,那些单位部门在短短的时间内等于被王峥嵘一一搞掂。

不过,也只有芝麻小官才会这样"施展本领"。比方常被人们与高考一并拿来说事的科举,对大官员的子弟大抵就是网开一面的。《郎潜纪闻三笔》载有一则清朝的"科场定例",道是"现任文武一二品大员,及翰詹科道之子孙弟侄,出应乡试,别编官卷,号曰官生,凡二十人取中一名"。虽然也考试,但和其他考生不是站在同一起跑线上,自然"较寻常觅举者登进差易"。雍正六年(1728),更有一项优惠措施是这样的:"大学士、尚书、侍郎、都御史、副都御史各大员,有子弟在京闱及本省乡试,未经中式,年二十以上者,著各举文理通顺可以取中者一人,开送内阁请旨。"文理通顺就行,这个门槛可谓低得不能再低;这且不算,户部侍郎刘声芳的儿子刘俊邦"因病未应乡试,亦赐举人"。饶属个案,"恩泽"也变得没有边界了。诸如此类的美事,显然无论如何也轮不到芝麻小官。

《万历野获编》"现任大臣子弟登第"条,罗列了不少高官亲属登第的名单,长长的一大串,要么侄子,要么儿子,要么女婿,要么弟弟。这里面,不排除有一些是凭借真本事的,但同样也可以肯定还有一些是靠权力作祟达到目的的。比如弘治六年(1493)的二甲进士王承裕,是太子太保、吏部尚书王恕的儿子,"端毅(恕)不读卷",主动避嫌;而弘治九年(1496)的二甲进士刘东为次辅刘健之子,"健不辞读卷",就瓜田李下了。又比如弘治十二年(1499)的二甲进士谢迪,为次揆谢迁的弟弟;弘治十八年(1505)一甲第二名谢丕又是谢迁的儿子,只不过因为过继给了他叔叔,所以"不书本生父文正公(迁)名",好像跟谢迁无关似的。这一回谢迁的表现如何呢?"虽亦引嫌,竟充读卷官",可以说为保证录取而不遗余力。看,这些大人物就都是力求从"源头"上即名正言顺。像嘉靖己未科(1559)吏部尚书吴默泉的儿子吴绍"为言官纠其曳白,倩人入场",这种情况的出现大抵不是被敲诈,就是官场相互倾轧的产物,很少是从国家政策被亵渎、贫寒士子被侵害的立场出发。

康熙丁卯(1687)乡试放榜,引起一场轩然大波,"省城生监见中式者半属膏粱子弟,同声不平,遂于省城遍贴主考徇情受贿,相率于九月初三日先往文庙鸣钟伐鼓,跪哭棂星门外"。常熟知县杨震藻是考官之一,时正"道经庙门下轿",乃为"诸生监群共殴之,碎其轿"。接着,又遇到了另一个考官杨嘉,"众拥而前又想动手",但杨嘉反应很机敏,赶快表白说我是收卷子的,"不司去取",才算没吃眼前亏。众人还不解气,"往正主考米汉雯署所,鼓噪肆骂",但米某人早有防备,"令家丁三十余人执械驰逐,众并惊散",还抓了13个人,缚送衙门收审;结果这13人中,"惟一生、一监、一武生,余皆经过平民"。参与者与事件本身没有直接的利益关系,这该是彼时的社会泄愤事件了。按照今天于建嵘先生的观点,这是当下社会群体事件的四个特点之一。最后,主考米汉雯及副主考龚章"俱照不谨例革职"。教育部表态说"罗彩霞事件"性质十分恶劣,查处决不手软,看起来也是有一些人难逃制裁了。

《万历野获编》讲了一个纳粟监生的故事。纳粟上来的嘛,本"不能文",人家就是买个文凭充充门面。然而不知哪个环节没有打点到,"司成勒其入试",非要考他一下。纳粟监生就在卷子上写了16个字:"因怕如此,所以如此;仍要如此,何苦如此。"这几个"如此"的所指,既可意会,亦可言传,用在王佳俊冒名顶替事件上,真是浑然天成:因为考不上,所以冒名顶替;事情过了5年仍要暴露,早知这样又何必冒名顶替!何苦如此?因为作奸犯科的人从未想过"仍要如此"。在落马的大贪官身上表现得尤其明显,他们莫不以为,凭借自己精心编织的关系网,没有摆不平的事情。

2009年5月13日

长得丑

5月17日,阿里巴巴集团董事局主席马云在广州召开的首届网商交易会上发表了演讲。在广东卫视上看了一段,正赶上他在舞台上边来回走动边说:"我跟大家没有任何区别,唯一的区别就是比在座的所有人,都长得怪一点,长得丑一点。我也没有资本和关系,当初大学毕业后出来创业,'第一桶金'是问亲戚朋友借来的2万块钱。我所做的一切,是想证明一件事情:如果马云可以成功,中国80%的年轻人都可以成功。"众所周知,马云已经成功了,却还有那么多的年轻人在听他传授锦囊妙计,或正可从侧面证明马云的"等式"不成立。其实我们都知道,他那是对年轻人励志的话,当不得真;他的话里最真的倒是自我调侃,比别人长得怪一点、丑一点。

在历史上许多时候,"长得丑"是一种天然劣势。《玉光剑气集》引《读书笔记》云:"犬见人衣貌不扬则吠之,稍整则亦稍戢,盖彼亦知外美耳。"狗且如此,更不要说人了。《万历野获编》有一则"选科道",说成化初编修张元桢建议:"六科不必拘体貌长大,当以器识学问文章为主。"可见当时选人,有只看外表的倾向和行动,至少个子要高,因为"必用体貌长而语言确者,以为壮观"。人们还编了段顺口溜:"选科不用选文章,只要生来胡胖长。"然对张元桢的建议,"时论不从其说"。《读书笔记》就犬吠问题接下来论道:"人之智宜辨于犬矣,乃亦敬富贵,忽贫贱,而不问其贤否,何以异于犬乎?"敬体貌之与敬富贵,可谓异曲同工了。

《开元天宝遗事》云,宰相张嘉贞想招郭元振为婿。元振很帅哥,担心摊上丑老婆,就说我知道您有五个女儿,"未知孰陋?"搞不清哪个长得丑,所以"事不可仓卒,更待视之"。张嘉贞说,干脆叫她们"各持一丝幔前,使子取便牵之,得者为婿"——用纱幔障眼,恐怕张女中确有长得丑的。结果郭元振挑到了老三,"大有姿色",很高兴。李林甫的六个女儿都很漂亮,他倒不是包办的态度,"厅事壁间开一横窗,饰以杂珠,幔以绛纱,常日使六女戏于窗下。每有贵族子弟入谒,林甫即使女于窗中自选"。长得漂亮,自有挑拣的资本;否则,只能是被人挑拣。

《世说新语》里有个故事:三国时许允的老婆奇丑,结婚那天,仪式都搞完了,许允不肯进洞房,"家人深以为忧"。这时桓范来了,劝道:"阮家(允妇为阮共之女)既嫁丑女与卿,故当有意,卿宜察之。"阮共,官至魏国的卫尉卿。许允听了劝,但进了洞房之后,"既见妇,即欲出",还是实在看不下去。新妇一把抓住他,许允想刁难一下她:"妇有四德(妇德、妇言、妇容、妇功),卿其有几?"新妇说,我缺的就是容貌罢了,"士有百行,君有几?"许允说,全都有。新妇说:"夫百行以德为首,君好色不好德,何谓皆备?"一席话说得许允"有惭色,遂相敬重"。后来,当许允为吏部郎以"多用其乡里"为魏明帝拘押时,当许允为司马师所杀的消息传来时,许妇都表现出了胆识的一面,如其所言,"所乏唯容耳"。武则天时的兵部郎中朱前疑长得丑,但娶了个漂亮老婆。这个人实在怪僻得很,对漂亮老婆兴趣不大,"洛中殖业坊西门外酒家有婢,蓬头垢面,伛肩皤腹,寝恶之状,举世所无。而前疑大悦之,殆忘寝食"。

《续墨客挥犀》云,北宋吴伯虎"状甚丑,鼻有孔而无准,每出廛市,孺童争随笑之"。元封年间登第时,神宗"见之,亦为之笑"。有人赠伯虎诗曰:"众人皆有鼻,公鼻最堪论。涕出应难兴,香来却易闻。虽然无寿相,知是有山根。见说登科日,欣然动至尊。"但在调侃的同时,也有人一本正经地说他"君以丑胜天下,亦贵人之相也",这就是前人总结出来的"奇人必有奇貌"了,有很多"注脚"。比如东晋时的桓温,"鬓如反猬皮,眉如紫石棱",时人据他的怪模样判断他是"孙仲谋、司马宣王一流人",属于奇人。再比如"竹林七贤"之一的刘伶,"身长六尺,貌甚丑悴,而悠悠忽忽,土木形骸",不仅丑得怪异,而且按当代余嘉锡先生的说法,那叫"乱头粗服,不加修饰,视其形骸,如土木然",刘伶自然也算得上奇人了。但"浅钝无识,容貌极丑"的朱前疑之流,大抵不适用这个"公式"。朱前疑只是拍马屁的本领有一套,他的"即授拾遗,俄迁郎中",前提在于上书云"臣梦见陛下八百岁";他的"即赐绯鱼袋,未入五品,于绿衣衫上带之",前提在于"出使回,又上书云'闻嵩山唱万岁声'"。因而对他的褒奖,引得"朝野莫不怪笑"。这一段史事,《太平广记》亦归入了"嗤鄙"类。

马云与别人的区别,委实不在于"长得怪一点,丑一点",而在于他的那套别人或许知之却很难效仿之的"成功秘诀"。他自嘲自己"长得丑",实际上他的奋斗经历证明他完全是个奇人。用"奇人必有奇貌"来逆推之,则这个所谓"长得丑",也该属于奇貌了。

2009 年 5 月 22 日

官场争斗

官员互殴的新闻渐渐多起来了。去年,四川有这么一单:宜宾市高县档案局正副局长"在办公室发生矛盾,并由最初的语言冲突升级为肢体冲突",处理的结果是将二人调离档案局另行安排工作。今年4月,湖北省又有一单:监利县环保局正副局长接连两次在办公室互殴,双双受伤住进医院。新近又添了一单:陕西安康市石泉县药监局副局长黄平两月前拿到驾驶证,他想利用双休日借单位的车练习,局长陈勇以"违反单位用车规定、安全无保证、需要承担责任"为由,让其写保证书。黄平认为陈勇是有意刁难他,两人先是发生口角,最后动手打架。

官场上的争斗从来都是公开的秘密。《南部新书》里讲了一个故事,裴子羽为下邳令,张晴为县丞,"二人俱有声气",常在一起讨论政事。有个小吏私下里开玩笑说,两位头头之间很不和睦啊。人家问他怎么知道,他说:"长官称雨(羽),赞府道晴,终日如此,非不和乎?"这是借官员的姓名开了个玩笑。但官场间真的相互倾轧的例子不胜枚举,随手翻翻,比较著名的人物中也可拈出范仲淹与吕夷简、韩忠彦与李清臣、高拱与徐阶等,不妨一一略视之。

范、吕事见于苏辙《龙川别志》。范仲淹"早岁排吕许公(夷简),勇于立事,其徒因之",影响到了追随自己的人,只是"矫厉过直,公亦不喜也"。后来范仲淹抚陕,与"既老居郑"的吕夷简"相遇于途"。因为自身"身历中书,知事之难,(仲淹)惟有过悔之语",吕夷简亦"欣然相与终日"。这件事,还被欧阳修写入《文正神道碑》中,但是苏辙之外,时人并不相信"二公晚年欢然相得"。南宋时候,朱熹、周必大就此还有过一次有名的论争。直到今天,这次论争也是学者研究的课题。

韩、李事见于邵伯温《邵氏闻见录》。宋哲宗亲政后用李清臣为中书侍郎,"范相纯仁与清臣论事不合,范公求去",哲宗始而不许,然"范公坚辞,帝不得已"。范纯仁或许有先见之明吧,预见了李清臣不可共事。徽宗即位,用韩忠彦为相,清臣为门下侍郎。韩、李本来有旧,"故忠彦惟清臣言是听",但到了李清臣"复用事"之后,人家是没那么客气的,"范右丞纯礼,忠彦所荐,清臣罢之;刘安世、吕希纯皆忠彦所重,清臣不使入朝,外除安世帅定武、希纯帅高阳;张舜民,忠彦荐为谏议大夫,清臣出之,帅真定"。至于李清臣为什么要和韩忠彦对着干,只好留给感兴趣的人们去研究了。

高、徐事见于沈德符《万历野获编》。高拱东山再起,"以首揆兼冢宰",乃对当年轰他出京的徐阶及诸言官耿耿于怀。内阁有专办中书事的诰敕房,"序班十人,久次当迁",熬到一定年头该往上挪一挪了,但因为他们是徐阶的人,高拱装不知道,"意憎之也"。这几位老兄于是找上门去,"且以秩满故事请"。高拱呵曰:"若辈有何劳?"对曰:"劳苦已三满考。且索米长安,冀增薄禄糊口耳。"高拱干笑一下:"果尔耶,吾即有应,必不令若曹有侏儒之羡。"当面答应得好好的,却是"即刻入部具疏,十人者俱对品调外,为边远仓大使",结果"无一人能赴者,皆恸骂归"。沈德符说:

"新郑(拱)秉重柄,任情非一,此特其最小者,然已足失人心矣。"而高拱对徐阶的账还没有算完,《明史·高拱传》载:"阶子弟颇横乡里,拱以前知府蔡国熙为监司簿录其诸子,皆编戍,所以扼阶者无不至。逮拱去位,乃得解。"为吴晗先生带来灾难的新编历史剧《海瑞罢官》我没有看过,但看过姚文元的那篇批判文章,姚说"抓徐阶儿子这件事,性质上是高拱乘机报复,执行者也是另外的官僚,同海瑞不相干"。姚因此抓到了把柄:"把内阁中不同政治集团的倾轧,硬移到海瑞身上,变成海瑞'站在穷农民一边'去'平民愤',这不是违背了基本的历史事实吗?"

捋胳膊、挽袖子,当面上演"文武行",前人自然也曾示范过,《万历野获编》中正有一则。顾龙桢出按广东,"不甚谙吏治,而性刚戾自尊大",就知道骂人。广州知府方遂给他骂得"自罢去",下面的人就更不要说了,"为所辱者接踵,以渐及于蕃臬"。但骂到王泮那里,出事了。"时庚子秋试,王以提调偕侍御入闱,王点名散卷毕,偶以一公事相争,遂诟詈",顾骂王老奴才,"王亦以恶声答之",于是交手。"王奋拳击之,顾不能胜,堕冠弛带,以吉服而盘旋于地"。有个倪姓邑令来劝架,成了顾的出气筒,"即揽其裾痛殴之"……

明朝还有一件事,大司马石星"以封贡关白下狱",碰上了因为弹劾他而关押已久的原监察御史曹学程,"惭欲入地"。倒是曹学程想得开:"各为国事致祸,何敢相尤?"一来二去,两人还缔结深交,"且有婚媾之议",要成儿女亲家了。一语不合,老拳相向,大抵都并非"为国事"。看起来是一时冲动,定睛看去不会那么简单。这一种赤裸裸,既表明当今不少官员的素质,同时也表明官场生态已经恶化到了什么程度。

2009 年 5 月 28 日

口吃

端午"小长假"——一天假期再凑个双休日——借了一套前段时间各个"上星"电视台热播的电视连续剧《潜伏》碟片来看,确是名不虚传。记得中国第一部电视连续剧《敌营十八年》讲的就是"潜伏",不过播出的时候,许多"潜伏"过的老同志还健在,说如果按剧里的描述,主人公在敌营里连十八天也呆不了,就会露馅儿。《潜伏》如何,在我们"外行"也自然是看热闹,感觉很好就是。孙红雷的表演尤其值得称道,以前他演的多是黑社会头目一类的人物,狠巴巴的,看来人家对正面人物塑造一样拿捏自如。剧中各种配角也都活灵活现,比方那个口吃的谢若林。有一次余则成毫不隐瞒是自己偷走了他手上的文件,故意学他:"所以你别别别怀疑你你你老婆。"

口吃即结巴,查一下辞书,这是一种牵涉遗传基因、神经生理发育、心理压力和语言行为等诸多方面的、非常复杂的语言失调症。这种失调症当然是不分今人古人的,《邵氏闻见后录》云,宋朝有一士人口吃,刘贡父嘲之曰:"本是昌徒,又为非类,虽无雄才,却有艾气。"这里面的每一句,就都涉及了一位口吃的著名人物。"昌"是西汉时的周昌,"非"是战国时的韩非,"雄"是西汉时的扬雄,"艾"是三国时的邓艾。今天形容人口吃的成语"期期艾艾",就是从周昌、邓艾他俩那儿来的。《汉书》载,刘邦想改立太子,大臣周昌谏止:"臣口不能言,然臣期期知其不可,陛下却废太子,臣期期不奉诏。"这里面的"期期",据说应为"极"字,然不管是哪个字,说一个显然也就够了,周昌因为口吃才说成了"期期"。"艾艾"就更有名了,口吃的邓艾讲自己名字时往往连称"艾、艾",司马昭跟他开玩笑:"卿云'艾艾',定是几艾?"邓艾回答得妙:"'凤兮凤兮',故是一凤。"刘贡父借用这几个历史上口吃的名人,等于给那位士人的能力水平画了幅素描像。

  口吃的人往往容易给人家取笑,如余则成对谢若林,古人自然也不例外。冯梦龙《古今笑》云:"华原令崔思海口吃,每与表弟杜延业递相戏弄。"有一次表弟对表哥说,我能让你学鸡叫,你信不信?但表弟只有一个条件,"但有所问,兄须即报",我问什么,你马上答什么。不要说表哥不信,旁人也不信,至于"与杜私赌"。表弟于是拿了一把谷子问表哥,这是什么?表哥回答:"谷谷谷。"果然跟鸡叫差不多。明确是开玩笑,哈哈之后也就没人去计较了,怕的是并非玩笑而以为取笑。后周大将军、襄城公郑伟口吃,其"少时逐鹿"——当然不是逐鹿中原那种逐鹿,而是追逐真的鹿——追丢了,询问牧童,不料牧童也是口吃,但郑伟"以牧故为效己,竟扑杀之"。残忍归残忍,郑伟的疑心也有一定"道理"。冯梦龙还说,他有个同乡叫俞漳水的,"工画艺而足跛",有一天他在路上走,恰巧前面一个走路的老太太也是跛脚,旁边一个顽童正在学她,老太太很是生气。当俞漳水一颠一颠地走过来时,老太太控制不住了:"彼顽童作短命事耳,乃衣冠者亦复为之耶!"还不解气,至于"极口骂辱"。无论俞漳水怎么解释,老太太"终不听信"。东晋谢安"作洛下书生咏,而少有鼻疾,语音浊。后名流效其咏,弗能及,手掩鼻而咏之"。老太太要骂的话,这种时候才有些道理。沈德符《万历野获编》说，他小时候在京师跟小朋友们玩耍时，“每见出塾缓步详视者，必哗指曰‘可来看假司马温公’”。由这个游戏似乎能看出，彼时已颇有斯文扫地的味道。这个常见的动作怎么就是模仿司马光了呢？当然是小童们不知受何人指使的“欲加之罪”了。

口吃虽然是人的一个生理缺陷——如果可以这样认为的话，但口吃者亦不必自卑，司马迁早就总结出一个规律：“非为人口吃，不能道说，而善著书。”这方面的实例的确很多，有被当代学者王立群一本正经考证出实乃“骗财骗色”的文学家司马相如，有留下二十四史之一《后汉书》的范晔，有众所周知的美男子潘岳（文学与陆机齐名，文字为钟嵘《诗品》列为上品），有道教大师郭璞（注《尔雅》《山海经》等，《晋书》称其“词赋为中兴之冠”），有经学大师何休（作《春秋公羊传解诂》，后世公羊学者奉为经典），等等。钱锺书先生就此现象阐释说：“夫口吃而善著书，笔札唇舌，若相乘除，心理学谓之‘补偿反应’，如古之音乐师必以矇瞽为之也。”钱先生并引西汉王褒《洞箫赋》语，认为古人已经认识到了这个问题。王褒说：“于是乃使夫性昧之宕冥，生不睹天地之体势，闇于白黑之貌形，愤伊郁而酷䎞，愍眸子之丧精，寡所舒其思虑兮，专发愤于音声。”

专业人士说，90%的成年口吃患者是因儿童时期模仿口吃而导致自己形成了多年口吃的毛病。《潜伏》类的谍战剧，大约还吸引不了儿童观众，否则，余则成模仿谢若林口吃，可能就起了负面效果了，就像影视剧里动辄吞云吐雾被视为对未成年人的不良示范一样。别当真，也是开个玩笑。

2009年5月30日

豆芽菜

上海市场上出现了一种用化学物质"美白"的豆芽。因为豆芽很容易发黄、发黑,黑心的批发商就兜售这种对人体有害、国家严禁作为食品添加剂的东西给菜贩,以求得好的卖相。豆芽菜,从来都是寻常百姓家的食品,谚云"豆芽弗好作柱,丫头弗好作主",比喻的就是豆芽菜身份的"低贱"。但是,这样"低贱"的食品也难逃黑心商贩的觊觎。

《东京梦华录》"诸色杂卖"条,提到"每日卖蒸梨枣、黄糕麋、宿蒸饼、发芽豆之类",伊永文先生在笺注"发芽豆"时,引用了元明之际韩奕烹饪著作《易牙遗意》关于"绿豆芽"的一段记载:"将绿豆冷水浸两宿,候涨换水,淘两次,烘干。预扫地洁净,以水洒湿,铺纸一层,置豆于纸上,以盆盖之。一日洒两次水,候芽长,淘去壳。沸汤略焯,姜、醋和之,肉燥尤宜。"《东京梦华录》亦道明:"以绿豆、小豆、小麦于瓷器内,以水浸之,生芽数寸,以红蓝草缕束之,谓之'种生',皆于街心彩幕帐设出络货卖。"即是说,彼时的豆芽制作方法和今天并没有什么两样。

《双槐岁钞》提到了黑豆芽,说"温陵(今福建泉州)人家,中元(农历七月十五)前数日,以水浸黑豆,曝之。及芽,以糠皮置盆中,铺沙植豆,用板压。长则覆以桶,晓则晒之,欲其齐而不为风日损也"。到中元那天,"则陈于祖宗之前,越三日出之。洗,焯以油、盐、苦酒、香料可为茹,卷以麻饼尤佳。色浅黄,名'鹅黄豆生'"。南宋方岳还将豆子发芽这一过程进行了诗化描写:"山房扫地布豆粒,不烦勤荷烟中锄。手分瀑泉洒作雨,覆以老瓦如穹庐。平明发现玉髯砾,一夜怒长堪水菹。"清朝袁枚在《随园食单》中,更对豆芽菜大加褒扬:"豆芽柔脆,余颇爱之。炒须熟烂,作料之味才能融洽。可配燕窝,以柔配柔,以白配白故也。然以其贱而陪极贵,人多嗤之,不知惟巢由正可陪尧舜耳。"居然把豆芽菜与巢父、许由这两位著名隐士等同看待。

不过,关于豆芽菜的最妙文字,还是当推明朝陈嶷撰写的《豆芽菜赋》,文见谈迁《枣林杂俎》。时"荐贤良方正,考选试《豆芽菜赋》",结果陈嶷得了第一,拜浙江道御史。陈嶷采用问答的笔法,由"南国之宾客与上国,与北都主人论辩时事",全文读下来,很像一出妙趣横生的独幕话剧,请看其中一些片段。

主客交谈,从吃的东西开始。宾客发问,你先生见多识广,"亦知天下之奇味乎?"主人毫不含糊,虽"天下之味,形类万殊",然但凡名贵的,他都能滔滔不绝:"燧人作俑,庖人之初,曰㸌曰脔,曰㸐曰㸰,八珍甲四海之美,五味极六合之腴。猩唇豹胎之鼎,熊掌驼峰之厨。赵普掣鳌之炙,何曾鹅掌之殊,党家之羊羔美酒,五侯之燕髀鲭余。斫吴中之脍,钓松江之鲈。驾酿施蓼,雪蛆侑俎。簌蒲羞鳖,芥酱渫驴。至若橙黄而螃蟹实,荻绿而河豚涪,黄雀入幕之子,乌鸡啄粟之雏。加之以椒桂,益之以油酥。"这么多好东西备在那儿,"当嘉宾之既集,命细君而当垆。巨觥浅酌,艳曲咿唔,调嚼滋味,既美且都",何其惬意啊。

主人谈得口水直流,宾客却毫不艳羡。他说,你只知道"荤臊之为味,而不知清楚之嘉蔬也",你来点儿素的看看?不料主人盘点起来也是如数家珍:"北山采蕨,南山采薇,祛萱堂北,襜芹涧湄。烹绿葵之嫩叶,㒵白蘘之芳蕤……"不抄了,总之又是华丽丽的一大套,真的是"放翁年来不肉食,盘箸未免犹豪奢"。跟荤的摆开一样,"当举案之顷,会称觞之时。饫此嘉品,喜溢厌颐。顾翳桑之徒饿,笑首阳之空饥。视彼蔓菁何物,萝卜奚为",仍然是美轮美奂。

宾客仍然不屑,他又说,你只知道稀奇东西是好的,"而不知近之为奇"。荤素既已全然道毕,这下主人"瞠目语塞"了,他拱手向宾客请教:"然则子所言美者,请备言而述之。"宾客却并不直说,先卖个关子:"有彼物兮,冰肌玉质。子不入于淤泥,根不资于扶植。金芽寸长,珠蕤双轻。匪绿匪青,不丹不赤。宛讶白龙之须,仿佛春蚕之蛰。虽狂风疾雨,不减其芳;重露严霜,不凋其实。"并且,这东西"物美而价轻,众知而易识。不劳乎椒桂之调,不资乎刍豢之汁",重要的还在于,能"涤清肠,漱清臆,助清吟,益清职。视彼主人所陈者,奚相去倍蓰而翅万亿也与!"听着听着,主人明白了,他说你讲的是不是市场上卖的豆芽菜呢?宾客说:正是。这回轮到主人不屑了:"美则美矣,毋语近而遗远,厌富而乐贫。"宾客说:"夫天下之味适口者为佳,天下之士无欲者为贵。彼之所云者非不口欲,我之所却者恐为心累。脱若致之弗克,则役之于心。役之于心,则为口体之累。"从普通的豆芽菜身上,悟出了耐人寻味的生活哲理。

"大者既失,虽罗五鼎,亦惟取羞,虽享太牢,适增其丑。"这是《豆芽菜赋》更深层意义上的点睛之笔,今天全国各地不断落马的高官,对此无疑进行了生动的诠释。

2009 年 6 月 5 日

官宜久任

年初的一篇报道说,过去17年河北邯郸市总共换了八任市长,没有一个能够工作到五年的法定任期。八任市长中除了一个"暗"降外,其余的在平调中均有"斩获",更出了四个副省级高官。于是,邯郸市市长成了名副其实的走马灯,给当地百姓的感觉是这个职位不啻升迁的跳板。这一报道最近又被当作新闻翻了出来。比对一下不难发现,邯郸换市长这几年每每成为"新闻",把×年×任的数字换一换而已,实质表明"邯郸现象"已经成为言说当下官场的一个标志性符号。

市民认为,频繁更换市长是邯郸发展滞后的重要原因。古人也持这样的看法,当然,他们对"邯郸现象"没有先见之明,也就谈不上针对之,他们针对的是这种怪状。余继登《典故纪闻》云,明朝隆庆皇帝时,大学士张居正进言:"如督府等官,初莅地方,即例有条陈一疏,或漫言数事,或更置数官。"这就是通常所说的"新官上任三把火"了,但在张居正看来,因为新官"文藻竞工,览者每为所炫",说得诚然头头是道,"其实临政之始,地方利病,岂尽周知?属官贤否,岂能洞察?不过采听于众口耳"。道听途说的东西毕竟道听途说,因此,"读其词藻,虽若粲然,究其指归,茫未有效,比其久也,或并其自言者而忘之矣。"在另一次上疏里,张居正更直陈时弊:"官不久任,事不责成,更调太繁,迁转太骤。"并且,他对新官员们"建白条陈,连篇累牍"很不以为然,说他们对实际情况根本不了解,前景战略却来得一套一套,"至核其本等职业,反属茫昧。主钱谷者,不对出纳之数,司刑名者,未指律例之文",问到具体的东西,就一脸茫然。张居正由此发问:"官守既失,事何由举?"连必须知道的东西都不知道,指望他干得成什么呢?

何良俊《四有斋丛说》对此同样一针见血,那是"董幼海(传策)转北京吏部主事,北上时,过吴门见访",何良俊对他道出的一番肺腑之言。何良俊说:"当今第一急务,莫过于重守令之选,亦莫过于守令久任。"不仅选人要选得对,而且还得让他在任上有足够的时间施政。"若迁转太速,则自中才以下,一切怀苟且之念"。这句话就很有意思了,是说一个官员如果知道自己在这个位子上待不长,就会以之权且作为过渡,得过且过,等的只是什么时候拍拍屁股就走人。何良俊觉得,一个官员"初至地方,必一二年后庶乎民风土俗可以周知",现在可倒好,"守令迁转不及三年,则是方知得地方之事,已作去任之计矣"。这样一来,"虽极有志意之任,不复有政成之望,亦往往自沮。及至新任一人,复是不知地方之任,如此则安望天下有善治哉!"何良俊所描述的这种恶性循环,今天的"邯郸现象"无意中为之作出了最好的注脚。

因为董传策是调去吏部,管的是选拔官员,何良俊同时对如何选官也不吐不快。这个问题显然与官之久任与否是密切相关的,倘若就是要把某个职位当作必要的"镀金",为将来增添砝码,则选与被选之间难免存在猫腻,金钱关系或者背景关系而已。在人治社会里,背景关系是块无法撼动的巨石,那么若使选官还能最大限度地保持公正,惟有在杜绝金钱关系上多做文章了。何良俊说:"或以为在京易于钻刺,不知在外者物力殷盛,钻刺尤为有力。"凭着手里的几个钱,以为没有办不到的事情——某种程度上也确实可以。前几年,不记得哪个地方了,有老板打赌说可以把当地某重要官员像狗一样呼来唤去,结果他果然赢了。前提显然就在于老板"物力殷盛",这样的人物要是想为谁买个官当的话,自然小菜一碟了。何良俊还对吏部官员避免瓜田李下表达了另外的见解:"吏部诸公,当日与天下士大夫相接,古人云:'只须简要清通,何必插篱竖棘?'"那些奔竞之徒,"打点关节,尽是暮夜之金耳。则白昼显然相接,有何不可?况相与见接,其君子小人,固自易解。与之言论,或试以事,或探以情,长短亦可立见。又因以周知天下地方之利害,生民之惨舒,有益于政体甚大,何必以闭门谢客为得耶?"对那种假惺惺的避嫌,何良俊嗤之以鼻。

  前面所讲的张居正进言,最后直接指向了隆庆皇帝本人:"伏望皇上自今以后,励精治理,主宰化机,扫无用之虚词,求躬行之实效。"并且他"再乞天语叮咛部院等衙门",也不要来太多虚的,"一切章奏,务从简切,是非可否,须明白直陈,毋得彼此推诿,徒托空言。其大小臣工,亦宜各秉公持正,以诚心直道相与,勉修职业,反薄归厚,尚质省文"。这些话现在听起来,真有不知今夕何夕之慨。有学者统计说,全国市长任期平均 1.7 年。一般情况是,新官在前半段被"扶上马,送一程",后半段则是寻找培养接班人,眼前的权力与利益分配成了一切,真正做事情的时间没有多少。该学者把这种现象作为"社会溃败的趋势日益明显"的例证之一,当真振聋发聩,需要引起任命权在握的人和部门的高度重视了。

2009 年 6 月 9 日

影子

昨天是农历夏至。众所周知,夏至的自然奇观是北回归线穿过的地方能够"立竿无影"。北回归线横贯广东,1989年我在封开县"劳动锻炼"的时候,紧邻着西江岸边的县城江口镇,就立着一座北回归线标志塔。可惜我是9月份去的,第二年6月中又回来了,没能到那塔里亲身体会一下,与标准的"无影"算是擦肩而过。广州位于北回归线以南,一年中太阳会有两次垂直照射,过几天自然也可见到,届时别再忘了试一试。来广州20多年了,还从没试过。

影子,是物体挡住光线后,映在地面或其他物体上的形象。因此,形容关系密切、经常在一起的词语就叫作"形影不离"。西晋傅玄《乐府诗》云"君安游兮西入秦,愿为影兮随君身;君在阴兮影不见,君依光兮妾所愿",表述的就是这种密切关系。毛泽东在其名篇《别了,司徒雷登》中写道,人民解放军突破长江天险之后,国民党南京政府如鸟兽散,美国大使司徒雷登虽然坐着不动,睁着眼睛看,希望开新店,捞一把,但是没有人理他,"使得他'茕茕子立,形影相吊',没有什么事做了,只好挟起皮包走路"。形影相吊,与形影不离本质含义差不多,此典出自唐朝李密的《陈情表》。"形影相吊"所说的,是着实孤单,只有和自己的身影相互依存,再用另外一种表述就是"顾影自怜"了。形与影的关系，还可以引申来看。《管锥编》引晋张华《博物志》言山鸡"自爱其毛，终日映水，目眩则溺水"，认为这是"自爱症"的一种，原因在于"山鸡顾影而不知为己，单情欲双，故鸣舞以媚惑之"；再引五代高僧延寿《宗镜录》谈"一切法空无根本"，正"如恶狗临井，自吠其影；水中无狗，而有其相，而生恶心，投井而死"，认为这是"自仇症"的一种，"与山鸡事相待而成"。钱先生风趣地说，自爱症可名"山鸡对镜病"，自仇症则不妨名"恶狗临井病"。此中自爱与自仇，皆因影子而起。

但同样也有许多前人，对所谓形影不离进行了一定程度的颠覆。比如孟郊说："谁言形影亲，灯灭影去身！"北宋向镐说："谁伴明窗独坐，和我影儿两个。灯烬欲眠时，影也把人抛躲。无那无那，好个凄惶底我。"李渔戏剧中则有丑人自云："恶影不将灯作伴，怒形常与镜为仇。"这些借题发挥，处于同样心境中的人，自能体会这种"别是一般滋味在心头"。英国作家詹姆斯·巴里的名著《彼得·潘》里有一章《影子》，对"形影不离"的观念颠覆得最彻底。说男孩彼得·潘来看望温迪，被达林太太发现了，小狗娜娜"咆哮着扑向那个男孩，那孩子从窗口轻盈地跳了出去"。达林太太很担心彼得·潘的安危，跑到大街上去找男孩的尸体，结果什么也没有找到，回来时看到小狗"嘴里衔着一样东西，原来是那孩子的影子"。原来，当"孩子跳出窗子的时候，娜娜没能赶上捉住他，就很快地关上窗子，可是他的影子来不及出去，窗子砰地一声关上了，把影子扯了下来"。有趣的是达林太太处置影子，"不能让影子挂在窗外，因为那看起来很像晾着一件湿衣裳，降低了这所宅子的格调"，于是"决定把影子卷成一卷，小心地收藏在抽屉里"。（引文据杨静远、顾耕译本）在这里，形是形，影是影，全然两回事,真是大胆的奇想!

《酉阳杂俎》云:"宝历(唐敬宗年号)中,有王山人,取人本命日(与人的生日干支相同之日),五更张灯,相人影,知休咎,言人影欲深,深则贵而寿。"这是说,影子越长越好。又云:"影不欲照水、照井及浴盆中,古人避影亦为此。"这是说,古人忌讳在河边、井边乃至浴盆边转悠,原因之一就是在水中照出的影子会很短。既如此,则不知北回归线附近的古人如何渡过夏至前后了。临井自吠其影的恶狗,显然不懂得这个道理,所以患了自仇症。又云:"古螺蜮、短狐、踏影蛊,皆中人影为害。"这是说,这三种神秘的动物踏到人的影子上,其人必死或得怪异之病。这该是巫术的一种。白居易有《赠王山人》诗,大抵就是写给这位相人影的王山人,谈的也正是长生问题:"暗待非常人,潜求长生诀。言长本对短,未离生死辙。假使得长生,才能胜夭折。"但香山居士终于还是认识到:"不如学无生,无生即无灭。"《酉阳杂俎》还说:"近有人善灸人影治病者。"这种本领就更加神乎其神,不过,充其量是巫术的另一种罢了。

雍正说,他没登基的时候,"与人同行,从不以足履其头影,亦从不践踏虫蚁"。怕成为踏影蛊,该是遵从古俗了。而这个从不践踏虫蚁生命的人,偏偏对践踏人的生命毫不含糊。别看早几年的电视剧《雍正王朝》把他宣扬得好像很伟大,他那个时期的文字狱实在骇人听闻,汪景祺与钱名世案、查嗣庭案、谢济世与陆生楠案、吕留良案等等,数不胜数。"维民所止"尚能产生丰富的联想,何况直白的"皇帝挥毫不值钱"?他需要的只是"万蚕同茧"。那么,雍正的"从不以足履人头影",剔除民间巫术文化的心理制约因素,就很有一点儿假惺惺的味道了。

2009 年 6 月 22 日

风

"莲花"台风刚走,"浪卡"台风又来,本月间广东已连续两次受到了台风袭击。台风是产生于热带洋面上的一种强烈热带气旋,也该属于风的一种吧。小时候常看《北京少年》杂志,记得里面有一篇谈风的文章,开头便说:什么是风?风是流动的空气。这个简单的解释不知道当时触动了大脑的哪根神经,至今不忘。风的特性,用东汉赵壹仿战国荀卿《云赋》所作《迅风赋》来说,那是"纤微无所不入,广大无所不充,经营八荒之外,宛转毫毛之中"。

1990年北京亚运会时流行一首比较出名的歌曲,叫作《亚洲雄风》,"我们亚洲,山是高昂的头"云云,气势不小,惜内容空洞,将"亚洲"置换成"非洲"等别的洲,其实一样成立。有趣的是,对应"雄风"的还有"雌风",这是屈原弟子宋玉的划分。楚襄王游于兰台之宫,宋玉、景差侍立一旁。这时有风飒然而至,王乃披襟而当之,曰:"快哉此风!寡人所与庶人共者邪?"宋玉拍马屁道:"此独大王之风耳,庶人安得而共之!"宋玉对自然风显然也运用了双重标准,把吹向王的风叫"雄风",把吹向百姓的风叫"雌风"。钱锺书先生就雄雌风阐发道:"吾国旧说,于虹、雷、岁、月、草、木、金、石之类,皆分辨雌雄。"确是。洪迈《容斋三笔》即云:

风　261

"春雷始起,其音格格,其霹雳者,所谓雄雷旱气也;其鸣依依,音不大霹雳者,所谓雌雷水气也。"这该是前人"日暮胭脂红,不雨就起风"一类关于天象的经验之谈了。《西游记》有两处写到了物件的雄雌。第三十五回,孙悟空把妖怪的宝贝葫芦弄到手,跑去再和妖怪叫板,妖怪问宝贝来由,悟空信口说当年仙藤上"结有两个葫芦。我得一个是雄的,你那个却是雌的"。妖怪不明就里,看到"宝贝"果然失灵,还跌脚捶胸道:"天那!只说世情不改变哩!这样个宝贝也怕老公,雌见了雄,就不敢装了!"第七十一回,孙悟空又如法炮制了一次,这回是能摇出火的宝贝金铃。妖王道:"铃儿乃金丹之宝,又不是飞禽走兽,如何辨得雌雄?"假的自然不敌真的,妖王也是慌了手脚道:"怪哉!怪哉!世情变了!这铃儿想是惧内,雄见了雌,所以不出来了。"正是基于这些文化背景,钱先生说大圣"虽捣鬼而非杜撰也"。一回雄胜雌,一回雌胜雄,雄雌高下倒是并无定论。

西晋有个叫满奋的特别怕风,当然不是台风,而是寻常的风。《世说新语》云,满奋"在晋武帝坐,北窗作琉璃屏,实密似疏,奋有难色"。武帝笑之,满奋自我解嘲地说:"臣犹吴牛,见月而喘。"没见过新鲜玩意,以为琉璃屏也透风吧。满奋如此怕风,不知道是什么原因,多数人则是怕冷。《清稗类钞》里有一则父子对答:"王丹麓病起畏寒,每当雪夕,辄楗户御风",五岁的儿子王小能问:"大人寒,故畏风,抑知风亦畏寒乎?"父亲问为什么,小能答:"风不畏寒,何由喜扑人怀。"小能的话已颇有禅机了。按宋玉的观点,这种欺负穷人的风该是雌风了。清朝道光年间,钱塘杨谱香"习申韩家言,酷好饮,醉辄忤俗,以此贫甚,然意兴自如,不郁于境"。有年冬天他陪外地来的朋友雪天游西湖,"凿冰行舟,泊荒亭败柳间"。杨谱香"衣薄寒栗,肌寸忤粟,犹流连不去",还填了一阕《如此江山》词。回来后,更"下榻黄馆舍,作竟夕谈"。朋友觉得他太冷了,"衣以敝裘",杨谱香笑而辞曰:"我炼此傲骨,好与朔风斗也。"余昔年高考两度落第后,冬季每于周日蹀过冰封的嫩江,站在但见枯黄野草的彼岸与凛冽的寒风斗上一回,惟其时但不知杨谱香也。

《清稗类钞》云,苏州范时行拆字很有名,"所言不烦,而悉有意义";每天也不多拆,"日以得钱六百为率,钱足,则谢客寂坐"。有个理发的"盛冠服而往",拈"村"字问他,他奇怪:"木以长材为贵,一寸之木亦何所用。"那人说,剃头刀的把儿呀?范时行因之很感慨:"凡事若能努力,则方寸之木,可使高于岑楼,君何必自堕其志乎?"又有人以"風"字问"妻子所孕为男为女"。范曰:"移中间虫字于右旁,则似虺字。《诗》曰'惟虺惟蛇,女子之祥。'所孕必女矣。"拆字或测字高手,实乃能够活用知识的饱学之士。同样有趣的是,民间"发明"了种种"生男生女"法,其中之一是身上佩男钱还是女布——就是说,钱币也分出了雌雄。怎么分的呢?"钱径一寸,重四两半,代谓之男钱;五铢钱肉郭既除而其质弱,则曰女布"。

最新消息说,水利专家一致评价"浪卡"为广东近年来少有的优质台风,因为它只带来水资源而不作孽,台风雨均匀地遍洒全省各主要流域并显著缓解了东江、韩江雨水偏少的状况。同时,全省300多座大中型水库和数千座小型水库明显增加了有效库容。更重要的,广东在防御中创造了"三无":无人员伤亡、无水利工程事故、无明显经济损失。台风本来就是一柄双刃剑,"浪卡"得此美誉,算是其积极的一面在发挥作用了。

2009年6月30日

厕所（续）

全国人大机关采购中心的一则中标公告显示，他们对中心主楼一二层3个卫生间装修改造项目进行了招标，中标者为中国装饰有限公司，中标金额为1491234.00元。虽然公告是2月份发布的，不知最近怎么忽地引起了大家的注意，于是，平均50万元一个的"最牛厕所"迎来了几乎一边倒的质疑之声。

如厕，是人的一种正常的生理现象。《太平广记》说唐朝道士周隐克有术数，"段（文昌）公与宾客博戏饮茶，周生连吃数碗，段起旋溺不已"。同样喝那么多东西，段文昌却尿尿不已，他觉得是周隐克在捣鬼，隐克乃笑曰："与相公为戏也。"就是说，周隐克也想尿，但他运用术数之后，把自己的尿转移到了段文昌那里，变成了由他代劳，所以段才尿频。清朝王士禛说，"叔祖季木吏部家有一客"，神得能"往往代人食，其人亦饱，亦往往令人代食，至溲溺亦如之。"其他如晋嵇康、宋梅尧臣等的诗文中也讲过类似的话。钱锺书先生认为，这种想法"大抵过屠大嚼，画饼充饥，以虚愿托偿于幻术耳"，根本是不可能的。钱先生举《五灯会元》故事，宗杲禅师令道谦禅师去长沙送信，道谦禅师很不愿意去，宗元禅师自告奋勇陪他，但告诉他："途中可替底事，我尽替你。只有五件事替你不得，你须自家支当"，这五件事是：着衣、吃饭、屙屎、放尿、驼个死尸路上行（犹曰行尸走肉）。据说,道谦禅师闻言而悟。悟出了什么且不理它,我们都知道溲溺之事,着实要亲力亲为,在古人"现实"一点儿的世界观里,神仙其实也不例外。

《太平广记》另云,刘邦的孙子淮南王刘安升仙之后,因为"少习尊贵,稀为卑下之礼,坐起不恭,语声高亮,或误称寡人",神仙界看不惯他这一套,要把他赶走,中间人好说歹说,"乃见赦",但要罚"谪守都厕三年"。再用钱锺书先生的话说："不谓天阙竟有都厕,是神仙不免便溺也。"神仙厕所的守门人,大抵也要与"低贱"为伍吧,所以后人也每每借此挖苦刘安。如宋郊诗曰："室饵初尝谒帝晨,宫中鸡犬亦登真。可怜南面称孤贵,才做仙家守厕人。"刘克庄诗曰："升天虽可喜,削地已堪哀。早知守厕去,何须拔宅来。"刘安有两件事值得一提,一是从宋朝开始传说他是豆腐的发明者,朱熹所谓"世传豆腐本淮南王术";二是今天"一人得道,鸡犬升天"的成语由他而来,"安临去时,余药器置在中庭,鸡犬舐啄之,尽得升天"。

神仙不免便溺,更不要说人了。《左传·成公十年》载,晋景公"梦大厉,被发及地,搏膺而踊",吓得他自此寝食不安,一病不起,不久"如厕,陷而卒"。有意思的是这个结论,说景公是厕所塌了掉下去淹死的。元人盛如梓认为："国君病,何必如厕？假令如厕,岂能遽陷而卒？此皆文胜其实,良可发笑！"钱锺书先生就此补充说,其言外之意国君内寝必有便器,"无须出外就野溷耳"。质疑得有道理,不要说晋景公这等人物了,北方农村冬天里寻常人家也置便器,笔者少年时生活的北京郊区就是这样。电影《老井》的故事发生在陕西,其中张艺谋扮演的旺泉因为是上门女婿,低人一等,每天早起第一件事就是倒尿盆。韩愈说"《春秋》谨严,《左氏》浮夸",未知此事可否视为一例。

古人大便之后揩屁股的东西叫厕筹,别看字面这么文雅,其实就是木头或竹子削成的小片。《南村辍耕录》云："今寺观削木为筹，置溷圊中，名曰厕筹。"用时下因谈收藏而大红大紫的马未都先生的形象说法，"类似今天医生使用的压舌板"。马先生还说，南唐后主李煜为表求佛诚心，曾亲手削制竹片，以供僧人使用，并将制作好的厕筹依次在脸颊上检视，看看是否光滑。有人还钩陈出，唐代高僧道宣所述《教诫新学比丘行护律仪》亦即关于僧人的日常规范，其中的上厕法即要求僧人"常具厕筹，不得失阙"，并明文规定："不得用文字故纸。"敢是敬惜字纸的实践？前几天看《文汇读书周报》，讲到国图新收一册《永乐大典》，而上一次入藏还是1983年，在山东掖县（今莱州市）发现的，发现时书的"天头地脚"已为主人——农家老人裁去作鞋样、卷纸烟，文字部分却几乎完整地保存了下来，这是该传统的现代版本了。忆昔乡村生活时，大人小孩亦每用玉米等各种秸秆了事，其中固有古俗的成分，重要的恐怕还是有生活尚艰的因素。

《史记·汲郑列传》载："大将军（卫）青侍中，上（汉武帝）踞厕而见之。丞相（公孙）弘燕见，上或时不冠。至如（汲）黯见，上不冠不见也。"对不同的大臣，通过行为暗示出不同的接见待遇。这里的"厕"，裴骃"集解"说的是床边，但他也未否认"一云溷厕也"。钱锺书先生认为就是厕所，并举例说，"踞厕"接见大臣，亦西方皇帝旧习。尽管这种方式看起来还谈不上羞辱，但至少也算不得尊重吧。

"天价厕所"以前都是出现在城市的街头，具有公共属性，即便如此，舆论仍然毫不客气地重炮轰击。现在的藏于楼堂馆所之内，专有属性的意味更强一些，则人们诟病之，也就丝毫没有值得奇怪的成分了。

2009年7月3日

天真丧尽得浮名

6月22日,29岁的周森锋当选湖北襄阳宜城市市长。旋即,这位"中国最年轻市长"处在了舆论的风口浪尖上。人们质疑他为什么一毕业就能"副处级",又凭什么当市长,虽然是县级市。家庭背景首先被"人肉搜索"出来了,因为是普通农民出身,大家无话可说,但其视察的时候旁人给撑着遮阳伞、开会的时候抽高价烟、读书的时候论文抄袭……一举一动却都不能幸免。因为周的沉默,问题到现在为止还没有答案,但他再没了私隐空间是确凿无疑的。

"世人大抵重官荣,见我西归夹路迎。应被华山高士笑,天真丧尽得浮名。"此乃宋朝张乖崖自成都召还时,于华山寄陈抟的诗。在张乖崖看来,当官既以"天真丧尽"为代价,世人虽"重官荣",其实只是"得浮名",得不偿失。不过,在现实生活中,"不愿生儿为高官,但愿负荷先世之学统"的少而又少,"尘根尽断黄粱熟,又作封侯梦一场"的却是多而又多。一些人为了"得浮名",不要说"天真丧尽",往往"良心丧尽"。宋朝的邢恕与蔡确就人们为什么会这样而有过一番对答,权录于此。邢恕问:"世人屈志以干权贵者,相公以为何求也?"蔡确答:"此无他,为欲富贵尔!"又问:"然有富贵已得,名位已极,而犹不改前日所为者,何也?"蔡确明知道在说他,但他还是不知如何作答。生活中很多人不像蔡确,大道理可以说得冠冕堂皇。

《封氏闻见记》云,唐朝时曲阜孔庙内有不少"柏叶松身之树",相传为夫子手植。因为民间认为此木能"疗心痛",所以"人多窃割削之,树身渐细"。这种情形大抵似雷峰塔的遭遇吧,因为人们相信塔砖有"特异功能"——能生儿子,就纷纷来取砖,终于使塔倒掉。前几年,在2003中国杭州国际旅游(休闲)商品博览会上,还有人在出售这种"雷峰塔砖",摊主拍胸脯说:"全部是从老的雷峰塔里挖出来的,而且经过文物局鉴定,如假包换!"在孔庙树这里,尽管"去地丈余,皆以泥",且"累累泥封",仍然挡不住人们割削的"热情"。有人干脆"取为笏",也就是上朝用的手版,可见这种人的心痛,是自己怎么就爬不上去。一味地想到向上爬,以阿谀逢迎为能事,"天真丧尽"也就成为必然。那些当上了官的,如李林甫那样说得好听却口蜜腹剑的,或如田元均那样成天一副笑脸至于笑得"面似靴皮",也可以这样归结。欧阳修《归田录》云:"田元均为人宽厚长者,其在三司,深厌干请者,虽不能从,然不欲峻拒之,每温颜强笑以遣之,尝谓人曰:'作三司使数年,强笑多矣,直笑得面似靴皮'。"把好端端的脸笑得皱成了那个模样,还不是"天真丧尽"的表征吗?

张乖崖是一个可堪称道的人物,关于他的正面事迹很多。有一天他正吃饭,丁谓逐寇準奏报至。他"且食且读,既而抵案恸哭久之,哭止,复弹指久之,弹止,骂詈久之",为人正直,不阿权势。但是他也有"酷吏"的另一面,在当时自然也是作为"正"来看待的。其一,罗大经《鹤林玉露》云:"张乖崖为崇阳令,一吏自库中出,视其鬓旁巾下有一钱,诘之,乃库中钱也。"张乖崖"命杖之",吏不服气:"一钱何足道,乃杖我耶?尔能杖我,不能斩我也!"张乖崖即援笔判曰:"一日一钱,千日千钱,绳锯木断,水滴石穿!"然后就结果了一条性命。其二,朱彧《萍洲可谈》云,也是张乖崖在崇阳的时候,遇到一个村民,"市菜一束出郭门,问之则近郊农家",于是"笞之四十"。为什么呢?"尔有地而市菜,惰农也。"这就更有一点儿强盗逻辑的意味了。不仅如此,张乖崖还"遗吏尽伐民间茶园,谕令更种桑柘",结果"民失茶利,甚困,然素畏服其政令,不敢慢"。今天那些拍脑袋的"逼民致富"者,大抵可以由此求得心理平衡了。

张乖崖把诗寄陈抟,不是无缘由的,陈抟正属于"独善其身,不干势利",也就是"天真尚存"的一类。《杨文公谈苑》云,宋太宗时他曾"留阙下数月",宰相宋琪等讨教"玄默修养之道",他说自己"遁迹山野,无用于世,神养之事,皆所不知,亦未尝练吐纳化形之术,无可传授",况且如白日升天之类,"何益于治?"他等于是在劝他们要更多地想到工作,当今"正是君臣合德以治天下之时,勤行修炼,无以加此"。倘若在那个位置上一味地只是想到自己,则从"天真丧尽"到"良心丧尽"也就没有多远了。

对于周森锋的提拔,当地官员说要给他几年时间,不用怎么知道?确是。张居正说:"器必试而后知其利钝,马必驾而后知其驽良。"但张居正还说:"今用人则不然,称人之才,不必试之以事,任之以事,不必更考其成。"提拔了而已,只要没有贪腐——或没被发现,或发现了视而不见——官就能一直当下去,这就不行了。《贞观政要》里唐太宗对吏部尚书杜如晦说的话更值得关注:"比见吏部择人,惟取其言词刀笔,不悉其景行。数年之后,恶迹始彰,虽加刑戮,而百姓已受其弊。"29岁市长的仕途经历,程序很不严谨是一方面,其此前的成绩不能服众是另一方面。人们只是看到清华毕业后他的职务就在频频变动,但没有看到所以变动的充足理由,他们的担心恐怕就是唐太宗式的担心了。

2009年7月10日

人苦不自知

不久前,余秋雨先生在回应他的"诈捐门"事件时,认为网络上对他的指责都是诽谤。他说,每一个人在单位都可能遭遇诽谤,中国有个特点,对诽谤造谣是没有办法解决的,中国文化没有提供解决诽谤的程序。此论既出,舆论呈现出毫不听从告诫的态势,又掀起了新一轮的"诽谤"潮。

对余先生的知识面,本人一向是钦佩有加的。大家看不惯他,令其动辄得咎,我以为源自他的一个最大弱点,用宋人洪迈的话说叫作"人苦不自知,可发千载一笑"。洪迈是针对范晔说的,范晔在狱中写下的"与诸甥侄书",对《后汉书》自视甚高,以为"详观古今著述及评论,殆少可意者。班氏最有高名,既任情无例,不可甲乙辨。后赞于理近无所得;唯志可推耳。博赡不可及之,整理未必愧也";并且,"吾杂传论,皆有精意深旨。至于《循吏》以下及《六夷》诸序论,笔势纵放,实天下之奇作。其中合者,往往不减《过秦》篇",这就更不输给班固了。还有,"赞自是吾文之杰思,殆无一字空设,奇变不穷,同合异体,乃自不知所以称之",他因此判断:"此书行,故应有赏音者",还不忘加上一句:"自古体大而思精,未有此也。"这就等于是超越班固了。洪迈就是认为范晔这些话太吹牛吧,他挑了不少毛病:"晔所著序论,了无可取,列传如邓禹、窦融、马援、班超、郭泰诸篇者,盖亦有数也。"当然,这也只是洪迈的一家直言,然因人苦不自知而可发千载一笑者,在生活中却是绝对存在的。

《柳南随笔》云,许俊参加省试,写信回家说:"一到京中,饭量大长,早晨三碗,日中三碗,晚间三碗。如此吃饭,精神安得不足?如此精神,文章安得不佳?如此文章,今科安得不中?篱笆为我拔去,墙门为我刷黑,士刚、士柔打点作公子可也!"信心满满,让家里人做好他金榜题名的准备。然而,从其"落魄好大言,里中呼为狂生"来分析,许俊肯定没有考取。宗人后来这么评价他:"里中许老秀才,好即事即席为诗,杯盘枣梨,坐客赵、李,胪列八句中。"许俊的本领应该就是什么都能来几句顺口溜——他自己自然认为是诗——如此而已。明朝的蔡羽倒是真的能写几句,有人客套说虽李贺也不过如此,哪知蔡羽还不高兴了:"吾辛苦作诗,求出魏晋之上,乃今为李贺耶?吾愧死矣。"他觉得人家太小瞧了他。然世知"太白仙才,长吉(贺字)鬼才",谁晓蔡羽?如此自负,当真是蔡氏的苦不自知了。

司马迁的《史记》被誉为"史家之绝唱,无韵之离骚",南朝裴骃所作的《史记集解》八十卷是现存最早的《史记》注本,裴骃也因此不朽之作而垂名于中国史坛。唐朝裴延龄缀缉裴骃所注之阙,却自号小裴,这就是自知的一种表现。近人刘声木撰有《苌楚斋五笔》,谈到自己《四笔》排印后,"见之者议论非一",其中"从兄锡之观察谓可与南宋洪迈之《容斋五笔》并存",而"四弟晦之郎中说尚难与顾炎武《日知录》齐驱并驾"。与《容斋》并存,那是很不得了的。据洪迈自己说,他的《容斋随笔》完成十六卷后,有天孝宗皇帝在宴会上还提到最近读了"甚斋随笔",洪迈受宠若惊:"是臣所著《容斋随笔》,无足采者。"孝宗说,议论得很好啊。

洪迈退席后打听到,他的书"乃婺女所刻,贾人贩鬻于书坊中,贵人买以入"。虽然自己的书被盗版了,但被皇帝夸了一通,觉得"书生遭遇,可谓至荣"。且因为皇帝御览过这十六卷,"惧与前书相乱",洪迈干脆把后来写的另起了炉灶叫《容斋续笔》,至于《三笔》《四笔》直到《五笔》。《容斋随笔》据说是毛泽东生前最喜欢的一部书,则洪迈说人家苦不自知,算是不会反被指摘吧。刘声木对自己的作品很清醒:"天下后世,如有置余书于南宋赵彦卫之《云麓漫钞》、陆游之《老学庵笔记》、周密之《癸辛杂识》、叶某之《爱日斋丛钞》四者之间,则余心已大慰矣。"

《啸亭杂录》云,和珅当权的时候,"凡入都谒选,争以谒见为荣"。这种情形在今天也委实不难想见。有一天,山东历城令也来了,打算跟和珅套一番近乎,再回去"夸耀于同寅"。他先"以二千金贿其阍者",把守门的买通,前提工作做好,然后就开始等,等到和珅归邸,便"长跪门前,自呈手版"。不料和珅在轿子里很不高兴,呵斥道:"县令是何虫豸亦来叩见耶!"这种芝麻小官根本没被他看在眼里,历城令当时自取其辱,后世也传为笑柄。这该是官场上的人苦不自知了。宋朝的尹师鲁和欧阳修、梅尧臣一道游嵩山,不知怎的冒出一句:"游山须是带得胡饼炉来,方是游山。"大家说:"游山贵真率,岂有此理!"面对群起攻之的态势,尹师鲁自知"前言之谬",又辩不过大家,"遂引手扼吭",自己狠掐自己的喉咙,赖"诸公争救之乃免"。在"诈捐门"问题上,余先生不妨效仿尹师鲁,人家也是文学大家,不输面子。当然,前提须是他能认真审视人们的质疑,自知"前言之谬"才行。

2009 年 7 月 14 日

日全食

7月22日将有日全食。中科院紫金山天文台预报说,这将是从1814年至2309年差不多整整500年间在中国境内全食持续时间最长的一次日全食。国务院办公厅日前下发通知,要求妥善做好应对的工作。应对什么呢?应对"由于日全食期间能见度下降、气温降低、湿度上升,会对交通运输、生产作业、通信安全、社会治安等带来一定影响,也可能在部分人群中产生迷信猜测和心理恐慌"。

科学昌明的今天发生日全食还会引起猜测和恐慌吗?我们都知道,日食是太阳被月球或其黑影遮掩时产生的天象,全部遮住了,就是日全食。但国办既然发了这么一个通知,推测起来可能一些人仍然有"迷信猜测和心理恐慌"吧,古代则肯定如此。那是他们还不知道日全食发生的原理,把日食看作一种超自然现象,看作某些即将降临的灾难的先兆。因而在前人编纂的历代《会要》里,"历数""天文灾变"都是不可或缺的内容,这里面自然包括日食。司马迁说的最有代表性:五家(黄帝、尧舜等)、三代(夏、商、周)"分中国为十有二州,仰则观象于天,俯则法类于地。天则有日月,地则有阴阳。天有五星,地有五行。天则有列宿,地则有州域"。天上和地下,完全是一一对应的,所以,要"日变修德,月变省刑,星变结和"。也正是因此,我们可以在典籍中看到大量日食发生后的帝王行为。

《史记·孝文本纪》载,汉文帝二年(前178)日有食之,文帝检讨自己说:"人主不德,布政不均,则天示之菑,以诫不治。……朕下不能理育群生,上以累三光之明,其不德大矣。"很有些痛心疾首的意味。他还要求:"令至,其悉思朕之过失,及知见思之所不及,匄以启告朕。及举贤良方正能直言极谏者,以匡朕之不逮。因各敕以职任,务省徭费以便民。"不仅罪己,还要见之于行动。《明会要》记载了明朝历代皇帝在任时发生日食的次数、年份,比如永乐年间有八次,其中一次正赶在元旦(正月初一),大学士杨士奇说:"日食,天变之大者。前代元旦日食,多不受贺。"洪武和万历年间最多,各有十六次。万历三年(1575)第一次时,"帝感日食之变,于宫中制牙牌,手书十二条于其上,所至悬座右,以自警"。许是因太多而"习惯"了吧,万历三十八年(1610)那次,礼部侍郎翁正春虽然痛陈时事,却是"疏入,不省"。翁正春都说了些什么呢?"自万历二十年后,财货日敛聚,人才日剥落。闾阖(即皇宫的正门)徒号,天听愈杳。天下不见阳和舒育之气,如在穷阴冱寒(谓不得见日,极为寒冷)之中。是以上天谴告如此。然日之食与更,止在一时;而皇上之寝与行,止在一念。诚翻然转移,立见改辙,日中之治,可保无疆矣。"或许,日食之类对帝王而言,始而真心畏之,后来即便罪己,也变成了走个过场吧。

当然,日食发生的"后果",也不完全仅是关乎皇帝。陶宗仪《南村辍耕录》云,元至正辛丑(1361)四月初一,"日未没三四竿许,忽然无光,渐渐作蕉叶样。天且昏黑如夜,星斗粲然。饭顷,方复旧,天再明,星斗亦隐,又少时乃没"。这就应该是日食了,而且很可能就是日全食。陶宗仪引王隐《晋书》(非房玄龄等所撰

《晋书》)曰:"日无光,臣有阴谋。"又引京房《易传》曰:"臣专刑,兹谓分威,蒙微而日不明。"矛头指向的就是大臣。揣测起来,可能是王隐、京房落笔之时心有所指,或者就是陶宗仪本人的借题发挥也说不定。

《隋唐嘉话》谈到李淳风"校新历成,奏太阳合日蚀(食)当既,于占不吉"时,唐太宗很不高兴,威胁道:"日或不蚀,卿将何以自处?"李淳风说:"有如不蚀,则臣请死之。"到了那天,太宗"候日于庭",专门等着看。他还嘲讽地说:"吾放汝与妻子别。"李淳风说别急,没到时候罢了,结果"如言而蚀,不差毫发"。李淳风是个神神道道的人物,存世的预测奇书《推背图》就出自他和另一位术士大师袁天罡。有一回他告诉太宗:"北斗七星官化为人,明日至西市饮酒。"太宗使人候之,果然看到"有僧七人共饮二石";请他们来一趟,七人笑曰:"此必李淳风小儿言我也。"描述得活灵活现,若有其事。然预测日食,在古人眼里却也不是什么难事,西周时人们就已发现日食都是在朔日(初一)发生,战国时更确定了一套预测日食的公式。

据说古希腊哲学家泰勒斯曾经预测出一次日全食,为了制止小亚细亚地区已历时5年的部族战争,他编造了善意的谎言:上帝对这场战争极为恼怒,将发出警告。结果当太阳果真被月球遮去时,交战双方极度恐慌,立即休战并重归于好。其实,西汉刘向、东汉王充都说过"日蚀者,月往蔽之""日食者,月掩之也"之类的话,当人们理解了日食的成因之后,这种肉眼所能观察到的令人震撼的天文现象被赋予任何的政治意义,应该就变得没有意义了。

2009年7月19日

唾

尚雯婕的新歌《当你想起我》日前首发,报道说5小时内试听点击量就突破了20万人。然旋即有网友指出尚雯婕唱错歌词,认为其中的"曾经以为幸福垂手可得"应为"唾(tuò)手可得",就算是"垂手可得",也应该念成 tuò,尚雯婕却唱成了 chuí。于是,网友据此直批这名复旦大学高才生是个"白字先生"。若干国人从事批评是很喜欢上纲上线的,这一点历来都很常见。尚雯婕新歌的监制袁涛表示,吸取教训,有错就改,与尚雯婕的学历没关系。这话说得不错。

唾手,就是往手上吐点儿唾沫。小时候在农村,看到大人在用力掀、抬或推之前,往往都这么啐几下,仿佛可以增添气力。但这是用在自己身上,用在别人身上含义就不同了,就有了蔑视、侮辱的成分。当然,在特殊人物那里又要另当别论。《古今笑》云南宋谢裕"性整洁,每唾辄唾左右人衣,事毕,即听一日浣濯",不白唾你,唾上了放你一天洗衣假。因为有这等好事,谢裕"每欲唾,左右争来受之"。明朝的严世蕃更邪乎,吐唾"皆美婢以口承之,方发声,婢口已巧就",世蕃名之曰"香唾盂"。《郎潜纪闻二笔》里乾隆皇帝唾"世臣诗稿之谬",就属于蔑视。说乾隆"驻跸盛京,祗谒陵寝,以祭器潦草错误,革盛京礼部侍郎世臣职"。后来,他读到郎世臣的诗,进行了一番评点,其中对"霜侵鬓朽叹途穷"云:"卿贰崇阶,有何途穷之叹?"这是自拟苏东坡贬谪黄州吧,然"以彼其才其学,与轼执鞭,将唾而棰之",苏东坡不仅要啐上一口,可能还要动手揍他。当然,这是乾隆代东坡设计的,他恨人家,以为东坡也会。《柳弧》云:"大帅某,兵至直隶,欲渡河。河无梁,帅命太守某造梁,数日未成。帅怒,欲诛之。直隶总督代缓颊,帅仍怒不已,遂命数万军士唾之。"太守不敢动,"僵立听其唾",这一下可不得了,"痰涎如川,太守顶踵皆濡云",侮辱的程度怕是前无古人后无来者。

众所周知,米芾有洁癖是出了名的。周煇《清波杂志》云,他的曾祖周穜和米芾很要好,"凡有书画,随其好即与之"。有一天,米芾弄来一方砚台,很得意,对周穜说此乃"天地秘藏,待我而识之"。许是先前此类情景见得多了吧,周穜说:"公虽名博识,所得之物真赝居半,特善夸耳。得见乎?"拿出来一看,果然是好东西,周穜称赏不已,且云:"诚为尤物,未知发墨如何?"米芾叫拿水来,研研试试,而就在等水来的功夫,周穜"亟以唾点磨研"。这一唾惹事了,米芾很生气:"公何先恭而后倨?砚污矣,不可用,为公赠。"送给你了。周穜当然知道米芾有洁癖,然借此"欲资戏笑",但米芾乃真洁癖,不是装的,所以"继归之,竟不纳",饶是自己喜欢的好东西,也不要了。

《太平广记》卷第一百《道严》讲到"有严师者,居于成都宝历寺",一天正于佛殿前轩燃灯礼佛,"忽见一巨手",吓得够呛。久之听到空中有声音说,别怕别怕,我善神也,"天命我护佛寺之地,以世人好唾佛祠地,我即以背接之,受其唾。由是背有疮,溃吾肌且甚。愿以膏油傅其上,可乎?"道严遂以清油置巨手中,"其手即引去"。从这段文字中,我们看到的是国人乱吐恶习的"悠久传统",钱锺书先生则看到"此非佛法之究竟义谛也",且引《增益阿含经》"舍利弗白佛"之言,"亦如此地,亦受净,亦受不净,屎尿秽恶皆悉受之,脓血涕唾终不逆之。然此地亦不言恶。亦不言善。我亦如是"。其实善神并没有抱怨,疗伤而已。钱先生再引的《五灯会元》一段很有意思:"有一行者,随法师入佛殿,行者向佛而唾"。法师问他"何以唾佛",行者振振有词地说:"将无佛处来与某甲唾。"法师无言,但仰山和尚以其人之道还治其人之身,"但唾行者,行者若有语,即向伊道:还我无行者处来"。道严给完善神清油,说您现形一下吧,我让"画工写于屋壁,且书其事以表之,冀世人无敢唾佛祠之地者"。这只是道严出发点良好的意愿罢了,须知国人乱吐的毛病今天也没有改正多少。

  宋朝仁宗皇帝有个宠爱的张贵妃(后来晋封为温成皇后),由此贵妃为其表叔张尧佐请官,仁宗命为宣徽使,然"以廷论未谐,遂止"。久之,仁宗因为贵妃的面子,"欲申前命",再次让大家讨论,上朝之前贵妃也叮嘱不已,还抚仁宗背曰:"官家今日不要忘了宣徽使。"不料皇帝开口,包拯仍然"大陈其不可,反复数百言,音吐愤激",至于"唾溅帝面"。没办法,"帝卒为罢之"。贵妃知道了,"迎拜谢过",仁宗"举袖拭面",气得说:"中丞向前说话,直唾我面。汝只管要宣徽使、宣徽使,汝岂不知包拯是御史中丞乎!"不过,从包拯的"唾溅帝面"中,似也可见出斯时用人的民主风气。

2009 年 7 月 28 日

署名

最近接连曝光的论文"抄袭门"事件有一个共性:败露之后,原本与学生共同署名的导师类人物对抄袭本身都闪烁其词,要么声称只是帮助学生发表,要么声称"被署名"毫不知情。辽宁大学副校长陆杰荣、西南交大副校长黄庆、中国工程院院士李连达等,概莫能外。好像导师要么是雷锋,要么是窦娥,沸沸扬扬一时间,真假难分,皂白莫辨。

如何署名,存在一种文化传统是无疑的。张邦基《墨庄漫录》认为,欧阳修是"本(宋)朝第一等人也"。他举了四件事用以佐证,其中第二件谈的就是《新唐书》(时尚称《唐书》)的署名问题。《新唐书》由欧阳修领衔编纂,然"最后至局,专修纪、志而已",列传部分则由尚书宋祁执笔。一书出于两手,体例、文风等不能统一,朝廷"遂诏(修)公看详列传,令删修为一体"。这让欧阳修觉得很为难,他退而叹曰:"宋公于我为前辈,且人所见多不同,岂可悉如己意。"关键可能还在于宋祁的文字没什么可挑剔的,于是欧阳修一字未易。但修书署名向有旧例,即"只列书局中官高者一人姓名,云某等奉敕撰"。因为欧阳修的官阶高过宋祁,所以循例该署欧阳修的名字,但欧阳修说:"宋公于列传,亦功深者,为日且久,岂可掩其名而夺其功乎!"于是《新唐书》破天荒地将两人姓名同时署上,宋祁知道后高兴地说:"自古文人不相让,而好相陵掩,此事,前所未闻也。"

今天我们见到的《新唐书》正是这样署名,而如《旧唐书》就是"刘昫等撰"、《晋书》就是"房玄龄等撰",这一"等"就等掉了不少幕后英雄。确切地说,《晋书》"等"去了20人,实际上呢?光监修就有三位,房玄龄只是其一,另外还有褚遂良、许敬宗,其余18个动笔的人,如令狐德棻、敬播、李淳风、李义府等,就只好屈居"前言""后记"之列,一笔带过了。房玄龄官至宰相,位阶最高,如此署名遵循的正是"旧例"。二十四史中的《宋史》《辽史》《金史》,署名脱脱等编纂,然三史质量着实参差不齐,尤其《辽史》,按中华书局的出版前言来说,"既没有认真搜集和考订史料,再加上纪、志、表、传之间相互检讨也很不够,因此前后重复,史实错误、缺漏和自相矛盾之处很多。甚至把一件事当成两件事,一个人当成两个人或三个人"。这样不难推断,身居相位的脱脱在编纂中所起的作用,大抵就是给编纂立项、然后拨款,仅此而已。

《资治通鉴》载,隋初"贺若弼撰其所画策上之,谓为《御授平陈七策》",署杨坚的名,把平定陈国归功于皇帝的超凡智慧。然而不仅"帝弗省",而且来了句"公欲发扬我名,我不求名;公宜自载家传"。杨坚心里清楚,贺若弼这是和韩擒虎争功,拉他的大旗。贺若弼与韩擒虎分帅两路大军进攻陈国,虽无楚汉"先破秦入咸阳者王之"的约定,毕竟是韩擒虎先攻进去的,贺若弼心里很不服。本来贺若弼"兄弟并封郡公,为刺史、列将,家之珍玩,不可胜计,婢妾曳罗绮者数百,时人荣之",争功已然毫无意义,但贺某人钻进了牛角尖。其后突厥来朝,杨坚故意问曰:"汝闻江南有陈国天子乎?"然后命左右引突厥诣韩擒虎前曰:"此是执得陈国天子者。"值此,贺若弼的无理智举动才算得到了压制。然贺氏署名法,显然绵延未绝。《容斋随笔》云,龚遂为渤海太守,宣帝召之,"议曹王生愿从,遂不忍逆",带着来了。及引入宫,王生从后呼曰:"天子即问君何以治渤海,宜曰:'皆圣主之德,非小臣之力也。'"宣帝果然如此问起,龚遂乃"对如王生言"。宣帝很高兴,为什么呢?"悦其有让",且笑曰:"君安得长者之言而称之?"龚遂倒很老实:"乃臣议曹教戒臣也。"于是,"上拜遂水衡都尉,以王生为丞"。洪迈愤愤地说:"遂之治郡,功效著明,宣帝不以为赏,而顾悦其佞词乎!"愤愤归愤愤,"署名"的功效正能如此神奇。

唐朝卢钧守衢州,"有进士贽谒"。卢钧把他带来的十几篇文章翻了翻,发现都是自己写的。他先不露声色,只是问进士从哪弄来的这些文章,进士拍胸脯说是"某苦心夏课所为"。卢钧这时才拆穿他:"此文乃某所为,尚能自诵。"进士乃知自己撞在了枪口上。时下诸多的抄袭,往往都是撞在枪口上才败露的,偶然得很,由此推论,没有撞上的,则要不知凡几。没被发现,署名者就共享发表带来的成果;露馅了,为师的马上撇开责任,本身就非常可笑。署名就要承担责任,该是非常普通的学术常识吧。《枢垣纪略》云,洪素人在军机处工作时,某相国问他:"汝向人说我刚愎自用,有之乎?"素人老老实实地回答:有。相国怒曰:"汝是我门生,乃谤我乎?"素人谢罪曰:"老师只有一个'愎'字,何曾有'刚'字?门生因师生之谊,故妄加一'刚'字耳。"《清史稿》惜无洪素人本传,不知此事因何而起。然彼时之门生较今日之学生显然尚存一丝"生"格,流露一点儿,无关师道尊严吧。

2009年8月7日

人名用字

正在向全国征求意见的《通用规范汉字表》，相对原来的字表增加了1300字，其中一个很重要的方面是姓氏人名用字。原来在字库里面没有这些字，现在就需要把它们补充进来，为使用提供方便。而不补充进来，这种姓氏的人就将成为"黑户"，身份证没法办、银行卡没法办、飞机没法坐，影响了他们的正常生活。实际上，当电脑普及之后，这种影响就已经造成，早就是"过去时"了。因为电脑字库没有收进而要求人名用字如何，很有活人被尿憋死的意味。

以前也有不准用于人名的字，当然不是电脑的字库容量问题，也不仅仅是因为避讳。《万历野获编》云："宇文周天元帝好自尊，令臣下不得有高、上、天、大之名，至改高祖称远祖，后世非之。"显然，这里有避免臣下僭越的成分。宋徽宗的时候，给事中赵野也拍马屁道："陛下寅奉高真，世俗以君、王、圣三字为名字者，悉令厘正。"并且，那些名字里带"天"字的，"亦当禁约"。徽宗依奏。明朝正德初刘瑾权柄在握时，亦矫诏禁官民名字有"天"字者，"俱更正"。皇帝亲自下令、臣下建议、太监假传圣旨，殊途同归。倘若今天也是如此，则张君秋、张笑天、陈嘉上、黄圣依等名字不会存在是必定无疑了。

倘若上面"恩准"的话，古人则什么字眼都可以用于取名。如清人梁章钜所说，"头、眼、耳、鼻、牙、手、足、掌、腹、脐、脾之类皆有之。而《庄子达生篇》有'祝肾'，《列子阳问篇》有'魏黑卵'，《北梦琐言》有'孙卵齐'"，甚至于"以畜类命名，尤古人所不忌"。南齐张敬儿因"母梦犬子有角舐之，已而有娠"，所以为他取名"狗儿"；张母后来"又生一子，因'狗儿'之后，复名'猪儿'"。是宋明帝"以其（原）名鄙，改焉"，否则，《南齐书》里面的就不是《张敬儿传》而是《张狗儿传》了。《左传》载申繻曾对人名用字制订了五项原则，所谓"名有五不"，即"不以官，不以山川，不以隐疾，不以畜生，不以器币"，不过，按清朝学者王士禛的看法，"春秋诸侯、公子、卿大夫之名，犯此者甚众，沿及汉初犹然"。他举例说："如疥、疵、痤、虮、虱、狗、彘、掉尾之类。见于《史》《汉》者，不可枚举。"王氏且引陆龟蒙《小名录》序云："三代之时，殷尚质直，以生日名之，如太甲、太乙、武丁是也。周以伯仲次之，如太伯、仲雍、叔达、季历之类是也。自周以降，随事而名之，至有黑臀、黑肱之鄙，羊肩、狐毛之异，负刍之贱，御寇之强，乃至狂狡、不寿、不臣都可以入名。"所以王士禛很不明白申繻"之言何据"。

名字就是一个符号，当然，这个符号有时很特别。比如安禄山有 11 个儿子，"皆是玄宗赐名"，庆宗、庆绪、庆恩、庆和、庆光、庆喜、庆佑、庆长等，意头都很不错。可惜，正是安禄山和他儿子的起兵反叛，导致大唐的由盛及衰。今年 3 月，《人民文学》前主编程树榛先生在《南方周末》有一篇《一个荒诞而真实的故事》，讲到"九大"代表王白旦因名字听起来像王八蛋而为陈伯达改名王白早，陈伯达倒台后又为江青改名王百得。虽然旋即有陈益南先生认为作者袭用传说，为文有欠严肃，但王某人这个名字符号演变显然很不一般就是。《浪迹丛谈》云，明朝宗室诸藩生子"例由礼部制名",为什么自家人连取名的权利也没有,留待方家释疑。但礼部有了这项权力,也就有了腐败的机会,"主者索贿,不满意则制恶字与之",文中所举例字太僻,此不照录。因此,在名字这个看似简单的符号的背后,可能含有很多文化之外的要素。苏轼贬到黄州之后始自称东坡居士,有人认为因其"居州之东坡",洪迈则认为是"专慕白乐天而然",概"苏公在黄,正与白公忠州相似",白诗中有"持钱买花树,城东坡上栽""东坡春向暮,树木今何如"等;而东坡诗中,也有不少"我似乐天君记取,华颠赏遍洛阳春""定似乐天老居士,世缘终浅道根深"的句子。

刘声木《苌楚斋三笔》云:"前人别立名号,必另有取义,然亦有奇异,以病自名者。慈溪郑寒村性晚得痹疾,改其名为风。乌程张鉴效之,因取同声之字,更其名为蹇。"诸如此类。刘声木认为这种取名"皆未免好奇太过,后人不必则效也"。取名贵东坡一类的"自然"固好,但人家硬要寻僻也是权利。本地不久前去世了一名教授,乃著名古文字学家商承祚之子,笔者读大学时也是我们系的老师。教授名字中有个僻字——覃——据说因为难倒了不少人,为父的就此很得意,颇类当年康南海为女儿取名的行为,但在生活中会有麻烦就是。比如学校电视台以前做过教授的专访,把那个僻字"一分为二",自始至终称之为"香覃先生""香覃教授",闹出很大的笑话。在极端的字眼之外,《字表》恢复了一些原本正常的异体字,如淼、堃、喆等,该算是对大众文化心理的一种尊重,乃至对汉字的一种尊重了。

2009 年 8 月 14 日

书香

2009年南国书香节暨羊城书展昨天在广州落幕。举办方表示,今年的书香节,"书虫"们淘到了"宝"乐呵呵,书商更是赚得盆满钵满。有统计数据说,为期5天的书展共吸引"书虫"42万人次,销售额达1000多万元人民币,是上届的3倍。相对于持续下降的"国民阅读率"来说,自然算是好消息了,但不知"节"后会是如何,年度人均图书消费的数字之类又是如何。重要的还有,"书香节"中人们是否嗅到、品味到了书香,图书消费对国民素质的提升起到了什么样的作用,都有待"释疑"。

古人关于读书的故事很多,囊萤映雪虽然脍炙人口,但有一点儿极端,还有许多"平和"的。《柳南随笔》云,周青士"以卖米为业,自晨至午居肆中,过午辄闭肆,登小楼读书",因此能与朱彝尊、李良年等名家学者"比邻相善,诗酒往来无虚日",跟日本成濑巳喜男电影《放浪记》里的女主角(高峰秀子饰演)很有几分相像。《郎潜纪闻初笔》云,顾炎武"自少至老,手不释书",平时出门,"以一骡二马,捆书自随"。若遇边塞亭障,"呼老兵诣道边酒炉,对坐痛饮,咨其风土,考其区域。若与平生所闻不合,发书详正,必无所疑乃已"。当真是在践行读万卷书走万里路了。倘若"马上无事,辄据鞍默诵诸经注疏",结果因为太专心致志了,也有

"遇故友若不相识,或颠坠崖谷"的尴尬。周青士和顾炎武虽然代表了不同的阶层,但他们都把读书当成了一种自觉行为。

张乖崖和寇準是布衣之交,"莱公兄事之"。正是因为这一前提吧,张对寇说话很不客气,"常面折不少恕,虽(準)贵不改也"。有一回张来看寇,临走时说,你读过《霍光传》没有?寇说没有。过后,寇準找出《霍光传》来看,看到"不学无术"四字时,知道张是讽他不读书。司马光在《涑水记闻》中谈到,寇準小的时候"颇爱飞鹰走狗",他妈妈气得有一天"举秤锤投之",结果砸到了他脚后跟,直流血,但这一砸也把寇準砸醒了,"由是折节从学"。寇準拜相后,张乖崖在蜀任上,先评价说"寇準真宰相也",再换了口气说"苍生无福"。幕僚不解,他说"人千言而尽,準一言而尽",一针见血,言简意赅;但是寇準"仕太早,用太速,未及学耳"。张乖崖的这一观点,对今天动辄以"最年轻"为噱头的提拔干部,具有相当的参考价值吧。据说,林彪事件之后,毛泽东曾向高级干部推荐过几本书,古今中外的都有,其中之一便是《霍光传》,未知他老人家是何用意了。不过,浏览《汉书·霍光传》,似未见到"不学无术"字样,不知寇準看的是哪个版本。

刘声木《苌楚斋三笔》里有个"仪征某司马"的故事极有趣。司马须娶商城周氏之前,一定花言巧语,哪知人家当真了,要坐实。因此周氏进门"不及旬日",就"在其住室中前后细看了一遍",第二天忽然问他:"你言你家是书香人家,何以家中连一本书均无?"司马愧无以对,"闻之悚然"。不到一个月,又问他:"你每晚深夜始回,据你所云,非吃酒即打牌,未闻你说一件正当事业。"司马又愧对,"更觉悚然"。刘声木对周氏极其佩服,以为"义正词严,不啻明师诤友",并且表示"若得见此人,甘拜石榴裙下也"。可惜那司马"悚然"之余有何进一步的行动,不得而知;没有的话,

"悚然"与否就都没有关系了。

苏东坡说他小的时候,也是不爱读书,"父兄驱率读书,初甚苦之,渐知好学,则自知趣向,既久则心中乐之,既有乐好之意,则自进不已"。所以,时人秦少章说,"公尝言观书之乐,夜常以三鼓为率,虽大醉归亦必披展至倦而寝"。不过,秦少章还谈到:"自出诏狱之后,(东坡)不复观一字矣。"伤透了心还是其他?他说他在东坡跟前有两年,"未尝见公特观一书也",每当作诗填词要用典故,"虽目前烂熟事,必令秦与叔党(苏过,东坡三子)等人检视而后出"。东坡先前那番话,是讲给宋仁宗听的,事载李荐《师友谈记》,连确切的时间都有:元祐癸酉(1093)正月二十六日。他告诉仁宗,皇帝读书和一般人不同,因为皇帝"不在求名与求知,不为章句科举计也",他不用考虑那些荣华富贵的东西,但是不等于皇帝就不用读书,"欲周知天下章疏,观其人文章事实,又万机之政,非学无所折衷"。

明朝黄铎说:"读书易耳,为人难。"清朝姜宸英说:"古人读书,必须得此一书之用,至于终身守之不失。"此语甚当。还用苏东坡的话说,"必欲进学,亦须自好乐中有所悟入"。这样来审视书香节或者别的读书号召,势必有另外的感悟:可能图书销售额上去了,也可能国民阅读率上去了,人的素质却还是那个素质,每一轮新的文明建设运动,还是要从不随地吐痰抓起。这样的话,不仅足以证明人们并未嗅到书香,且有根本不理解读书本意之嫌了。

2009年8月25日

鸡

前两天到茂名放鸡岛走了一趟,用赵本山的话说就是"旅旅游",但这地方并不是像铁岭那样的"大城市",而是一个风景优美的海岛。去之前,也知放鸡岛这个名字必有一些来历,到了那里听导游说,从前航海者过此,感念仙人令此地风平浪静的恩泽,必祀以生鸡,放生于山上。放鸡岛旅游开发,果然打的是"鸡"牌——不是活蹦乱跳的生鸡,而是屋脊两端以及路标,到处都有鸡的形象。不知为何却都是鸡公——身子似公鸡而冠似母鸡的那种——想亦必有其缘由吧。

鸡为"岛主",看上去很风光,但还不是最风光。南朝袁淑有《鸡九锡文》,九锡,是皇帝给予臣子的一种最高礼遇。王莽篡汉,因为先邀九锡故事,魏晋六朝掌政大臣纷纷仿效之,使九锡又成为篡位的代名词。九锡文,就是赐予这种礼遇时的诏书。《鸡九锡文》,就是给鸡最高礼遇的文字了。鸡之外,袁淑还写过《驴山公九锡文》《大兰王九锡文》等,把驴和猪也都着实提携了一番。钱锺书先生《管锥编》说,袁淑的这些文字和范晔、沈约他们的某些篇章一样,"皆诙谐而别成体裁",初看起来,"范、沈意含讥讽,袁似纯供解颐抚掌之资,未寓褒贬",然结合《左传》卫懿公好鹤则"鹤有乘轩者"、《北齐书》记"马及鹰犬乃有'仪同''郎君'之号",《新五代史》记刘䶮"黄龙治厩,饰以金银,食以三品料,号'自在将军'"等等这些"实有其事"来看,"袁文之封鸡、驴为上公,赀豕、蛇以锡命,虽戏语乎,亦何妨视嬉笑为怒骂也"!

据说,史上来过放鸡岛的最有名人物,是唐朝的李德裕——"牛李党争"中的那个"李"。李德裕在被贬朱崖的途中登上此岛,放没放鸡不大清楚,但到达谪所的李德裕,和鸡真有一点儿关联。《北梦琐言》云李德裕初贬潮州时,于"苍黄颠沛之中,犹留心著述",逆境中不废纸笔,"其杂序数十篇,号曰《穷愁志》";到朱崖后仍然"著四十九论,叙平生所志",但对现实处境也难免发出抱怨。他在给段成式的信中说:"自到崖州,幸且顽健。居人多养鸡,往往飞入官舍,今且作祝鸡翁尔。谨状。"祝鸡翁,传说中古代的善养鸡者。汉代刘向《列仙传》云:"祝鸡翁者,洛人也。居尸乡北山下,养鸡百余年。鸡有千余头,皆立名字。暮栖树上,昼放散之,欲引,呼名即依呼而至。"养鸡跟养人差不多。飞来之鸡自然非德裕所养,他这是无奈之下借以自嘲罢了。

不过,邻家的鸡飞入官舍,充其量只是一时的骚扰,李德裕在朱崖的惨状,令他刻骨铭心。新旧《唐书》对此都无记载,复原之,要借助笔记小说。《唐语林》云,他把那里的北亭叫作望阙亭,赋诗曰:"独上江亭望帝京,鸟飞犹是半年程。碧山也恐人归去,百匝千遭绕郡城。"悲凉之声,至于"公每登临,未尝不北睇悲咽"。更令他寒心的是,朝廷里的官员"出门下者多矣",然而一旦被贬,大家纷纷避之唯恐不及,"十五余年车马客,无人相送到崖州"。这话可能说得绝对了点儿,他的净友僧允躬即"迫于物议,不得已送至谪所",但李德裕看出了其"被迫"的一面乃有此言吧。允躬回来后,也是忙不迭地撇清关系,说什么此行"天厌神怒,百祸皆作,金币为鳄鱼所溺,室宇为天火所焚"。不过,别人不这么看,恰恰认为这现象是"允躬背恩所致"。净友的名号是在下给封的,因为"性简俭"的李德裕"不饮京城水,茶汤悉用常州惠山泉,时谓之'水递'",僧允躬有过一劝,很有道理:"公迹并伊、皋,但有末节尚损盛德。万里汲水,无乃劳乎?"可惜李德裕没有接受:"大凡末世浅俗,安有不嗜不欲者?舍此即物外世网,岂可萦系?然弟子于世,无常人嗜欲:不求货殖,不尔声色,无长夜之欢,未尝大醉。和尚又不许饮水,无乃虐乎?若敬从上人之命,即止水后,诛求聚敛,广蓄姬侍,坐于钟鼓之间,使家败而身疾,又如之何?"非此即彼,"虽位居台辅而读书不辍"的李德裕,把诡辩运用得淋漓尽致。正是看透了世态炎凉,《容斋随笔》云,李德裕"表弟某侍郎遣人饷以衣物",令他感慨万千:"天地穷人,物情所弃。虽有骨肉,亦无音书。平生旧知,无复吊问。阁老至仁念旧,再降专人,兼赐衣服器物茶药至多,开缄发纸,涕咽难胜。大海之中,无人拯恤,资储荡尽,家事一空,百口嗷然,往往绝食,块独穷悴,终日苦饥,唯恨垂没之年,须作馁而之鬼。十月末,伏枕七旬,药物陈裹,又无医人,委命信天,幸而自活。"通篇都是怨恨、牢骚。

杜甫有一首《缚鸡行》:"小奴缚鸡向市卖,鸡被缚急相喧争。家中厌鸡食虫蚁,不知鸡卖还遭烹。虫鸡于人何厚薄,吾叱奴儿解其缚。鸡虫得失无了时,注目寒江倚山阁。"洪迈认为:"此诗自是一段好议论,至结句之妙,非它人所能跂及也。"妙在哪里,他又不肯多说半句。鸡虫得失,现在成了比喻无关紧要的细微得失。李德裕的经历似可诠释人亦犹鸡,但无人"叱解其缚"而已。

2009年8月31日

宅男

宅男、宅女的说法时下比较流行。据说,最初的定义是从日语御宅族而来,指那些热衷于次文化的人。但是现在,它的概念显然被外延了,所表示的意思通常是足不出户。也就是说,无论宅男还是宅女,一般而言都是整天待在家里的人,负面一点儿的,是不善与人相处。如果以这样的标准来回溯,则古代富贵人家的女子因为"大门不出,二门不迈",大抵都可以称为宅女。相应地,古代也有宅男。

沈括《梦溪笔谈》讲到的杜五郎,堪称一个标准的宅男。他住的地方"去县三十余里,唯有屋两间,其一间自居,一间其子居之,室之前有空地丈余,即是篱门",但是,"杜生不出篱门凡三十年矣"。30年没出自家院子,还不是标准的宅男吗?他不出门,自然不是像今天的宅男那样有网瘾,但又为什么呢?黎阳尉孙轸是沈括的手下,听说之后很好奇,"曾往访之",想来个深谈。杜五郎说,自己也不是30年都猫在院子里,他指着门外的一棵桑树自证:"十五年前,亦曾到桑下纳凉,何谓不出门也?"即便打了五折的时间段,也足令今天的宅男逊色。至于为什么不出,因为"但无用于时,无求于人,偶自不出耳",并且他觉得这种做法实在没有什么,因而补充了一句:"何足尚哉!"孙轸问他靠什么为生,他说

"昔时居邑之南,有田五十亩,与兄同耕",后来侄子娶媳妇,"度所耕不足赡,乃以田与兄,携妻子至此,偶有乡人借此屋,遂居之"。开始呢,给人家婚丧嫁娶选个日子,再看点儿小病"以具馆粥",但经常断顿,"后子能耕,乡人见怜,与田三十亩,令子耕之尚有余力,又为人佣耕,自此食足"。而"乡人贫,以医、卜自给者甚多,自食既足,不当更兼乡人之利,自尔择日、卖药,一切不为",索性就待在家里了。孙莘又问那你平时干什么呀?杜五郎说:"端坐耳,无可为也。"问:读书吗?答:"二十年前,亦曾观书。"问:读的什么书呢?答:"曾有人惠一书册,无题号,其间多说《净名经》,亦不知《净名经》何书也。当时极爱其议论,今亦忘之,并书亦不知所在久矣。"时值盛寒,但杜五郎"布袍草履",且"室中枵然,一榻而已"。孙莘再问其子之为人,曰:"村童也,然质性甚淳厚,未尝妄言、未尝嬉游,唯买盐酪则一至邑中,可数其行迹以待其归,径往径还,未尝傍游一步也。"宅的程度跟他老爹差不多。沈括说,当时正有战事,"至夜半未卧,疲甚,与官属闲话,莘遂及此",听了之后,"不觉肃然,顿忘烦劳"。

　　《宋史》在《隐逸传》中收录了这位宅男,比对一下,显然是对《梦溪笔谈》那一段的照单全收。与此同时我们也可推知,今天的宅男与昔日的隐居者在形式上有一定的共通之处。然一如宅男之中,境界有高下之别,隐居者也有优劣之分。明朝王少冶"罢郡归,闭户读书,门无杂宾",不当官了,就潜心修养,不是一天到晚觉得退下来真是亏了,到处牢骚满腹,所以"人以为难"。清朝进士高其倬则是上任前先充电,其"改庶吉士,即乞假归,闭户读书数年,然后就职,卒为名臣,官至户部尚书"。还有的貌似宅男,实则沽名钓誉。《大唐新语》云:"卢藏用始隐于终南山中,中宗朝累居要职。有道士司马承祯者,睿宗迎至京,将还,藏用指终南山谓之曰:'此中大有佳处,何必在远!'承祯徐答曰:'以仆所观,乃仕宦捷径耳。'藏用有惭色。"卢藏用暂时之隐完全为了日后之显,以"终南捷径"为便捷的当官门路。

《北梦琐言》里还有一个没名字的宅男。说唐朝孔拯有一次"朝回遇雨,不赍油衣,乃避雨于坊叟之庑下",雨越下越大,过了吃饭时间,"民家意其朝饥,延入厅事。俄有一叟,乌帽纱巾而出,迎候甚恭。因备酒馔,一一精珍"。孔拯欲借油衣,叟曰:"某寒不出,热不出,风不出,雨不出,未尝置油衣。然已令铺上取去,可以供借也。"这几"不出",令孔拯"赏羡,不觉顿忘宦情",后来跟同事聊起,以为"大隐之美也"。《东轩笔录》里的郭延卿也是这样,钱惟演曾对僚属说:"此真隐者也,彼视富贵为何等物耶?"钱惟演晚年以使相留守西京,与谢绛、尹洙、欧阳修等一时文士经常"游宴吟咏",有一天钱惟演虽"率僚属往游",然"去其居一里外,即屏骑从,腰舆张盖而访之,不告以名氏"。两人"对花小酌",言谈甚欢。不小心,钱的身份暴露,郭毫无艳羡,但笑言"不图相国肯顾野人"而已。钱辞去时,郭云"老病不能造谢,希勿讶也"。钱惟演登车之后,"茫然自失",第二天就跟僚属说了这句话。宋人陈希夷诗曰:"我见世人忙,个个忙如火,忙者不为身,为身忙却可。"大概道出了钱惟演的心声。另,孔拯的"顿忘宦情",沈括的"不觉肃然",与此一般无二。

杜五郎式的宅男,呆坐而已,诚如他自己所言:"何足尚哉!"金代刘祁留有一部《归潜志》,是今天研究金代历史的重要著作之一。书名来自自己的斋名——归潜堂,他在阐释用意时说:"'潜'之为言隐也。古之所谓瘾君子者,无江海而闲,不山林而幽,盖藏器待时,乐天知命,不潜而潜者也。"当然,这种境界不是今日宅男所能企及的吧。

2009 年 9 月 2 日

廉易，耻难

《朱镕基答记者问》虽然"低调"面世，仍然受到了读者的热捧。本书汇集的都是当年事，相当于"旧话重提"，何以再能轰动至此？无他，这位前总理言谈的掷地有声，给人们留下了太深印象，重温之，又能触发许多现实感慨。比如在2000年全国"两会"闭幕时的记者招待会上，朱镕基说："我只希望在我卸任以后全国人民能说一句，他是一个清官，不是贪官，我就很满意了。那么再看开一点说，朱镕基还是办了一点实事，哎呀，我就谢天谢地！"

"宽一分则民受赐一分，取一文则官不值一文。"如此浅显的道理谁都清楚，历史上也确实产生了不少清官。《癸辛杂识》云："刘伯宣为宣慰司同知，去官日，泊北关外俞椀盏家之别室，一夕为偷儿盗去银匙筯两副，及毛衫布海青共三件。"虽然偷的东西不多，也不得了，因为第二天刘家"几无可着之衣"。刘伯宣对邻居说："此辈但知为盗，而不知吾乃穷官人也。所有之物，不过如此。"那小偷显然看走了眼，以为凡是当官的就能一偷一个准，今天各地不是时常爆出小偷偷出贪官的新闻吗？《不下带编》中金埴讲到的许应逵也是这样，说"许应逵守东平，临调去，百姓感恩，多泣送者"。晚上在旅馆，许应逵对仆人说："为吏无所有，只落得百姓几眼泪耳！"仆叹曰："阿爷囊中不着一钱，好将眼泪包回去做人事送亲友。"人家回去封红包装的是钱,你的就装眼泪吧,"许为之抚掌"。后来另有位清官杨由离任,百姓借用了这个典故赞美他。那是康熙五十六年(1717),杨由致政归,"吏民走送,哭泣不绝",民谣云:"归囊不著一钱行,三载真留慈父名。落得小民儿多泪,包将归去作人情!"

但依赖个人修养而非体制约束产生的清官,恐怕只能是极少数,所以我们见识更多的还是贪官,吴晗先生更偏激地说一部二十四史就是一部贪污史。在这个问题上,宋朝曹彬的话很有代表性:"好官亦不过多得钱耳,何必使相也。"当多大的官是次要的,来多少钱是主要的。所以,既曰贪官,就是那些不论级别高低,能捞一把就捞一把的人,真要有心出重拳的话,走眼的现象不会多见。《万历野获编》云,嘉靖四十四年(1565)巡按御史浙江黄廷聘回籍,"过衡山县,不礼知县陈安志",陈安志恼了,"发其箧,得金银诸物甚夥"。这一下把黄廷聘整老实了,"惶惧逊谢",陈安志也就还了他的东西。他原本就是要煞煞黄某人的气焰,自然也就跟反腐败了不相涉。嘉靖四十五年(1566)有件事也很有意思:给事中何起鸣追论巡抚郧阳都御史陈志先,因为陈志先任御史按江西,"归家过崇安县"时也是出了插曲,他倒不是牛皮哄哄,而是"亡其四橐",丢了四大口袋东西。建宁府推官吴维京"为捕获得之",结果发现"其中皆金宝,且有簿一扇,载赂遗不下数万"……这就当真与今天小偷偷出贪官完全丝丝相扣了。清朝有人一针见血地指出:"知府、知县幸不甚知,知则劫富民,噬弱户,索土产,兴陋规,百姓更不堪命。巡抚、巡道幸不常巡,巡则搅驿道,折夫马,斥供张,勒馈赆,属吏更不堪命,仍苦百姓耳。"这种说法虽然走了一点儿极端,但我们也实在不难理解讲话人的心境。

鄂尔泰是雍正朝的一位重臣,雍正帝编著的《朱批谕旨》收有

《鄂尔泰奏折》,汇集了他在云贵广西总督任上的奏疏,不乏精辟见解。比如他说:"盖谬拘臆见,薄务虚名,不以民事为事,不以民心为心,固未有能奏效者,恐廉吏与贪吏罪同等,好事较误事害更大。"这就是说,清廉只是为官的底线,还需要像前总理所说的要"办一点实事"。《管锥编》云,公孙弘"为布被",且"食一肉,脱粟之饭",不可谓不廉,而曲学阿世,何无耻也;冯道刻苦俭约,不可谓不廉,而更事四姓十君,何无耻之甚也。所以清初著名学者阎若璩说"廉易而耻难",因为"廉尚可矫,而耻不容伪"。当然,这是一种相对的说法,相对"耻难"才"廉易",真正的廉,不仅不易,而且大不易。再当然,对于今天的诸多恬不知耻的"两面人"来说,"伪"也"易"得极其自然了。

明朝范景文曾经疏言:"今天下仕路,举国若狂,嗜进如鹜,毋亦衡鉴之地,先自不清,而欲其恬淡寡营,讵可能乎?"范景文时为吏部典选,他这番话是针对选拔官员说的。因此,他搞了两个约定,一个是"与需次诸臣约",约的是"一行嘱托,臣不能为之讳";另一个是"与同事诸臣约",约的是"一听嘱托,亦愿就选诸臣勿为臣等讳"。谁都不要搞小动作。两个约定归结为一点,等于现在不断强调的"公开"。范景文为后世尊称"二不尚书",根据就是他在大门上张贴的"不受嘱,不受馈"六字。这一点,不知今日几人能够做到了。当然,东窗事发之前,好像哪个地方都能做到,哪个官员都能做到。

2009 年 9 月 11 日

无厘头

十年大修一次的新版《辞海》9月21日起正式面世。报道说，新增收了常用或流行的近现代汉语和网络用语，如互联网、网虫、BBS、闪客、黑客等，不过一段时间以来相当火红的超女、快女、躲猫猫之类，并没有入选。忽然想到"无厘头"这个已经沉淀了有些"年头"且广泛用开的词，不知道《辞海》收没收，或者收没收过呢？手边没有新版或次新版《辞海》，暂不得知。

"百度"的词条里是有的，释义"无厘头"为故意将一些毫无联系的事物现象等进行莫名其妙组合串联或歪曲，以达到搞笑或讽刺目的的方式。今天道及"无厘头"，马上会让人联想到香港艺人周星驰，周星驰和他的"无厘头"电影在20世纪90年代中后期风行内地，其中《大话西游》的台词甚至成为一整套青年流行话语。此外，《唐伯虎点秋香》《九品芝麻官》之类，也令人捧腹不已。但周星驰只能说是"无厘头"的集大成者以及"普及"者，因为，这种说话方式至少在元曲中就是很常见的，好多杂剧中都有那么一个或几个角色，本来一本正经地说着话，忽地变成一本不正经。

关汉卿《裴度还带》中的净行者，就是个无厘头的角色。白马寺长老要他"门首觑着，看有什么人来"，他嘴里叨叨咕咕地说：

"阿弥陀佛,阿弥陀佛,南无烂蒜吃羊头。"来人问他师父在家吗,他说不在,师父"去姑子庵里做满月去了"。

高文秀《襄阳会》中,刘表儿子刘琮的开场白也非常无厘头:"河里一只船,岸上八个拽。若还断了?(纤索),八个都吃跌。"他手下的两员大将——蒯越、蔡瑁,有过之而无不及。且听蒯越说话:"某乃前部先锋将,俺家老子是皮匠,哥哥便是轮班匠,兄弟便是芝麻酱。某乃蒯越,兄弟蔡瑁。我又没用,他又不济。我打的筋斗,他调的百戏。"面对刘备要来借荆州,蒯越出了条计策,活脱脱星仔神态:"俺这里安排一席好酒,多着些汤水,多着几道嗄饭,准备几碗甜酱,我着他酒醉饭饱,走不动,撑倒了呵,那其间下手拿住。"刘琮连赞"妙妙妙"之余,又很严肃地提出疑问:"你先撑我不的?"在刘琮看来,我给撑倒了他反而没倒该怎么办?

在杨显之《潇湘雨》里,也用到了"八个都吃跌"。那是主考赵钱"面试"状元崔通,问:"你识字么?"崔通说:"我做秀才,怎么不识字?大人,哪个鱼儿不会识水。"问:"我如今写个字你识:东头下笔西头落。是个甚么字?"答:"是个一字。"赵钱很满意:"好不枉了中头名状元,识这等难字。我再问你:会联诗么?"便道了"河里一只船,岸上八个拽"这前两句,崔通马上续了后两句。赵钱赞赏之余,"再试一道",这回是"一个大青碗,盛的饭又满",崔通毫不含糊:"相公吃一顿,清晨饱到晚。"在现存元杂剧中,《潇湘雨》据说是仅有的一部以男人负心为题材的剧作。但这一出无厘头答问,先让我们见识了赵钱这个"清耿耿不受民钱,干剥剥只要生钞"的腐败兼草包考官的嘴脸。

接着说回《襄阳会》。曹章亮相时的自白更是相当无厘头:"某乃是曹章,身凛貌堂堂。厮杀全不济,则吃条儿糖。某曹章是也。某深知赵钱孙李,我曾收得蒋沈韩杨。三军大败,金魏陶姜。

若还拿住,皮卞齐康。某正在空地上学打筋斗,有父亲呼唤,须索走一遭去。"扯了一通《百家姓》,赵钱孙李、蒋沈韩杨用得还算巧妙,金魏陶姜、皮卞齐康则在说些什么呢?和关羽交战时,曹章则有"三军见了都害怕,若是着刀鲜血流。轮起刀来望我脖子砍,不慌不忙缩了头"。

还有李文蔚《圯桥进履》,其中钟离昧说自己"文通四略,武解七韬",四略还道得一本正经,七韬说着说着就无厘头了:一文韬,二武韬,三龙韬,四虎韬,五豹韬,六犬韬,七核桃。季布五十步学百步:"我做大将甚是标,兵书战策不曾学。听的厮杀推害病,正是买卖归来汗未消。"为了擒拿张良韩信,他的主意是:"一个人要三十根好箭,一个人要五张硬弓。身穿上五领胖袄,一个人带着八十个酒瓶。左肩上挑着五石白米,右肩上担着五万个烧饼。左脚上绑着炉锅,头上顶着五十个铜盆。左手里拿住铁叉,右手里拿着四十条麻绳。"然而,"若是他与我交战,唬的我去了魂灵。若是他众军将我来赶,我骑上马走如飞星"。

不同作者的不同曲目,都不约而同地利用"无厘头"来增加剧情,似可从侧面证明元人欣赏这样的说话方式。不独元曲,插科打诨,可能是戏曲中的一个特色。曲文孕育了"无厘头"的土壤,还是民间的"无厘头"影响了曲文,要由专业人士发言了。生活中还有另外一种"无厘头",如9月20日刘翔在上海田径大奖赛上复出,"冬菇教"亦重出江湖。在网友们看来,央视记者冬日娜的赛后采访每每"无厘头",那天毫不例外。比较区别,周星驰们的无厘头出于主观故意,目的正在解颐,而冬日娜们本来严肃认真,毫无取笑于民的打算。后一种"无厘头",实际上折射了中国体育记者的通病。

2009年9月22日

宅第

官员的房子多如今已算不得新闻了,落马的,都有几套甚至十几套;在任上仍然风光着的,往往"结伴"而出,动辄把该地几套班子成员集体卷入其中,若干贫困县乃至国家级贫困县也不例外。明朝的焦竑曾经感叹:"当世之为官者,其行谊日薄一日,其受用日丰一日,其声价日损一日,其势焰日张一日。"宅第,该是"受用"的项目之一了。

当然,制度准许的要又当别论。比方朱元璋"尝计大臣所居",说了句"大官人必得大宅第",然后还让人设计了"制甚宏丽"的"样房",给有志于住进大宅第的官员进行示范。再当然,那些不准许的、过分的要多加小心。还说明朝,英宗皇帝有一次和左右登楼眺望,看到石亨的新居,问是谁家的,左右都说不知,吴谨答应该是王府。英宗说不是,吴谨说:"非王府,则谁敢如此?"英宗回头问太监裴当,听见他说什么了吗?则皇帝对石亨宅第的态度,已经很鲜明了。

《焦氏笔乘》云:"赵清献公(抃)家三衢,所居甚隘。"这个"甚隘"大抵像史云司马相如的"家贫"那样,并非真穷,只是没先前那么阔绰而已。赵抃家的房子恐怕不是真的小,是与他的身份不成正比。"子侄欲悦公意,厚以赀易邻翁居,广其第",然"公不乐"。

他说:"吾与此翁三世为邻矣,忍弃之乎?"乃"命亟还其居"。王恕也是一样,成化年间他去官还家,"见子侄易左右邻居为业",责备道:"某某皆我故旧朋友,岂宜夺其居,俾之远去乎?"也是招邻"各还其居"。焦竑说,二公之贤,"令世之怙势侵夺闾里者闻之,当愧死矣"。官员对宅第的迷恋,其备受诟病之一端,往往正在于"损人"。唐朝宰相裴度的湖园,"宏邃胜概,甲于天下",时人即有"破尽千家为一池"之诮。这在今天也是一样,河南省商城县(国家级贫困县)专门为四套班子干部开发了一个别墅群,都是"红顶黄墙,白色绕栏,精巧别致的二层小楼,自成一家的庭院"。这些别墅群占用的原本是商城县"最好的良田",被强制以每亩3.3万元的价格征收,政府随后又将其卖给开发商,"价格至少翻了10倍",而失地农民就业问题并没有解决,因此怨声载道。

沈括《梦溪笔谈》云:"丞相陈秀公治第于润州,极为闳壮,池馆绵亘数百步。"但到房子盖成,秀公也病得够呛了,"唯肩舆一登西楼而已"。谢肇淛《五杂组》云,宋朝王君贶拜三司,"方二十七岁即在洛阳起宅,至八十岁而宅终不成";另一个宰相富弼也是对大宅迷恋不已。谢肇淛感叹说:"二公皆宋名臣,而不能堪破此关,况今世哉。"明朝的"今世"无疑可以延伸到现实的今世。"安史之乱"中领兵收复两京的大将郭子仪,盖房子的时候要匠人"筑须尽力,令墙坚",匠人告诉他,京师权贵人家的墙都是我建的,"数十年来,但见人物更换,墙固亡恙也"。据说郭子仪听了之后若有所思,"因固辞相位"。清朱彭寿《安乐康平室随笔》似为之注:余旅京四十余年,"所见诸大僚邸第,除改售他姓尚存旧观者不计外,若寿阳祁文恪师世长(居下斜街四眼井)、汉军徐荫轩师桐(居东交民巷)、吾乡钱恭勤应溥(居前门内东城根)、徐忠愍用仪(居东安门内北河沿)诸宅,皆昔时屡登其堂者,今则犁为平地,或改工厂,或作兵房,或建学舍矣。欲寻遗址,门径全非",因此他读到唐人张籍的"汾阳(子仪)旧宅今为寺"时,要"为之三叹"。当然,较之秦桧宅第的下场,郭宅命运还算好得多。秦桧死后,房子空着,第二年挖河,"役夫辇泥土堆于墙下",有人亦为诗曰:"格天阁在人何在?偃月堂深恨亦深。不见洛阳图白发,但知郿坞积黄金。直言动便遭罗织,举目宁知有照临。炙手附炎俱不见,可怜泥滓满墙阴。"

《梦溪笔谈》还提到一个名将郭进,他修的邢州城"其厚六丈,至今坚完"。郭进是979年死的,沈括1031年才出生,《梦溪笔谈》又是他晚年(1095年去世)的作品,其间总有百年,"至今坚完",当真是百年大计了。郭进在邢州城北也给自己修了房子,落成那天,族人、宾客、土木之工尽在邀请之列,且"设诸工之席于东庑、群子之席于西庑"。有人不解,那些师傅怎么倒坐上席了,公子们却在其下呢?郭进指着师傅们说,这些是造房子的;又指着儿子们说,那些是卖房子的,卖房子的理应坐在造房子的下面。果然,郭进的预言应验。他死后,房子就成了别人的,"今资政学士陈彦升宅乃进旧第东南一隅也",可见郭进的宅第之大。

"君不见乔木参天独乐园,至今仍是温公宅。"洪迈说他在福州时读到一本诗集,其中有一篇《州西行》,注云:"靖康元年作。时(蔡)京谪湖湘,子孙分窜外郡,所居第被毁,索寞殆无人迹,故为古调伤之。"全诗三十余韵,洪迈清楚地记得这是最后一联。谢肇淛也曾将裴度豪奢的湖园与司马光简朴但"快然自适"的独乐园进行过类比,得出结论:"传世之具在彼(勋业)不在此(宅第),苟可以自适而止矣,不必更求赢余也。"可惜,道理虽然很明了,现实中却每为权贵尤其是后来的权贵所漠视。

2009年9月25日

轻议古人

央视《百家讲坛》有一个不大好的倾向,就是喜欢哗众取宠,以王立群先生的司马相如"先劫色后劫财"说最为典型。他说司马相如的行为"比起只劫财而言是人财两得的双丰收,当然,就人品而言,也更为人不耻",于是,"这个美丽的爱情故事原来竟是一个先劫色后劫财的骗局"。当然,严格地说,这也并非王先生的"发现"。

由此想到清朝方濬师的一句话:"知人论世,士君子之责。然须实有见地,方不没是非好恶之公。若逞一己之笔舌,轻议古人,则谬之甚者也。"方濬师那是为他的祖先方玄英鸣不平。盖因《唐诗纪事》云,方玄英"为人野质,每见人设三拜,曰:'礼数有三。'识者呼方三拜"。王世贞抓住了"三拜"做文章,"比之宋朱元晦孙之号朱万拜者,断为人妖"。朱熹的曾孙朱浚,当贾似道柄国时官浙漕,每有札子禀事,必称"某万拜覆",时人乃谓之朱万拜。方濬师认为,祖先之三拜,自鸣其高,而朱之万拜,谄事权相,"一名儒,一巧宦,根本不可同日而语"。可惜,他老先生也落了窠臼:"归熙甫(有光)目世贞为庸妄子。信然哉!信然哉!"王世贞曾自辩曰:"妄诚有之,庸则未敢闻命。"归有光不依不饶:"惟妄故庸,未有妄而不庸者也。"

史上轻议古人,动辄上纲上线的事例很多。俞樾《九九消夏录》说赵宧光作《说文长笺》,引《孟子》"虎咒出于柙"(实出《论语》),顾炎武《日知录》便讥其未读《论语》。俞樾说:"《文苑英华》所载杜牧《请追尊号表》以'高宗伐鬼方'为出《尚书》,岂其未读《周易》欤?一时笔误,恐未足深讥。"叶权《贤博编》评《杨升庵诗话》云,《诗话》谓《唐诗正声》前面的若干五言古诗"本是近体,原非古诗,病其不当分品,使观者自为区别",原本不错,"但以新寡之文君,屡醮之夏姬,移怒于子昂、太白,且有盲灼孱婿,损罐完璧,白练黄花之喻,乃间阎轻薄子平康争博之言",叶权因此发问:"即古人有误,谈艺者何忍痛骂至此极耶?"

杨升庵就是杨慎,他刻薄地对待人家,自己也难免被人家刻薄。《玉光剑气集》云,杨慎刚出了本《丹铅》,陈晦伯马上就出了本《正杨》,胡元瑞出了本《笔丛》来反驳他。并且,"当时如周方叔、谢在杭、毕湖目诸君子,与用修(慎字)为难者不止一人"——很有点儿像时下余秋雨先生的境遇。薛千仞看不过眼,为杨慎辩道:"用修过目成诵,故实皆在其胸中。下笔不考,误亦有之,然无伤于用修。好事者寻章摘句,作意辩驳,得其一误,如得一盗赃,沾沾自喜。此其人何心?良可笑也。"今人最熟悉的杨慎作品,莫过于《三国演义》开篇的《临江仙》了,就是因为同名电视剧上演后流传开来的"滚滚长江东逝水,浪花淘尽英雄"。杨慎是词作者,但罗贯中用了一个"词曰",有一点儿打马虎眼,不明就里的还以为是他罗某人的版权。——本人这样说话,不算是轻议古人吧。

容斋主人洪迈至少对李太白、苏东坡是非常宽容的。太白诗曰:"山阴道士如相见,应写《黄庭》换白鹅。"有人说,王羲之写的明明是《道德经》,什么《黄庭》!洪迈代辩曰:"太白眼高四海,冲口成章,必不规规然,旋检阅《晋书》,看逸少传,然后落笔,正使误以《道德》为《黄庭》,于理正自无害,议之过矣。"洪迈对待东坡的态度也是这样。严有翼所著《艺苑雌黄》,他认为"该洽有识,盖近世博雅之士也",但当说到东坡文章的短处,他不干了,当成人家"颇务讥诋"。他对人家指出的问题,认为"坡诗所谓抉云汉,分天章,万斛泉源不择地而出",虽然与原典不符,但"不失为名语,于理何害?"这且不够,又说:"公岂一一如学究书生,案图索骏,规行矩步者哉!"然诸如此类的维护,就有一点毫无原则的意味了,一不小心还会失去理智,当代郭沫若先生是个典型的例子。不要说毛主席不合韵脚的诗词,郭先生能够给出种种合理的理由,便是毛主席写错了的字,也是同样,所谓"'黄粱'写作'黄梁',无心中把梁字简化了"之类,沦为笑柄。

焦竑《焦氏笔乘》认为刘知幾"指摘前人,极其精核,可谓史家申、韩"。申,申不害,韩,韩非,都是推崇刑名的法家代表人物。但他同时认为刘氏"亦多轻肆讥评,伤于苛刻"。他举例说,《汉书》里的"萧何知韩信贤",就很为《史通·浮词篇》挖苦了一通,什么"淮阴堕业无行,满盈速祸,以贤为目,不能无谬"。焦竑说,对贤有不同的理解,刘知幾这是"律之(韩信)以儒行,责之以圣人,不已甚乎!"清人刘廷玑《在园杂志》云:"近日后生小子,专以指摘前辈为能,细扣其学问见识,全然指摘不著,真是蚍蜉撼树。此辈不独可笑,实可哀已。"宋人陈鹄说:"学者须做有用文字,不可尽力虚言。"他的学者概念跟今天的当然不是一回事,但是不妨看作一回事。抓住片言只语即为古人定论,以为是自己了不得的新发现,足以贻笑大方,遑论嚼了前人嚼过的馍还以为是新馍了。

2009 年 9 月 30 日

本草

周杰伦有一首歌曲叫《本草纲目》很流行,老实说我不大明白歌里唱的都是什么。"如果华佗再世\崇洋都被医治\外邦来学汉字\访我民族医师\马钱子决明子苍耳子还有莲子\黄药子苦豆子川楝子我要面子",开头这几句尚可,接下来,"我表情悠哉\跳个大概\动作轻松自在\你学不来\你痛苦在哀悼\嘴巴张开\这华佗在转世\等他醒来",就有点儿麻烦。我是说,单个汉字我都认识,组合起来才不知所云。好在《本草纲目》还知道,李时珍的著作嘛,众所周知。

《本草纲目》是我国的一部药物学巨著,亦有人誉之为古代的百科全书。李时珍的儿子李建元在《进本草纲目疏》中指出,该书"上自坟典、下至传奇,凡有相关,靡不收采,虽命医书,实该物理"。后人认为说的是事实。《本草纲目》源自《神农本草经》,后者因所记各药以草类为多,故称《本草》。《本草》作者为谁,自古便无定论,"神农"属于托名没有疑义。同样无定论的还有成书年代,或谓秦汉,或谓战国。根据书中的一些矛盾之处,极端者认为此乃伪书。比如明朝焦竑说,《本草》中"言豫章、朱崖、赵国、常山、奉高、真定、临淄、冯翊出诸药物,如此郡县,岂神农时所有邪?"除此之外,对《山海经》《左传》等的成书年代,他都提出了质疑,言及鲁共王坏孔子宅而得古文经,更认为是"献书者之饰词",

因为"不知竹简漆书,岂能支数百年之久"?别的姑且不论,这样说就不堪一击了,因为今天战国秦汉的竹简漆书出土仍不乏见,云梦睡虎地、长沙马王堆、枣阳九连墩等可为明证,便是西汉,去今也已有两千年,出土的竹简仍清晰可辨。

对《本草》的修订,很早的时候就已开始。《麟台故事校证》转引《续资治通鉴长编》云,宋仁宗嘉祐二年(1057),韩琦在进言"朝廷颁方书诸道以救疾民"的同时,提出整理医书,其中就提到了《神农本草》,说它"虽开宝(太祖年号)中尝命官校定,然其编载尚有所遗。请择知医书儒臣与太医参定颁行"。仁宗乃诏编修院置校正医书局,以掌禹锡等四人为"校正医书官"。《玉海》更提到这次整理持续了十余年。李时珍的《本草纲目》实际上也是修订的延续,他达到了一个高峰,但同样并没有达到顶峰。去年,陈凯先、杨胜利、张伯礼院士等提出了"本草物质组计划",设想用现代科学语言把这本中草药宝典重新书写一遍,五年内从总体上对500种左右的常用中医药药方进行详细分解,以期彻底弄清这些配方的药理所在。这个工作一旦完成,也许是本草的另一个高峰了。

周杰伦唱道:"快翻开《本草纲目》多看一些善本书。"他是要"来调个偏方\诊治你媚外的内伤",上升到了社会学境界。不过从前和现在的业界人士翻开《本草》之类,显然是要诊治生理上的病痛。但沈括《梦溪笔谈》云:"医之为术,苟非得之于心,而恃书以为用者,未见能臻其妙。"谢肇淛《五杂组》亦云:"夫病非一症,攻非一端,如临敌布阵,机会猝变,而区区仗草木之性,凭尺寸之脉,亦已疏矣。况药性未必遍谙,但据《本草》之陈言;脉候未必细别,徒习弦涩之套语,杀人如芥,可不慎哉。"纵观今天的不少医疗事故,大抵是不少纸上谈兵者,至于患者根据广告到医院指定要某某药,医生乐得"大处方",一派乌烟瘴气。

有趣的是后人对《本草》的衍伸超越了医书范畴。比如唐朝侯味虚著《百官本草》、贾言忠著《监察本草》、张说著《钱本草》（清钱大昕认为"此好事所为，托之燕公"）等等。钱锺书先生说"盖唐人游戏文章有此一体"，并指出后世仿效之作还有慧日雅禅师之《禅本草》、董说《梦本草》、张潮《书本草》等，属于"尤雅令者也"。虽为游戏文字，然借"本草"之名评点时弊，亦足发人深省。《朝野佥载》节录了一段《百官本草》之"题御史"，云："大热，有毒，主除邪佞，杜奸回，报冤滞，止淫滥，尤攻贪浊，无大小皆搏之。畿尉簿为之相，畏还使，恶爆直，忌按权豪。出于雍洛州诸县，其外州出者尤可用，日炙干硬者为良。服之长精神，减姿媚，久服令人冷峭。"谐趣之中，交代了御史的职能、应有的风骨以及"潜在"的危险。贾言忠之《监察本草》更直截了当地说："（御史这副药）服之心忧，多惊悸，生白发。"《钱本草》揭示的则是孔方兄的本质："钱，味甘，大热有毒。偏能驻颜，采泽流润。善疗饥寒、解困厄之患，立验。能利邦国，污贤达，畏清廉。贪婪者服之，以均平为良；如不均平，则冷热相激，令人霍乱。"因此，"一积一散谓之道，不以为珍谓之德，取与合宜谓之义，使无非分谓之礼，博施济众谓之仁，出不失期谓之信，入不妨己谓之智，以此七术精练，方可久而服之，令人长寿。若服之非理，则弱智伤神，切须忌之。"道理就是这些道理，如此"游戏文章"更能入耳入脑吧。

有则消息说，周杰伦推出《本草纲目》时，正值中国医药界就中医取消与否进行一场大论战，周是被中药界收买了。反唇相讥者认为，周杰伦高唱《双截棍》时，难道是被双截棍厂家收买了？周杰伦其实也有"游戏文章"的味道，以之来拯救中药，用广州话说该算"离晒大谱"了。

2009 年 10 月 10 日

"钓鱼式"执法

上海市南汇区的"钓鱼式"执法正备受国人诟病,广州市花都区又添了新例。在上海那里,10月14日,孙中界搭载了一个"很冷,能不能帮个忙"的拦车人,不料碰上的其实是个"钩子",引人上钩的钩子。在广州这里,10月19日,段先锋送人到白云机场之后,一名男子与其搭话,要求搭车回东莞,并表示要给两包烟,段先锋同意了,结果,碰到的也是"钩子"。所谓"钓鱼式"执法,非常形象,就是先找人冒充搭车人,以金钱等为诱饵,诱惑车主,然后由躲在背后操纵的执法人员出来"抓现行"。上海那里经过"全面核查"之后郑重对外宣布:自己"取证手段并无不当";广州这里显然受到了启发,一位工作人员直言不讳告诉段先锋:"你是不是傻的,你这几天有没有看报纸啊,钓鱼你懂不懂?"对一些造成严重后果的丑恶事件,国人习惯于说出发点是良好的,然此种形式的执法,出发点即招来一片谴责、愤慨之声。

唐朝也有过一次"钓鱼式"执法,整治的自然不是非法营运,然动机比这要堂正得多:反腐败。那是唐太宗李世民时的事情,载于《资治通鉴》卷第一百九十二。太宗"患吏多赇,密使左右试赂之"。大抵当时的情形与今天类似,官员的贪腐早成公开的秘密,但每天活动于世人眼中的他们莫不道貌岸然之故吧。世民对此痛心疾首,乃想到了出阴招。果然有人很快就上钩了,"有司门令史受绢一匹"。众所周知,唐初赋役制度实行的是租庸调制,交粮食叫"租",每丁每年服役若干天叫"庸",交绢或布叫"调"。租、庸、调合为一体,缺一不可,则"受绢"与受贿本质上也就没什么两样。司门令史是个什么角色呢?胡三省注曰:"司门郎,属刑部,掌天下诸门及关出入往来之籍赋而审其政,有令史六人。"相当于对内的"海关"吧,确是"吏"的角色,还谈不上"官"。钓到了鱼,今天打击非法营运,处理结果是扣车、罚款、罚巨款,因此当段先锋被告知要花三到五万赎车时,他心痛得不得了。然而对比当年,这算轻的,彼时是"上欲杀之"。当此危急关头,民部尚书裴矩站出来说话了:"为吏受赇,罪诚当死;但陛下使人遗之而受,乃陷人于法也,恐非所谓'道之以德,齐之以礼。'"陷人于法,裴矩点到了问题的要害,"钓鱼式"执法的本质,正在于此。

晋代有个叫翟庄的,年轻时"以弋钓为事",业余爱好是打猎和钓鱼并举,后来他"不复猎",只钓鱼。人家问他:"渔猎同是害生之事,而先生止去其一,何哉?"翟庄回答说,不一样,"猎自我,钓自物",一下子还不能两样都立刻收手,"故先节其甚者"。关键是,被钓的鱼属于"贪饵吞钩",不是因为我,而是因为他自己。翟庄大约是受了"姜太公钓鱼——愿者上钩"的启发吧。逻辑上看,姜太公的行为、翟庄的话无可厚非,然阐明一个道理:见之于个人修养可以,移诸社会层面则不然。执法所要达到的目的,在于减少直至杜绝违法行为,像孔夫子所倡导的"道之以德,齐之以礼",而不是设下陷阱。"钓鱼式"执法的可恶之处,正在于为钓而钓,为罚款而钓,逐末而舍本,置道德于不顾,以卑劣为自得。

孔夫子的那句话出自《论语》,原话是:"道之以政,齐之以刑,民免而无耻;道之以德,齐之以礼,有耻且格。"西晋玄学家郭象对此诠释道:"德者,得其性者也。礼者,体其情者也。情有所耻而性有所本,得其性则本至,体其情则知至。知耻则无刑而自齐,本至则无制而自正。"西汉戴德之前也说过:"以礼义治者积礼义,以刑罚治者积刑罚。刑罚积而民怨背,礼义积而民和亲……导之以德教者,德教行而民康乐;殴之以法令者,法令极而民哀戚。"虽然他们这些话都是"为人主计之者",但除此之外显然还有一定的普世意义。"钓鱼式"执法,至少与今天倡导的"以德治国"背道而驰。

裴矩谏后,李世民很高兴,召集文武五品以上官员开会,告诉他们:"裴矩能当官力争,不为面从,倘每事皆然,何忧不治!"从教训中深刻反思,是李世民最可宝贵的一面。可怪的是,如今"钓鱼式"执法涉及的方方面面包括其上级,面对千夫所指全无反思的意味。为了表达对执法过程的强烈不满,孙中界愤然断指以自证清白,使"钓鱼式"执法的恶果呈现了惨烈的一面。"钓鱼式"执法的人诚然很可恶,然就像马克思论及普鲁士书报检查制度时所说,"事物的本质所引起的愤恨变成了对某些人的愤恨",于是,"人们的注意力就从检查制度转移到了个别检察官身上"。马克思还说:"治疗书报检查制度的真正而根本的办法,就是废除书报检查制度,因为这种制度本身是一无用处的。"(引文见《马克思恩格斯全集》第一卷,人民出版社1956年12月第1版)在"钓鱼式"执法事件中,事物的本质正是这种执法方式的恶劣。那么,治疗"钓鱼式"执法真正而根本的办法,就是坚决地废除它了。

2009年10月24日

冤而怨

在上海打击非法营运的"钓鱼式"执法中,被钓车主孙中界为了表示抗议并以示清白,愤然斩断——一说斩掉了自己的小手指。

今有断指自证,昔有割耳称冤,那是唐朝的事情。当然,事件的性质并不一样,后者该归为权力斗争的一种,《旧唐书·张说传》载有此事。简单地说,右相张说怂恿玄宗封禅泰山,还写了《封禅坛颂》"以纪圣德",而左相源乾曜"本意不欲封禅",偏偏张说"固赞其事,由是颇不平",就此埋下了怨恨的种子。到登山的时候,谁有资格上去谁没资格,张说自己拟了个名单,结果"官多不得上",那些"行从兵士,惟加勋,不得赐物",不过给个虚衔,毫无实惠可言,"由是颇为内外所怨"。封禅回来后,再加上掌铨选的宇文融等"每有奏请,皆为说所抑",横竖要提拔自己的人,冲突终于爆发。宇文融与御史大夫崔隐甫、中丞李林甫"奏弹说引术士夜解及受赃等状",玄宗敕令源乾曜、崔隐甫等鞫问。就是这个时候,张说"兄左庶子光诣朝堂割耳称冤"。不知张家真冤还是其他,后来的结果是挖出了倚仗张说势力的中书主事张观、左卫长史范尧臣,是他们两个"诈假纳赂,又私度僧王庆则往来与说占卜吉凶"。张说呢,以"坐于草上,于瓦器中食,蓬首垢面"的"自罚忧惧之甚"的可怜一面,博得了玄宗的同情,只落得免职,张观、王庆则"决杖而死"。但宇文融等并未到此为止,他们担心张说东山再起"为己患",干脆"又密奏毁之",来个痛打落水狗。这回不知说了什么,总之"明年,诏令张说致仕"。

人有冤,在断指或割耳以自证之外,无处申诉,大抵要怨。中国历史上最著名的冤案,莫过于关汉卿笔下的窦娥。窦娥冤,可作为一切蒙冤者的代名词嘛。在《感天动地窦娥冤》第三折,窦娥将刑,她唱道:"没由来犯王法,不提防遭刑宪,叫声屈动地惊天!顷刻间游魂先赴森罗殿,怎不将天地也生埋怨。"窦娥是怎么埋怨的呢?"天地也只合把清浊分辨,可怎生错看了盗跖颜渊:为善的受贫穷更命短,造恶的享富贵又寿延。天地也,做得个怕硬欺软,却元来也这般顺水推船。"然后窦娥发出了惊世一呼:"地也,你不分好歹何为地?天也,你错勘贤愚枉做天!"钱锺书先生考察中西实例得出结论:"所谓善言天者必取譬于人也。"窦娥式的冤而怨,指向正在这里。又如拟话本小说《豆棚闲话》里的民歌:"老天爷,你年纪大,耳又聋来眼又花。你看不见人,听不见话。杀人放火的享着荣华,吃素看经的活饿杀。你不会做天,你塌了吧!你不会做天,你塌了吧!"语言学家赵元任先生还在1942年将此谱写成曲,据说传唱一时。

有冤屈而怨天,在于传统的世界观认为老天应该主持公道。当然,这样认为的人也知此乃一厢情愿。洪迈《容斋四笔》提到一则"俚语笑林",说两个商人到神庙祈祷,"其一陆行欲晴,许赛(祭祀酬神)以猪头,其一水行欲雨,许赛羊头"。神高兴了,回头对小鬼说:"晴干吃猪头,雨落吃羊头。有何不可。"这是调侃老天也势力,也会做顺水人情。——不知怎的,看到这则笑话时脑海中跳出今日俚语之法官"吃了原告吃被告"。那些不开玩笑的人,除了像唐昭宗说些"只解劈牛兼劈树,不能诛恶复诛凶"的风凉话,还是很严肃地探讨天为什么不公的。如《太平广记》卷三九三云:"人则有过,天杀可也。牛及树木鱼等,岂有罪恶而杀之耶?又有弑君弑父杀害非理者,天何不诛?"又如谢肇淛《五杂组》云:"雷之击人也,谓其有心耶?则枯树、畜产亦有震者,彼宁何罪?谓其无心耶?则古今传记,所震、所击者皆凶恶淫盗之辈,未闻有正人君子死于霹雳者。……然而世之凶恶淫盗者,其不尽击,何也?"然谢氏的解释着实令人喷饭,仍然像是在开玩笑:"使雷公终日轰然,搜人而击之,则天之威亵矣。"他全不如洞庭子那样理性:"夫然弑君弑父杀害无辜,人间法自有刑戮,岂可以区区之意,而责恢恢之网者欤!"韩偓就更有建言了:"闲人倚柱笑雷公,又向深山霹怪松;必若有苏天下意,何如惊起武侯龙。"

《蕉廊脞录》讲民间祀雷神时,画了图样,"狰狞可怖"——谢肇淛说:"雷之形,人有常见者,大约似雌鸡肉翅,其响乃两翅奋扑作声也。"这样看来雷神是有一点儿可爱的。沈齐贤怒目叱之曰:"汝亦当为国捍御,徒赤发金睛吓里媪乎?"引来周围人们的哄笑。沈齐贤是个"性峭直,常以济时为己任"的钱塘读书人。明末天下大乱,他上书直指时弊,痛斥那些地方官员:"饷不知措,兵不知用,地不知屯,民不知恤,束于具文,画界而保,以听流寇之蹂躏,可乎?"可惜,没人理他,那么他也是迁怒于天了。在孙中界断指自证之后,人们希望在强调透明政府、责任政府、法治政府的今天,对于政府自身违法事件的查办,不必付出这么大的"血肉"代价。但在权力遭到滥用的前提下,这只能成为善良人们的良好心愿罢了。

2009 年 10 月 31 日

拉屎

广州的交通拥堵最近到了令市民忍无可忍的程度,为亚运会而到处施工是一个原因,但也有人为导致的因素。在前几天的黄埔大道交通整治工作会上,有记者很正常地发问"是否该提前公布道路临时封闭措施",交通部门的一名中年男子突然冒出一句:"我是不是拉屎也要告诉你啊?臭不臭也要告诉你?"一扇"拉屎门"就此打开。这句话,一定能够作为年度经典流传后世。

屎,大便,脏东西。《史记》中,老将廉颇为了表示自己"尚可用",当着来探虚实的使者的面,"一饭斗米,肉十斤,被甲上马"。不料,因为"廉颇之仇郭开多与使者金,令毁之",所以使者回去向赵王汇报时说:"廉将军虽老,尚善饭,然与臣坐,顷之三遗矢矣。"司马贞在此《索隐》曰:"谓(廉颇)数起便也。矢,一作屎。"就是说,使者既讲了廉颇能吃的一面,更强调了他也"能拉"的另一面,就那么会儿功夫,他拉了三次。专业人士说,人的排便反射受大脑皮层的控制,因此意识可控制排便。用这番科学道理去推断老将军,他那是完全"失控"了。于是,"赵王以为老,遂不召"。使者虽然拿人家手短,但其陈述,也很难说就是纯粹造谣。

拉屎,一般情况下像"拉屎门"主角一样是主动行为,但也可以是被动的。唐朝李元平被俘之后"遗矢于地",就不是他自己想拉,事见《新唐书·关播传》。该传看似盖棺论定关播,实际上透露着对于今日亦未必过时的用人取向:一种是看透了(弱点)而用人,一种是懵然无知而用人。关播被用属于前一种。德宗求宰相,朝政完全说了算的卢杞推荐了关播,说他"儒厚可镇浮动",于是关播"乃拜中书侍郎、同中书门下平章事"。有一回,卢杞"论事帝前,播意不可,避坐欲有所言",却被卢杞"目禁辄止"。退下来后卢杞责备他说:"以君寡言,故至此,奈何欲开口争事邪!"这里卢杞就对自己推荐关播的动机来个了不打自招,要你上来是因为你平时不多嘴,你以为自己多了不起吗?李元平被用属于后一种。他和陶公达等"游播门下,能侈言诞计,以功名自喜",但对这些巧语花言,关播没什么反应,反而以为诸位"皆将相才,数请帝用之"。好,李希烈反叛了,"帝以汝州据贼冲,刺史疲软不胜任",因为关播总是"盛称元平",就派他去接任了。然而到那儿之后,李希烈"阴使亡命应募,凡内数百人",在他的地盘上买通了那么多奸细,李元平都浑然不觉,至于李克诚"以精骑薄城,募者内应",很轻易地就把他抓住了。就是在缚之"驰见希烈"时,李元平"遗矢于地"。但李希烈没忘调侃他,以其面上无须,戏谓克诚:"使尔取元平,乃以其子来邪?"转而恨恨地说:"盲宰相使汝当我,何待我浅邪!"在他看来,跟这样的人物交手,等于侮辱自己的智商。盲宰相,就是关播了。今天那些极不称职的官员是怎么上来的,大家心里有数,而"谁瞎眼了"这种话却没人说了。

"拉屎门"的主角知道屎是臭的,所以,在生理现象之外,屎的"社会学"意义也正与"低劣"之类的贬义用法形影不离。如"屎棋",就是指低劣的棋艺;"屎诗"——不是史诗——就是指低劣的诗句。据说,唐代诗人顾况游茅山,有一个秀才"行吟得句"云"驻马上山阿",然后"久不得属",好半天没有下句,顾况就给他续上

"风来屎气多"。秀才回头一看是顾况,认得,"惭惕而退"。清朝瞿灏认为,把恶诗嘲为屎诗,就是从这儿来的。南唐韩熙载书法闻名当时,宋齐丘常请他书写自己撰写的碑文,但韩熙载写的时候每每"以纸塞鼻",人家问他怎么回事,他说:"文臭而秽。"顾况意亦在此了。至于如"拉屎门"主角是否"屎人"的说法,史上暂时未见,但相关的词汇却有,"屎橛""屎橛子"都是。比方鲁迅先生在《华盖集·"碰壁"之余》中痛骂陈西滢教授:"所以遇有不合自意的,便一气呵成屎橛,而世界上蛆虫也委实太多。"

　　庄子亦曾出口言"屎",事见《庄子·知北游》。东郭子问庄子,所谓"道",究竟在哪里呢?庄子说:"无所不在。"东郭子说,能不能来点儿具体的。于是两人有了一番有趣的问答——"在蝼蚁。""何其下邪?""在稊稗。""何其愈下邪?""在瓦甓。""何其愈甚邪?""在屎溺。"东郭子干脆不吭声了,他一定以为庄子越说越"离谱",是在恶搞。然庄子的确是在阐释万事万物都蕴含着"道"的规则,并无贵贱之别。成玄英《疏》曰:"大道无不在,而所在皆无,故处处有之,不简秽贱。东郭未达斯趣,谓道卓尔清高,在瓦甓已嫌卑甚,又闻屎尿,故嗔而不应也。"然"拉屎门"主角喷出之"屎",与庄子出口之"屎"不可同日而语。前者在粗俗之余透露出的先是极端没有教养,然后是权力居高临下流露出的一种傲慢,二者叠加更构成一种寻衅。这正是当下中国职能部门有待克服的普遍现象,他人不及此人这般赤裸裸而已。不过,曝光之后,"拉屎门"的主角怕要屎屁直流了。

2009 年 11 月 3 日

自评

广州一名副市长给自己负责的工作自评了 98 分,引起舆论的轩然大波,弹多于赞,前者甚至呈压倒性优势。官员自评,是广东全省的一个"统一行动",目的是要"对 2007 年、2008 年党政领导干部基础教育工作责任进行考核"。广州这名副市长大概第一个被公开,因而也第一个被聚焦。不是吗?肇庆市端州区给自己打了满分,那里的基础教育肯定没到无可挑剔的地步,却也没人说什么,可从侧面旁证吧。

除了"明令"的,自评这种方式实际上在生活中很常见。《玉光剑气集》云明朝姚文灏说自己"平生所能者三:毁誉不入,请托不行,贿赂不行而已",就属于自评。另一位书法家张弼自称"吾平生书不如诗,诗不如文",清初吕留良自称"平生最畏者三,所不能者九",也都属于自评。当然,他们的所谓不如、不能,纯粹是一种自谦,正如李东阳说张弼:"英雄欺人每如此,不足信也。"《旧唐书·马周传》载,马周上疏太宗:"殷纣笑夏桀之亡,而幽、厉亦笑殷纣之灭。隋帝大业之初,又笑周、齐之失国。"从中可以悟出什么呢?"凡修政教,当修之于可修之时,若事变一起,而后悔之,则无益也。故人主每见前代之亡,则知其政教之所由丧,而皆不知其身之有失。"因此,他借用京房对汉元帝说的"臣恐后之视今,亦犹今之视古",来提醒太宗"此言不可不戒也"。马周上疏里面的几个"笑"字,实际上就都有自评的含义,殷纣、幽、厉等笑人家,前提在于无不自觉不错。

《世说新语·方正》云,晋明帝和大臣喝酒,"未大醉"——这个前提很有意思,帝问:"今名臣共集,何如尧、舜时?"哪知仆射周伯仁厉声曰:"今虽同人主,复那得等于圣治!"兜头泼了一盆冷水,结果明帝"大怒还内,作手诏满一黄纸,遂付廷尉令收,因欲杀之"。明帝在这里实质上也是自评,自认为自己统治的时代正是尧、舜时的光景,故作此问,是要大家就势顺坡溜一溜,不料碰上了不知好歹的周伯仁。喜欢这样自评的皇帝是有好多的,梁武帝也曾参照商汤和周武:"朕不得比汤、武,汤、武亦不得以比朕。"前一个不得比,在于"汤、武是圣人,朕是凡人",说明萧衍很有自知之明;后一个不得比,在于同是夺取政权,"汤、武君臣义未绝,而有南巢、白旗之事;朕君臣义已绝,然后扫定独夫",萧衍认为自己的事业是正义的,真正属于革命而不属于造反,而汤、武那里,前提还有点儿问题。

唐朝罗隐曾与官员韦贻范同舟,船家告诉他,有个朝官同舟。罗隐自恃才高,没瞧得起人家:"是何朝官?我脚夹笔可以敌得数辈。"结果韦贻范把他的话"宣之于朝,由是(隐)不复召用"。罗隐本名罗横,因为十多次进士试皆铩羽而归,史称"十上不第",乃改名隐。另一个唐人殷安的自评更高。《太平广记》载,他跟人家谈论自古圣贤,认为不多,然后掰着指头数起来:"伏羲八卦,穷天地之旨",算一个,"乃屈一指";"神农植百谷,济万人之命",算一个,"乃屈二指";"周公制礼作乐,百代常行",算一个,"乃屈三指";"孔子前知无穷,却知无极,拔乎其萃,出乎其类",算一个,"乃屈四指"。自孔子之后,"无屈得指者"。不过想了半天,又说:"并我五也!"这种自评,自大得不知廉耻了。《枣林杂俎》云:"蒲州田千秋,好学善击剑。尝铸造铜像,镌己名氏葬之,语人曰:'使千百年以后人得之,即神仙也。'"铜像今天我们都见得多,便是古代,也是他人"代立",哪有自己弄一个的道理,即便是埋在地下?如《北史》所载崔挺的铜像,人家除光州刺史时,"威恩并著,风化大行",留下了口碑,所以"光州故吏,闻挺凶问,莫不悲感,共铸八尺铜像于城东广固寺,赴八关斋追冥福"。田千秋是何方神圣?自我感觉太好罢了。

《清稗类钞》云,光绪年间,"江北设武备学校,四方英俊,联袂携来"。考的是什么呢?《管仲论》。评价春秋时的这位名相,该属于他评。得冠军的卷子只有寥寥数语,这么写的:"孔子曰:'微管仲,吾其披发左衽矣。'又曰:'管仲之器小哉!'一褒一贬,大圣人尚无定评,余小子何敢论?"官员自评其实也是这样,公众尚无定评,自己何以先对自己满意得不得了?清朝有个叫夏廷松的县尉,工作干得有滋有味,"平日矜恤狱囚,禁狱卒凌虐,夏施药,冬给棉,十余年如一日。而治盗贼不少宽,闾阎安堵"。他说过:"官无大小,期称职耳,吾不以卑官自卑也。"然称职与否,自评显然力不从心。借用百分制,来个貌似精确,但仍然难逃自欺欺人的嫌疑。

2009 年 11 月 10 日

酒后

8月15日至10月15日,公安部部署在全国开展了为期两个月的严厉整治酒后驾驶交通违法行为专项行动。截至10月15日,全国共查处酒后驾驶违法行为12.2万起,因酒后驾驶导致事故起数、死亡人数同比分别下降34.5%、38%,卓有成效。10月19日召开的公安部相关会议上又传出消息,整治酒后驾驶专项行动延续至12月底。酒后驾驶,人命关天,相信专项活动结束之后,类似的查处也会成为常态。

关于喝酒的此类文字本人已着实写过不少,因为所谓"酒文化"源远流长,也就有写不尽的东西吧。李白《月下独酌》说得直接:"天若不爱酒,酒星不在天,地若不爱酒,地应无酒泉。天地既爱酒,爱酒不愧天。……但得醉中趣,勿为醒者传。"在李白看来,天、地都爱酒,人爱之再正常不过。这自然是他的调侃,有的人生来就有喝酒的本领。《四有斋丛说》里讲到顾东江,说他"一饮必百杯,然未尝见其醉。每尽一杯,则于手背旁一捋,恐其有余沥也。故至终席,桌上与盘中无一点沾湿",一点儿滑头不耍,喝得非常彻底。有的人酒量是给"劝"出来的,与宋太祖赵匡胤为布衣之交的王审琦,"素不能饮",有回侍宴,太祖喝多了,煞有介事地仰天祷祝曰:"酒,天之美禄;审琦,朕布衣交也。方与朕共享富贵,何靳之不令饮邪?"祷毕对王审琦说:"天必赐卿酒量,试饮之,勿惮也。"审琦果然喝了十几杯都没事,"自此侍宴常引满"。然"及归私家即不能饮,或强饮辄病",说明王审琦陪喝时还是不得已而为之。还有的人则是事不如意而寄托于酒。《清稗类钞》里有个村塾师王筱岚,因为"三应童子试"而名落孙山,"人咸藐视之"。王筱岚在郁郁不乐之余,开始喝酒,"日持百钱至村店沽饮,必醉而归,醉则益詈人,或痛哭大叫不已"。《归潜志》里有个叫李纯甫的也是这样,他本来是"自负其才"的,至以诸葛亮自期,还上过万言书,不料"当路者以迂阔见抑";中年,"度其道不行,益纵酒自放,无仕进意",甚至"得官未尝成考,旋即归隐",平常就是"与禅僧、士子游",一喝就"数月不醒"。无他,人生受的刺激太大。

《梦溪笔谈》云,学士石曼卿喜豪饮,有一次他跟来访的朋友喝到半夜,酒快没了,一看旁边"有醋斗余",就倒进酒里一起掺着喝,"至明日,酒醋俱尽"。他喝酒还有许多花样,"每与客痛饮,露发跣足,著械而坐",管这叫"囚饮";又"饮于木杪(树枝)",管这叫"巢饮";又"以稁束之,引首出饮,复就束",管这叫"鳖饮";又"夜置酒空中",管这叫"徒饮";又"匿于四旁,一时入出饮,饮已复匿",管这叫"鬼饮",如此等等。宋仁宗比较欣赏他的才华,"欲其戒酒",他听到后,不敢喝了。据说他正是因此"成疾而卒",未知真假。仁宗其实也很喜欢喝酒,《曲洧旧闻》云,有天晚上他"饮酒温成阁中,极欢而酒告竭",时已"夜漏向晨矣,求酒不已",还要喝。曹皇后说,没有酒了。左右说,明明还有嘛,怎么说没有?皇后答曰:"上饮欢,必过度,万一以过度而致疾,归咎于我,我何以自明。"第二天,仁宗"果服药",真的喝过量了。

前面提到的那个李纯甫,"人有酒见招,不择贵贱,必往,往辄醉"。但李纯甫还有一种本事,"虽沉醉,亦未尝废著书,至于谈笑怒骂,灿然皆成文理"。白居易也是这样,酒后还可以"醉戏诸妓",提笔来诗,"席上争飞使君酒,歌中多唱舍人诗。不知明日修官去,逐我东山去是谁"之类就是这么问世的。不过,生活中的许多人喝多了却是出乖露丑。明朝有人总结出几种很不好的酒后行为:"或起坐,或迁席,或喧哗,或沾酒淋漓,或攀东指西与人厮赖,或语及财利,或称说官府,或言公事,或道人短长,或发人阴私,此十者皆酒之辱也。"并且发出告诫,"今世之饮酒者,大率有此十失,遇坐客有一于此,便当舍去",没必要跟他再喝了。

今天是因为交通安全而对司机禁酒,从前没有机动车,但禁酒的诏令从来不乏。如《玉堂嘉话》云,元世祖忽必烈至元十四年(1277)就发布过一道《春旱禁酒诏》:"汉赐大酺,岁有常数。周申文诰,饮戒无彝。况縻粟者莫甚于斯,崇饮者刑则无赦。近缘春旱,朝议上陈,宜禁市酤,以丰民食。朕详来奏,寔为腴民,可自今年某月日,民间毋得酝造酒醴,俾暴殄天物,重伤时和。"这主要是因为酿酒要消耗粮食,春旱了,得先保证一日三餐所需。《养吉斋丛录》里没头没脑地有一句话:"凡一切筵宴,酒一巡而止。"想必也是当时针对某个教训后出台的禁令吧。前两年,河南信阳市仅中午公务接待禁酒,半年下来就节省了4300万元。由此看来,从人命关天出发,对任何司机禁酒都是必要的;而从廉政出发,我们的公务活动也该给喝酒戴上一道紧箍咒了。

2009 年 11 月 14 日

泰山

前不久去济南开个中国新闻奖的会,3 天的会期中有半天是游泰山,大喜过望。到了之后却得知,因为前一周当地大雪,路上结冰,登山易出危险,取消了。一睹东岳风姿的心愿久已有之,到近前却缘悭一面,无病呻吟来说,算是世事无常的一种了。

泰山以"五岳独尊"而闻名,然其所以在后世赢得巨大反响,恐怕还在于历代的封禅泰山。何为封禅?《史记·封禅书》开篇即云:"自古受命帝王,曷尝不封禅?盖有无其应而用事者矣,未有睹符瑞见而不臻乎泰山者也。"唐人张守节正义云:"此泰山上筑土为坛以祭天,报天之功,故曰封。此泰山下小山上除地,报地之功,故曰禅。"因此,封禅泰山,实际上是自我向天下吹嘘"盛世"的最好机会。

《容斋随笔》讲了汉光武和唐太宗的封禅故事,两人对此都是始而反对,继而不能免俗。光武建武三十年(54),车驾东巡,群臣上言宜封禅泰山。光武曰:"即位三十年,百姓怨气满腹,吾谁欺?欺天乎,何事污七十二代之编录!若郡县远遣吏上寿,盛称虚美,必髡令屯田。"唐太宗贞观五年(631),"群臣以四夷咸服,表请封禅"。太宗说:"卿辈以封禅为帝王盛事,朕意不然。若天下乂安,家给人足,虽不封禅,庸何伤乎!昔秦始皇封禅,而汉文帝不封禅,后世岂以文帝之贤不及始皇邪?且事天扫地而祭,何必登泰山之巅,封数尺之土,然后可以展其诚敬乎!"两人的话说得都很漂亮,然而汉光武未几还是成行,唐太宗也是"已而欲从",偏偏魏徵"独以为不可",再加上"河南北大水"而作罢,贞观十年又想去,这回是"彗星孛太微而罢"。

《容斋随笔》转引马第伯《封禅仪记》,记的就是光武那次封禅。登山之险,之惊心动魄,跃然纸上。开始尚可"骑行",不久就"乍步乍骑且相半";到中观,"留马,仰望天关,如从谷底仰观抗峰"。好不容易到了天关,自以为到顶了,而"问道中人,言尚十余里"。再走,可不得了,马第伯要"两从者扶挟,前人相牵",于是乎,"后人见前人履底,前人见后人顶"。连光武都对"道路险峻"发出了感叹,"欲行迫前人,欲休则后人所蹈"。此番自家到泰山脚下虽不得登,亦知泰山早建有缆车以省人脚力兼省惊险,自然,此举破坏自然与否、多余与否又当别论。

除了炫耀政绩,帝王封禅泰山还可能是出于不死的考虑。《史记·封禅书》记李少君曰:"益寿而海中蓬莱仙者乃可见,见之以封禅则不死,黄帝是也。"杭世骏《考证》指出:"茅坤曰:'至是始以封禅为不死之术。'"钱锺书先生《管锥编》认同这一说法,以为"秦始皇封禅,而不死之方术则别求之海上三山",纯属多余。又在其后论及《全宋文》时说:"太(泰)山本主生;后汉释说入华,流俗渐以东岳之太山与'六道'之'太山地狱'混为一谈……于是太山遂主死",成了"治鬼之府"。所以,钱先生开玩笑说:"然则(后来)泰山之行,非长生登仙,乃趋死路而入鬼录耳。"

泰山之热闹,不仅在于皇家。《听雨丛谈》云:"每岁正月开山,四方云集者,不远数千里,摩肩接踵,日夜不息,祷祀极虔。"百姓来泰山,是奔"碧霞元君祠,俗称娘娘殿"来的。不独百姓,"礼岱者皆祷于泰山娘娘祠庙,而弗旅于岳神久矣"。并且,"每岁四月,泰安知府、知县,亲登泰山,督视洒扫一次,谓之扫殿。羽士所获之钱,盛时辄以万计",可见香火之盛。《广志绎》对此不解:"夫既已入之官,则戴甲马、呼圣号、不远千里、十步五步一拜而来者,不知其为何也?不惟官益此数十万,众当春夏间,往来如蚁,饮食香楮,贾人旅肆,咸藉以为生。视嵩山、庐岳、雁荡、武夷士大夫车骑馆谷专为邑中之累者,其损益何啻星渊。"

赵慎畛《榆巢杂识》说自己曾恭读康熙皇帝的《御制文集杂著》,对其中说到的"泰山山脉自长白山来",以为"圣谕精确,实为古人所未及"。是不是真的如此,要交给地质界人士作答了。旋见今年一篇硕士论文的概要,认为康熙的"这篇文章首先是一篇安邦定国的政治论文,是一篇布满聪明的倡导民族和谐的'统战'文章,促进了泰山文化与东北区域文化的交融"。有机会的话,先要拜读《御制文集杂著》,然后要拜读这篇硕士论文了。

今人称岳父为泰山,何以如此称呼众说纷纭。然钱谦益这个"伪名儒"为人比作泰山,曾经引人愤慨。钱泳《履园丛话》云:"虞山钱受翁,才名满天下,而所欠惟一死,遂至骂名千载。"王应奎《柳南续笔》云,明遗民吴殳作《正钱录》,"攻击东涧(谦益号东涧老人)不遗余力",专门纠正钱大诗人的错谬。还有个叫汪钝翁的,也是对钱"吹毛索瘢,势焰甚炽"——从用语看,王应奎该是"挺钱"派。计甫草为钱不平,对汪钝翁说:"仆自山东来,曾游泰山,登日观峰,神志方悚栗,忽欲小遗甚急,下山且四十里,不可忍,乃潜溺于峰之侧,恐得重罪,然竟无恙。何也?山至大且高,人溺焉者众,泰山不知也。"谁知听罢之后,"钝翁跃起大骂"。骂什么呢?骂计甫草此喻太高看了钱吧。

2009年11月22日

曲阜孔庙

前文说到,到济南开会而与泰山缘悭一面。所幸主办者"当机立断",改行曲阜,堤内损失堤外补,得无憾矣。毕竟即便天公作美,时间关系,二者亦只能居其一。

旅游车先停在一个看似新落成的车站,硕大而空旷——不仅周边而且车站大厅内——再转乘他们的电瓶车。这是当下许多旅游景点的做法,怕尾气污染环境。怪异的是,曲阜这里的电瓶车和机动车一样上路抢行,弄得提心吊胆,而旅游车完全可以开到电瓶车下车的地方。走过一段树还不高的林荫小道,迎面见到一座弧状城池,城墙不高,先夺眼球的是城门上方镌刻的"万仞宫墙"四个红字。记得《枣林杂俎》里有"潍县张四知相国,里门题'万仞宫墙',时人嗤之",初还以为张四知单纯夸大其围墙,原来是东施效颦,自比孔圣人故里。

城池里围着的,首先是孔庙。孔庙全国到处都有,幸存至今的也为数不少,大抵都在后来改成了学宫。广州的农民运动讲习所旧址,利用的就是孔庙,泮池、棂星门等至今俱在。此外,潮州的、德庆的孔庙我都去过,德庆那个还因为这几年频繁搞高考状元礼而不断掀起新闻效应。但最正宗的或曰旗舰孔庙,无疑是曲阜这个,就像关帝庙到处都有,山西运城的那个才是根本一样。

孔庙的历史悠久,据说孔子死后第二年,鲁哀公即将其故宅改建为庙,那该是公元前478年的事情。《容斋四笔》有一则《孔庙位次》,挺有意思,当然,讲的不是现今官场上开会、见报的官员大小那种排位,而是谁有资格陪衬孔子。孔子弟子三千,贤人就有七十二,元代的张孟兼还把他们的姓字"集为章句,以便记诵",如"德行著称,颜回子渊,冉耕伯牛,闵损子骞,及冉雍仲弓,为四科之先"等等,末了还特别声明"其不铨次",亦即排名不分先后。这么多弟子,即便都在那里看着冷肉吧,又该怎样"铨次"呢?这个时候肯定不能假客气了。于是洪迈谈到,"自唐以来,相传以孔门高弟颜渊至子夏为十哲,故坐祀于庙堂上",后来颜渊升格,陪同孔子享受祭祀,"则进曾子于堂,居子夏之次以补其阙"。这下子新的问题又来了,"颜子之父路、曾子之父点,乃在庑下从祀之列",因为从来"子虽齐圣,不先父食",所以洪迈担心"子处父上,神灵有知,何以自安"。印象中,这组雕塑是见到了的,可惜彼时尚未留意洪迈的担心,不知道这个棘手问题今天是怎么解决的。

庄绰《鸡肋编》云,北宋靖康之后,金兵南下曾纵火烧毁"曲阜先圣旧宅"。庄绰觉得很可惜,用了"可叹也夫""中原之祸,自书契以来,未之有也"等悲愤字眼。那把火可能烧得很干净,因为他说,自古兵乱、盗贼虽残暴,"必赖室庐以处",他们自己也得住房子,"故须有存者";金兵不然,"露居异俗,凡所经过,尽皆焚爇"。于是,王莽、董卓、黄巢、朱温这些作乱的人,"犹假崇儒,未尝敢犯",金兵却不管那么多。有趣的是,不知庄绰从哪里听来的,金兵一边烧,一边指着孔子像"而诟曰":"尔是言夷狄之有君者。"倘若属实,则不难推断金兵之举并非盲目,属于后世美国所青睐的"定点清除"行为,前提是孔圣人那句"夷狄之有君不如诸夏之亡也",虽然后世对此句的诠释争讼不已,但人家金兵肯定是认为被冒犯了。

曲阜孔庙的不幸,当然并非金兵时代所独有。记得批林批孔的时候,不少农民起义因为跟孔庙过不去,都成了他们英雄史中浓墨重彩的一笔。看介绍,"万仞宫墙"之成,前提正在于明武宗时的刘六、刘七毁庙,才修筑城墙以卫护之。当然,反孔也有莫名其妙的时候。1974年2月14日,我读中学的第一天,记得很清楚,学校人手一份《批"克己复礼"》的油印稿,时值批林批孔。林彪与孔子联系在一起,据说二人都搞"复辟倒退"。批判安东尼奥尼纪录片《中国》的时候,我们的批判者也把孔子和安导演关联了起来,令安导演感到纳闷。这些都可归结为莫名其妙吧。如果说金兵的行为尚可以理解,那么去今不过三十几年前,北京师范大学学生谭厚兰率领红卫兵来曲阜造反,把孔庙里的历代碑刻一概打翻在地,又是出于什么理由呢?就算康熙御题的那块"万世师表"匾额言过其实,然孔子毕竟堪称那些准教师们的祖师爷啊!

唐代宗李豫的时候,御史大夫李季卿出差路过曲阜,"因遍寻鲁中旧迹",拜访了孔庙。县里专门派了一位老人当向导。每到一个地方,老人都能说出一二,"此是颜子陋巷,此是鲁灵光殿基,此是泮宫"等等。开始时李季卿很是受了些感染,每闻之,"皆沉吟嗟赏",还赞誉老人"真鲁人也"。又走到一个池塘,出岔子了。老人说这是钓鱼池;季卿问,谁钓鱼?老人答:"鲁人'灵光',常此钓鱼。"把灵光殿的灵光当成一个人的人名了。又见一古碑,季卿问是谁的,在场"诸君并不能对",有一尉马上走过去,"至碑下,仰读其题云:'李君德政碑。'"季卿笑曰:"此与'鲁人灵光'何异。"货真价实的曲阜孔庙,其实哪有必要鱼目混珠?而"鲁人灵光",却正是今天不少地方发展"文化"产业的公开秘笈。

2009年11月27日

大蒜

虽然多位专业人士辟谣大蒜不能预防甲型 H1N1 流感,但是仍然止不住大蒜价格的一路飙升。在上海,大蒜的批发价已达每斤 4.5 元左右,是去年同期的 20 多倍,并且还有进一步上涨的趋势;市场零售价达到每斤 6 元左右,正在逼近肉价。像"非典"时期的白醋、板蓝根忽然间身价倍增一样,大蒜则借甲流而成为新宠。

也许大蒜真的不能预防甲流吧,但显然是有药用价值的,《本草纲目》说它能治好几种病,疟疾、小儿白秃、恶核肿结、蛇蝎螫人等等。东汉时的神医华佗也早就实践过。《三国志·魏书·华佗传》载,华佗行道中,"见一人病咽塞,嗜食而不得下,家人车载欲往就医"。听到呻吟声后,华佗"驻车往视",告诉他们:"向来道边有卖饼家,蒜齑大酢,从取三升饮之,病自当去。"果然,那人的蛔虫病就给医好了。这里的"蒜齑"就是蒜汁,大抵像今天酒楼里的水果"鲜榨"成果汁一样,蒜汁该是鲜榨大蒜了。但大蒜吃起来爽口还主要是调味,蒜汁喝起来想必比较艰难,且要喝三升之多,病人得拿出极大勇气了。

《啸亭杂录》云:"翰林学士兴安,满洲人。中庚戌进士。公喜食大蒜,凡烹茶煮药,皆以蒜伴之。"他那是自认为"可以延年却疾"。大家在"争笑其迂"的同时,都把他叫作"蒜学士"。关汉卿杂剧《裴度还带》中有个插科打诨的净行者,长老让他看看谁来了,他咕咕哝哝地说:"阿弥陀佛,阿弥陀佛,南无烂蒜吃羊头。"长老请前来的员外吃茶去,他又说"捣蒜泡茶来"。"烂蒜吃羊头"是一种习见的吃法,捣蒜和泡茶也可以关联在一起?不错,饶是净行者说话非常无厘头,这一句倒未必是调侃,从进士兴安身上,我们就见证了实例,毕竟偏爱什么的都有。陆游《老学庵笔记》云,他的族伯父曾经告诉他,自己年轻时结识的仲殊长老特别爱吃蜜,"一日,与数客过之,所食皆蜜也",到了什么程度?"豆腐、面片、牛乳之类,皆渍蜜食之,客多不能下箸",只有苏东坡不怕,"能与之共饱",东坡为此还专门写过一首《安州老人食蜜歌》。传说这长老酷爱食蜜是有缘由的:其从前为士人,"游荡不羁",有天老婆给他投了毒,"几死,啖蜜而解"。医生告诉他,以后不能吃肉,吃肉则毒发,"不可复疗",这老兄于是就出家了。兴安学士为什么那么嗜蒜,想来也是有一定道理的吧。《清史稿》"外戚表"和"诸臣封爵表"里各有一个兴安,以其记载过于简略,无从判断是哪一个,也许两个都不是。

但我们都知道,吃完大蒜口腔发出的味道是很难闻的。识者指出,那种味道来自大蒜中的一种有机硫化物成分——叫作"硫化丙烯"的辣素。"硫化丙烯"能透过口腔细胞膜表面,使它的味道长时间存留在口腔内。因此,刚吃完大蒜的人到公共场所,往往要考虑到"掩饰"味道,以免招人烦。《南史·宋纪下》载,后废帝刘昱嗜杀,他伯伯孝武帝刘骏共有28个儿子,他爸爸明帝刘彧给杀了16个,"余皆帝杀之",由他包了圆儿。这样一个人如何对百姓、对大臣就可想而知了。对百姓,他"与左右解僧智、张五儿恒夜出开承明门,夕去晨反,晨出暮归,从者并执铤矛,行人男女及犬马牛驴逢无免者",弄得"人间扰惧,昼日不开门,道无行人"。

对大臣,他杀人的时候,"左右人见有嚬眉者,帝令其正立,以矛刺洞之"。每每亲自动手,杀杜延载、杜幼文,"躬运矛铤,手自脔割"。其中,以孙超的遇害最倒霉,因为他身上"有蒜气",暴君要弄明白怎么回事,乃"剖腹视之"。但孙超的蒜气还不是吃大蒜吃的,而是狐臭,暴君要杀人的借口而已。当然,嗜杀的后废帝也终于落得睡熟之际,为手下"取千牛刀杀之"的结局,算是以其人之道还治其人之身了。

因为主要是北方人爱吃大蒜,所以历史上的刻薄者以之指代北方少数民族。如沈德符《万历野获编》云:"嘉隆间,度曲知音者,有松江何元朗,畜家僮习唱,一时优人俱避舍。然所唱俱北词,尚得金元蒜酪遗风。予幼时犹见老乐工二三人,其歌童也,俱善弦索,今绝响矣。"蒜酪遗风,唱的曲子有股大蒜味儿。如果说,元曲的"蛤蜊味"与"蒜酪味"还只是风格的形象指代,并无褒贬之别,则该书在《玩具·秦玺始末》谈及国玺时就有一点儿轻蔑了。元世祖至元三十一年(1294),御史台通事阔阔术告太师国王木黎华之孙拾得之家得玉印,命御史杨桓辨其文,为"受命于天,既寿永昌",因此认为"真古传国玺"。沈德符在大量罗列了玉玺"源流"的"史实"之后认为,"今世传宋薛尚功旧本玺文尚有三种,即博洽通人,未敢定其孰为秦物,况蒜酪胡奴,可责以博古耶?"

大蒜今天身价倍增,一方面暴露出公众对甲流的来势汹汹束手无策,防范起来"饥不择食";另一方面,则在于一些所谓专家不负责任的言论,商家"傍甲流"推波助澜。大蒜之外,新近又添了辣椒。这样一种乱哄哄局面的形成,说到底应当由政府和医疗界人士负起主要责任。

2009 年 12 月 4 日

× 圣

12月12日,《南方日报》有一篇关于聂卫平的专访,题目叫作《聂卫平:没拿过世界冠军的"棋圣"》,开篇云:说到"聂卫平"这个名字,大家都会想到"棋圣"这个称号,他从来没有拿过世界冠军,却是中国围棋历史上唯一被授予这一称号的棋手。话是不错,但记得初"封"之时,坊间对此是有些议论的,大抵这个"圣"字太刺眼,因为称呼孔子惯了,放在别人身上好像有一点儿突兀。其实,"圣"在今天比较少见了,数数历史上,"×圣"还是很多的。

无他,按照寻常的理解,"圣"该是儒家所称的道德智能极高的理想人物,然而这只是"圣"的宏观一面;微观的,则只是某一领域、某一行业中的突出代表。宋人王观国《学林》云:"古之人精通一事者,亦或谓之圣。"明人谢肇淛《五杂组》也拾起这一话题:"大约百工技艺,俱有至极,造其极者谓之圣,不可知者谓之神。"这里所说的神,该是行业神,为本行业从业者所顶礼膜拜的那种,如"巧圣"鲁班,为木匠奉为祖师。谢肇淛接着说,有些"至极"的技艺,"虽曰无益,不犹愈于'饱食终日,无所用心'者哉?"这里所说的"无益",该是指他随后列举的那些例子吧。比如,"北齐胡太后使沙门灵昭造七宝镜台三十六户,各有妇人,手各执镶,才下一关,三十六户一时自闭;若抽此关,诸门皆启,妇人皆出户前"。又如,"唐马登封为皇后制妆台,进退开合,皆不须人,巾栉香粉,次第迭进,见者以为鬼工,诚绝代之技也"。再如,"元顺帝自制宫漏,藏壶匦中,运水上下。匦上设三圣殿。腰立玉女,按时捧筹。二金甲神,击鼓撞钟,分毫无爽。钟鼓鸣时,狮凤在侧,飞舞应节。匦两旁有日月宫,宫前飞仙六人,子午之交,仙自耦进,度桥进三圣殿,已复退立如常。神工巧思,千古一人而已"。谢肇淛甚至认为:"近代外国利玛窦有自鸣钟,亦其遗意也。"

镜台,用于支承铜镜。古人用的镜子,大抵是青铜制造的。杨泓先生《镜奁·镜盒·镜台》(1994)文认为:"目前(考古)所获得的制工最为精美的镜台,已是元末的制品,出土于江苏省苏州南郊吴门桥南的张士诚母曹氏墓中。"该镜台为银制,"折叠支架式,由前后两部分组成,后身顶部镂雕的双凤戏牡丹纹,中心的方框内有六瓣花形图案。内凸雕玉兔跳跃于流云、仙草之中"。饶是非常精美,比照之下,也不如胡太后的神乎其神。另外,镶者,锁也。由该字的构成可带出一则趣事。陈师道《后山谈丛》云,黄巢起义时曾经打算攻打金陵,有人告诉他,不要打,理由做的就是字面文章:"王名巢,入金陵则镶矣!"结果黄巢听从了,"遂解去"。当然,黄巢打没打金陵,没打的话,为什么没有,专业人士自会有相关结论,不会听从江湖术士的这种"无益"之说。

镜台、妆台、宫漏这些东西虽然尽皆"绝代之技""神工巧思",但在谢肇淛眼里,大约都属于"无益"的范畴。而灵昭、马登封、元顺帝正因为干的是"无益"之事,才使他们充其量算是能工巧匠,而不得跻身"×圣"之列吧。不知是哪个时候的约定俗成,说是古有十圣,即文圣、史圣、医圣、武圣、书圣、画圣、诗圣、茶圣、兵圣、酒圣,对应起来分别是孔子、司马迁、李时珍、关羽、王羲之、吴道子、杜甫、陆羽、孙武和杜康。可能只是某时某人的一家之言吧,因为我们至少知道酒圣还有李白、医圣还有张仲景在竞争。这些人物尽皆鼎鼎大名、如雷贯耳,然王观国同时告诉我们,还有很多猫在"犄角旮旯"的"圣",如:"汉张芝精草书,谓之草圣;宋傅琰仕武康、山阴令,咸著能名,谓之傅圣;梁王志善书,卫协、张墨皆善史书,皆谓之书圣;隋刘臻精两《汉书》,谓之《汉》圣;唐卫大经邃于《易》,谓之《易》圣;严子卿、马绥明皆善围棋,谓之棋圣;张衡、马忠皆善刻削,谓之木圣。"这些人物的共同特点,都是"精通其事,而他人莫能及也"。

聂卫平的"棋圣"得来,正是"精一技"的写照,作为20世纪80年代中日围棋擂台赛的中方主将,三次挽狂澜于既倒。记忆之中,第一届他出场时,日方尚有小林光一、加藤正夫、藤泽秀行三位"超一流"棋手;第二届对方干脆"等"着五员大将。就这样,连续三届围棋擂台赛,聂卫平荡涤了日本几乎所有高手,一时间独步天下。而擂台赛之前,聂卫平也曾在东瀛刮起过"聂旋风"。因为这些辉煌战绩,聂卫平获得官方的"册封"。既曰"精一技",就不必以"圣"的道德标准苛求之,有人拿聂卫平的数次婚姻说事,更显得没有必要。另外,他辉煌的那个时候,世界级的赛事好像只有一个"应氏杯",还刚刚创办,不像今天,"LG 杯""三星杯""富士通杯""丰田杯""春兰杯""东洋证券杯"等等,眼花缭乱。当时机会那么多的话,聂卫平未必拿不到。

2009 年 12 月 14 日

城隍

广州城隍庙修复工程启动仪式已于月初在城隍庙原址举行。据说,现存占地只有500多平方米的这个城隍庙从前可不然,它在明清时期拥有岭南之最的称号,且是清代"羊城八景"之一,到了1920年才拆庙建街。本来,修复城隍庙不过是添个旅游景点罢了,当然时尚说叫文化项目,广州不是还搞了个城隍庙修复研讨会嘛,大约要力避人们以为此乃"眼球经济"的一种吧。研讨会上,专家从"文化"角度位来壮声威,有人认为城隍庙的存在可以使人有所畏惧,"人有所畏,不敢妄为",把城隍当成城市人伦道德的守护神了。有人又说,相传广州城隍庙挂有一把大算盘,上面写着"人有千算,天只一算;阴谋暗算,终归失算",这样一看,城隍神又可成为反腐队伍里的新兵了。

城隍信仰确是传统文化的一种。《北齐书·慕容俨传》载,慕容俨镇郢,梁军来犯,"水陆军奄至城下",又于"上游鹦鹉洲上造荻洪(草本植物做成的障碍物)竟数里,以塞船路"。当此"人信阻绝,城守孤悬,众情危惧"之际,慕容俨一方面对大家"导以忠义,又悦以安之",另一方面就想到了发挥城隍的作用。城中是有一尊城隍神的,此前也是"公私每有祈祷"。慕容俨因势利导,"顺士卒之心,乃相率祈请,冀获冥佑"。也不知真的假的,"须臾,风起,惊涛涌激,漂断荻洪",梁军"复以铁锁连治,防御弥切"。慕容俨他们尝到了甜头,"还共祈请",干脆就指望城隍神了。好家伙,"风浪夜惊,复以断绝",铁的也不济事。从"如此者再三"来看,城隍神被祈祷了不止两回。在这里,城隍充当了守护神。不过,在有些时候,城隍神却并不受人的摆布。《隋书·五行志》载梁武陵王萧纪祭城隍神,说他"将烹牛,忽有赤蛇绕牛口",是之谓牛祸,意谓"天不享",也就是城隍不接受你的崇拜。这当然是有缘由的。《梁书·武陵王纪列传》载:"及太清(武帝萧衍年号)中,侯景乱,纪不赴援。高祖崩后,纪乃僭号于蜀,改年曰天正。"趁乱过了回皇帝瘾。有善于言谶的识者说:"正之为文'一止',其能久乎!"萧纪在宝座上的确只坐了一年,但所谓"识者"应该是就事实来回溯的吧。

专业人士告诉我们,唐宋时城隍信仰滋盛,后者还列之为国家祀典;到了明初,更大封天下城隍神爵位,分为王、公、侯、伯四等。自然,都是根据史料说话的。以唐人而言,赵翼《陔余丛考》云李阳冰有《缙云县城隍记》、张九龄有祭洪州城隍神文、杜甫有"十年过父老,几日赛城隍"诗、杜牧有祭城隍祈雨文……,那么多人等提到那么多地方的城隍神,表明城隍崇拜在唐代是一个普遍存在。《宋史·苏缄传》则可窥宋人城隍崇拜之一斑。神宗熙宁四年(1071),"交趾谋入寇",苏缄以皇城史知邕州,很有威名。他死后,交人又来,"行数舍,其众见大兵从北来,呼曰:'苏皇城领兵来抱怨。'惧而引归",成就了"死诸葛走生仲达"的宋代版。这里的"苏皇城",原来写的就是"苏城隍",《宋史》(中华书局版)的点校者认为,李焘《续资治通鉴长编》中写的是"苏皇城",苏缄又有"皇城史"的身份,当如是而改。不过,此前的赵翼即未采纳此说。其实无此校改,径叫苏城隍,神来吓人,甚至可能说得更通。

明初曾经给城隍加官晋爵,发生在洪武二年(1369),根据礼官建言,朱元璋将京都、开封、临濠、太平、和州、滁州的城隍皆封为王;其他地方,府的封为公,秩正二品;州的封为侯,秩三品;县的封为伯,秩四品。跟人间的官员一样,等级分明。次年,又诏去封号,"止称某府州县城隍之神,又令各庙屏去他神",惟城隍是尊。于是,"国有大灾则告庙"。祭拜呢?"在王国者王亲祭之,在各府州县者守令主之"。也就是在这时,"以鉴察民之善恶而祸福之,俾幽明举不得幸免",城隍摇身一变,由保护神变为冥界监察系统。显然,这种威慑只是相当于吓唬人的十八层地狱那类。

《玉光剑气集》云,明朝参将黄瑄尝事武安侯郑亨及阳武侯薛禄,至少从他们身上学到了"廉声"。他说郑亨治大同极有威严,"前呵一出,狗豕皆知走避",并且他这个人是无神论者,"不谒神祠",只在过城隍庙的时候还算客气,但也是举举手说声"大哥好照顾"而已。郑亨那时已经七十多岁,因为"刚正有为,一志为国",所以他虽"性稍褊,没议事,辄不从中官言",但他死后,"中官乃悼惜之无已"。临死时他同样"语不及私",只说:"此大同,我国家后门。我乃死矣,后来者何人,勿坏国家事也。"这样"其心本公"的官员,不仅"能服人",而且就算有怠慢神的行为,大抵神亦不怪。而从萧纪的经历来看,当下的贪官既拜城隍神,亦未必为之所佑。专家之言,道理似在这里。

广州城隍庙预计可在明年亚运会举办前修复开放。前述诸如此类,当作城隍信仰时代的谈资可也,为亚运添点儿花絮可也。倘若以为当今的道德滑坡乃至已经突破百姓承受底线的腐败问题竟然需要借助城隍庙的一臂之力来治理,痴人说梦之余,当真是"放鹤在深水,买鱼在高枝"了。

2009 年 12 月 18 日

衬字

网友新近评出了今年的年度汉字:具。第一感觉是莫名其妙,为什么是这个字?人家当然想到了,接下来诠释了一大堆理由,"杯具"谐"悲剧"、"洗具"谐"喜剧"之类,同样不懂且又有兴趣的人可以自己检索去看。这样弄出的年度汉字,打个比方说,跟前些年各地异常盛行的"新三字经"差不多,好端端的一句话,因为"三个字"的前提限制,必须掐头去尾。套用20世纪30年代人们争论的"硬译"说,单个字、三个字这种该属于"硬简"。

需要说明才能让"圈子"外的人明白所以,这些用于补充的字可称"衬字"——曲词中用来补足语气、增加声情色彩但属曲律规定字数之外的字。钱锺书先生《管锥编》批评一种文风,叫作"字约而词不申",简是简了,却不知你在说什么。钱先生举《诗经》为例,以为"语每约省太甚,须似曲之衬字,始能达意"。如《小宛》之"壹醉日富",需郑笺云"饮酒一醉,自谓日益富";《何人斯》之"其心孔艰",需郑笺云"其持心甚难知";《谷风》之"无草不死,无木不萎",需孔正义云"无能使草不有死者,无能使木不有萎者"。明代李开先《词谑》嘲笑曰:"衬字太多,如吃蒙汗药,头重脚轻。"所以钱先生认为:"《三百篇》清词丽句,无愧风雅之宗;而其芜词累句,又不啻恶诗之祖矣。"对这部传世经典褒贬参半。

《管锥编》在谈及南朝全宋文的时候，同样评述了这种现象。那是针对"自注甚详"的谢灵运《山居赋》，钱先生说："赋既塞滞，注尤冗琐，时时标示使事用语出处，而太半皆笺阐义理，大似本文拳曲未申，端赖补笔以宣达衷曲，或几类后世词曲之衬字者。"如谢赋中"除菰洲之纡余"句，需自注"除菰以作洲，言所以纡余也"；又如"理匪绝而可温"句，需自注"《论语》云：'温故知新'；理既不绝，更宜复温，则可待为己之日用也。"为了更形象地揭示本质，钱先生还援引西方嘲笑画师的笑话来进行类比，说某"画师绘禽兽图成"，要一一注明："此是牛！""此是鸡！""此虽似花，实是狮！"

　　流传至今的南宋《三字经》显然不是"硬简"的产物，其被誉为"蒙学之冠"，正在于不仅极易成诵而且无须衬字亦浅显易懂。实际上，《三字经》问世之前，三字成句已有了传统。《管锥编》说，司马相如《子虚赋》"多三字句"，如"从金鼓，吹鸣籁。榜人歌，声流喝"云云，只是"未为一篇肇始"，夹杂在段落中。扬雄《羽猎赋》"则篇中三字句外，复以之煞尾"，作为结句，"因回轸还衡，背阿房，反未央"。到南朝谢惠连《雪赋》，则形成了"起四句皆三字"的行文风格，如《雪赋》起首："岁将暮，时既昏，寒风积，愁云繁。梁王不悦，游于兔园。"又如陆参《长城赋》起首："干城绝，长城列，秦民竭，秦君灭；呜呼悲夫！可得而说。"杜牧《阿房宫赋》就更为世人所熟知了："六王毕，四海一，蜀山兀，阿房出。"或者，正是因为有了三字成文的这种传统，又为人们所普遍接受，才有了《三字经》的问世吧。

　　但三字句用法也被一些人走了极端。《清稗类钞》云，光绪年间的杨霁是探花出身，"楷法颇峻整，工试帖而不工文，虽制艺亦非所长"，但这个人特别喜欢三字为文。守高州时，某年他主持郡试,"文以三百六十字为程式,三字断句,谓之三字经,多一字不录,少一字亦不取"。考生中有个叫杨思藩的,运用这种程式"至为纯熟",而有个叫莫如松的,虽"下笔千言",但因为不按杨的规矩,惹其大怒。有趣的是,杨还"朱书三字句于院壁",道是:"童试文,贵简洁。三字经,有定式。杨思藩,可法也。莫如松,则误矣。"结果"通场哗然"。为文"贵简洁"诚然不假,然如清朝学者王士禛所言:"语益简,味愈长,可为文章之法。"简而无味,白开水一样,"哗然"之余,也有舍本逐末之嫌。今人编的各种新三字经大抵都难逃此窠臼,对弄出来的东西只有自吹自擂,无半点儿生命力可言。此外,唐朝著名诗人元稹则是喜欢记事用四言韵语,不过,也是要"另以散语作注申意,多兹一语",钱先生认为这真是"作茧自缚"。

明人孙绍先云:"古人以行为言,故其文简;而中后人以言为行,故其文烦而忆。"这也有点儿像说今天,台上的各色人物讲得一套一套,台下呢? 明朝还有个徐九思令句容,"尝图一菜于县前壁",且题曰:"为吾赤子,不可一日令有此色;为民父母,不可一日不知此味。"他高升之时,百姓舍不得他,他留下三句话:"俭则不费,勤则不隳,忍则不争。"于是,百姓"刻(徐)所画菜",又书"勤""俭""忍"三字于上,曰"徐公三字经"。徐九思正是以行为言的一个代表。评选年度汉字从前几年就开始了,似乎是舶来的做法吧。2007 年评出的那个"涨"字,的确让国人感同身受。类似今年这种评法,就沦为网友间的游戏了。另一方面,今年方方面面令国人引起共鸣的事件也比较多,认真评的话,单个年度汉字怕已力不从心了。

2009 年 12 月 21 日

圣诞节

在林林总总的洋节中,对我们最有影响的可能就是圣诞节。那天中午,本单位饭堂不仅在门口立了棵圣诞树,并且所有员工还都戴上了小红帽。街面上大餐厅小饭馆,事后也知无不呈爆满之相。据说有外国人感到不解,为什么不信神的中国人对宗教色彩如此强烈的圣诞节那么感兴趣。其实我们中国人热热闹闹地参与其中,未必是看中圣诞节的内涵——虽然据于建嵘先生调查,中国信奉基督教的人数在不断扩大——而是欣赏它的表现形式,那正是我们传统节日日渐式微的一条软肋所在。无论什么节日,我们大抵都只剩下吃了。

不过,我们在历史上原本也有圣诞节,他们的是耶稣生日,诞嘛,我们的也属这一范畴,除了特指孔子生日,还泛指神、仙、佛、菩萨等的生日,当然,主要是皇帝或皇太后的生日。李白有一篇《天长节使鄂州刺史韦公德政碑序》,其中说道:"采天长为名,将传之无穷,纪圣诞之节也。"这里的"天长"即天长节,就是唐玄宗的生日。《元史·世祖纪五》有好几处提到"圣诞":至元十年(1273)"丁丑,圣诞节,高丽王王禃遣其上将军金诜来贺";次年,"辛未,高丽王愖遣其枢密使朴璆来贺圣诞节";再次年,"丙寅,高丽王王愖遣其枢密副使许珙、将军赵珪来贺圣诞节"。这里的"圣诞节",指的就是元世祖忽必烈的生日。

明人沈德符《万历野获编》中也有多处言及"圣诞",如《禁革斋醮》条:嘉靖六年(1527)秋,"时届圣诞",世宗皇帝谕辅臣曰:"朕思每年初度,一应该衙门援例请建斋祈寿,夫人君欲寿,非事斋醮能致,果能敬天,凡戕身伐命事,一切致谨,必得长生。"事理明白得很,但倘若谁要相信的话,可能就要受骗,其人果能爱护百姓,如何理解"嘉靖嘉靖,家家俱净"的民谚流传后世?得,还说圣诞。又如《圣诞忌辰同日》条:"至嘉靖三年,又遇圣诞,时礼部为汪文庄,请即以是日先行孝慈奉祭礼,然后嵩呼大庆,一切如先朝故事。上允之,四十余年不复辍。"沈德符曰:"若嗣君必当自尽其诚,但普天臣子又欲申祝釐之敬,则先凶后吉,亦无不可。"这是在讲皇帝的圣诞和祖先的忌日撞到了一起该怎么办。

清人昭梿《啸亭杂录》也说:"凡遇列圣、列后圣诞、忌辰及元宵、清明、中元、霜降、岁除等日,于后殿行礼,神位前设有镫酒脯果实焉。"

瞧,这么一罗列,至少自唐迄清,"圣诞"的说法就挂在古人嘴边。我疑心,正是有这个说法在先,汉译之时,才有 Christmas 成为"圣诞"的可能。而我们的圣诞叫法之所以被人家抢去了风头,"圣"太多因而"诞"亦太多是一个重要因素吧。并且,圣诞在我们只是一个笼统的说法,历代不少皇帝的生日还有自己专属的节名,搞乱了。举唐朝为例,前面说过玄宗的圣诞叫天长节(后改为千秋节),"自肃宗(玄宗子)以后,皆以生日为节",其间"德宗不立节,然止于群臣称觞上寿而已"。于是,肃宗的叫天成地平节,代宗的叫天兴节,穆宗的叫庆诞节,文宗的叫庆成节,武宗的叫降圣节(后改为庆阳节、寿昌节),宣宗的叫寿昌节,懿宗的叫延庆节,僖宗的叫应天节,昭宗的叫嘉会节(后改为乾和节)……圣诞的名目跟他们的陵墓名似的,眼花缭乱,用到的时候得翻工具书才行。

玄宗大肆庆生,自然是大臣的鼓动。《旧唐书·玄宗纪》载,开元十七年(729)"八月癸亥,上以降诞日,宴百僚于花萼楼下。百僚表请以每年八月五日为千秋节"。《唐会典》明确百僚以右丞相源乾曜、左丞相张说为主,且"著之甲令,布于天下",以后每到这天,"天下诸州咸令宴乐,休假三日"。彼时的圣诞一定非常热闹,"赐宴设酺"之外,也许我国历史上唐朝才特有的舞马,也要在这个时候"舞于勤政楼下"。我在前文曾认为唐朝舞马即现代马术中"盛装舞步"的前身。与此同时,文人们也要吟诗助兴,如王维有《奉和圣制天长节赐宰臣歌应制》等。玄宗自己更留下了不少圣诞之作,"兰殿千秋节,称名万寿觞。风传率土庆,日表继天祥。玉宇开花萼,宫县动会昌。衣冠白鹭下,帘幕翠云长。献遗成新俗,朝仪入旧章"云云,是为其一。杜甫的《千秋节有感》则有"白头宫女"的意味了:"自罢千秋节,频伤八月来。先朝常宴会,壮观已尘埃。"

光武帝刘秀的圣诞到来时,底下的人一定也以为找到了献媚的机会,不料刘秀给他们兜头泼了盆冷水,认为自己即位虽然已经30年了,却是"百姓怨气满腹",没什么好庆祝的。这种清醒的认识,后世能有几帝?俱往矣。外国的圣诞,至于今日我们竟有举国欢庆的意味,这在前人肯定是万万预料不到的。当年,利玛窦把耶稣像引进中国时,姜绍闻《无声诗史》云:"所画天主,乃一小儿,一妇人抱之。"度其语意,还是有一点感到奇怪乃至轻蔑成分的吧。

2009年12月28日

后记

这一册是对《青山依旧》(商务印书馆,2011)的修订。前人云:"校书如扫尘,一边扫,一边生。"信矣哉。虽彼为校勘,今为校对,然共通之处自不待言。大泉工作之缜密,到了令人惊讶的程度。

沿用老领导范以锦先生的序。我自1997年2月调入南方日报理论部从事新闻评论时起,就在他的直接领导之下,"评论是报纸的灵魂"之故吧,这个部门由时任总编辑的他分管。2002年8月,南方日报新世纪第一次改版,评论比重增大,说是正式成为固定栏目也不为过。我负责每天在头版写一条,每周编辑一个整版,与他的"公"交更多了起来。那真是个想起来便心潮澎湃的时期。改版后的南方日报在全国地方党报一骑绝尘,评论也声誉日隆。2016年1月,中共广东省委十一届六次全会报告更明确定位为"南方评论高地"。

那时候,他对我的工作真是一百个放心,极力追溯,也没有任何不愉快的记忆。某次一个被评论批评的厅级部门来信告状,他把信拿给我看,声明自己并没有责备的意思,文章立得住什么也不怕,只是让我知道有这么回事。当年本册结集,他已因年龄关系卸任报社领导职务,出任暨南大学新闻与传播学院院长,我还是很自然地请他命笔,老领导也二话不说。

书名出自宋张孝祥《念奴娇·过洞庭》词,上阕云:"洞庭青草,近中秋,更无一点风色。玉鉴琼田三万顷,著我扁舟一叶。素月分辉,明河共影,表里俱澄澈。悠然心会,妙处难与君说。"在历史典籍中神游,观诸现实,正可生出"悠然心会"之感,自家的"今古齐观"文字系列,都在尝试说出这些"妙处",虽然不太容易。

2019年7月于花城不求静斋